教育部2013年度人文社会科学研究西部和边疆地区项目（13XJC880008）

大学生基层就业补偿政策及制度建设

彭海霞 著

知识产权出版社
全国百佳图书出版单位

图书在版编目（CIP）数据

大学生基层就业补偿政策及制度建设/彭海霞著. —北京：知识产权出版社，2018.10
ISBN 978-7-5130-5752-3

Ⅰ.①大… Ⅱ.①彭… Ⅲ.①大学生—职业选择—补偿性财政政策—研究—中国
Ⅳ.①G647.38

中国版本图书馆 CIP 数据核字（2018）第 190135 号

内容提要

本书面向我国高等教育大众化的实际，立意于大学生基层就业的公共政策分析，围绕“大学生基层就业的时代要求和政策导向与当前相应的补偿政策和补偿制度建设不足之间的矛盾”这一关键问题，在理论分析、历史考察、实证研究、国际比较的结合中对当前大学生基层就业的补偿政策进行专门研究，在此基础上，进一步探索并提出大学生基层就业补偿制度建设的政策制度化方案。

责任编辑：李　潇　　**责任校对：**王　岩
封面设计：张　悦　　**责任印制：**刘译文

大学生基层就业补偿政策及制度建设
彭海霞　著

出版发行：知识产权出版社有限责任公司　　网　　址：http：//www.ipph.cn
社　　址：北京市海淀区气象路 50 号院　　邮　　编：100081
责编电话：010-82000860 转 8133　　责编邮箱：lixiao@cnipr.com
发行电话：010-82000860 转 8101/8102　　发行传真：010-82000893/82005070/82000270
印　　刷：三河市国英印务有限公司　　经　　销：各大网上书店、新华书店及相关专业书店
开　　本：787mm×1092mm　1/16　　印　　张：16
版　　次：2018 年 10 月第 1 版　　印　　次：2018 年 10 月第 1 次印刷
字　　数：280 千字　　定　　价：89.00 元

ISBN 978-7-5130-5752-3

目 录

引　言　高等教育大众化时代大学生基层就业的公共政策分析*

2005年6月29日，中共中央办公厅、国务院办公厅印发《关于引导和鼓励高校毕业生面向基层就业的意见》（中办发〔2005〕18号），明确指出："一方面高校毕业生就业面临着一些困难和问题，另一方面广大基层特别是西部地区、艰苦边远地区和艰苦行业以及广大农村还存在人才匮乏的状况。"❶ 2016年12月30日，中共中央办公厅、国务院办公厅印发《关于进一步引导和鼓励高校毕业生到基层工作的意见》（中办发〔2016〕79号），指出大学生到基层就业推动了基层各项事业的发展，基层在高校毕业生成长成才上发挥了重要的平台作用，但大学生到基层工作"还存在动力不足、渠道不畅、发挥作用不够、发展空间有限、服务保障不力等问题"。❷ 多年经验表明，"引导高校毕业生到基层就业，是解决高校毕业生就业问题的主要途径"❸，也是解决基层人才需求问题、促进基层发展和锻炼培养大学生成长成才的妙药良方。引导和鼓励大学生到基层就业，引导大学生将个人价值追求同国家基层发展战略紧密结合起来，其核心和关键在于如何解决当前大学生到基层工作所存在的问题。

---

* 本研究中的"大学生"等同于"高校毕业生"。《国家促进普通高校毕业生就业政策百问(2009)》将高校毕业生定义为：中央部门和地方所属全日制公办普通高等学校、民办普通高等学校和独立学院的全日制普通本专科含高职、研究生、第二学士学位应届毕业生，不包括往届毕业生及成人高等教育、高等教育自学考试类学生、各类非学历教育的学生。

❶ 《中共中央办公厅　国务院办公厅印发〈关于引导和鼓励高校毕业生面向基层就业的意见〉的通知》（中办发〔2005〕18号），《内蒙古政报》2005年第8期。

❷ 《中共中央办公厅　国务院办公厅印发〈关于进一步引导和鼓励高校毕业生到基层工作的意见〉的通知》（中办发〔2016〕79号），《中华人民共和国国务院公报》2017年第6号。

❸ 《国务院办公厅转发教育部等部门关于进一步深化普通高等学校毕业生就业制度改革有关问题的意见的通知》，《中华人民共和国国务院公报》2002年第11号。

一

大学生是文化程度高、富有活力、具有开放创新意识的青年群体，是具有就业意愿和就业能力的劳动者，是国家和社会建设的人才主力军，是我国由人力资源大国转变为人力资源强国的主要源动力。可以说，大学生无论是要享受劳动者的劳动权利，还是要体现作为主力军、源动力的社会价值，都必须通过就业才能实现。从大学生角度来看，就业是他们自立自强和自我发展的基础，是融入社会、实现社会化的必要途径；从家庭角度来看，大学生就业一定程度上能获得家庭高等教育投资的收益，增加家庭收入和幸福指数，有效扼制“读书无用论”思想的抬头；从国家和社会角度来看，大学生充分就业不仅能促进经济发展与社会稳定和谐，而且能促进国家人才强国战略和科技兴国战略的实现。因此，就业无论是对大学生自身还是对家庭和社会来说，都具有至关重要的意义。

我国高等教育毛入学率由2003年的17%上升到2016年的42.7%❶，表明我国高等教育大众化程度日益提高，接受高等教育的人数越来越多，高校毕业生也越来越多，由2002年的133.73万人增长到2016年的760.57万人，2018年将达820万人❷。高等教育的大众化趋势以及就业市场对就业者教育层次要求的逐步提高，必然要求大学生就业大众化。“‘就业大众化’，即在‘大众化教育’阶段高校毕业生的就业岗位较‘精英教育’阶段就业岗位层级下移，更多地面向基层、面向企业、面向生产第一线，更多的毕业生将从事普通劳动者的工作。”❸ 实际上，大学生就业大众化遇到了一些难题，一方面大学生的知识能力与社会岗位的要求之间存在一定差距，导致部分大学生出现“无业可就”的情况，麦可思研究院发布的中国大学生就业报告显示：2011届至2016届大学生毕业半年后就业率分别为90.2%、90.9%、91.4%、92.1%、91.7%、91.6%❹，这意味着每年还有部分大学毕业生没有就业；另一方面存在“有业不就”的情况，如2014年度至2018年度中央机关公务员招录考试

---

❶ 数据来源于《2003年全国教育事业发展统计公报》和《2016年全国教育事业发展统计公报》。

❷ 数据来源于《2002年全国教育事业发展统计公报》《2016年全国教育事业发展统计公报》和《人力资源社会保障部关于做好2018年全国高校毕业生就业创业工作的通知》。

❸ 王健：《“就业大众化”趋势下高校毕业生就业工作的对策》，《福建工程学院学报》2004年第4期。

❹ 数据来源于麦可思研究院发布的2012～2017年中国大学生就业报告。

分别有116、143、158、223和119个职位无人报考[1]。

在人才资源是第一资源、人才资源成为世界各国发展和竞争的核心战略资源的今天，如何开发和利用人才资源是世界各国所面临且必须解决的重大课题和难题。习近平指出："办好中国的事情，关键在党，关键在人，关键在人才。"[2] 这既说明了人才在国家富强、民族振兴上的关键作用，也表明了党和国家对人才及人才工作的高度重视。如何吸引人才、发挥人才的主动性与积极性，其重点在基层，难点也在基层。究其原因，一是基层的稳定、和谐与发展依靠于基层各类人才。基层是我们党和国家的事业根基所在，是各项事业发展的最前线，"基础不牢，地动山摇"，基层的稳定、和谐与发展直接影响着国家与社会的稳定、和谐与发展。从目前情况来看，基层是我国社会发展的"短板"，要补齐"短板"必须引导和鼓励大学生及其他各类人才投身基层、服务基层、扎根基层。二是基层为各类人才施展才华、积累经验和成长成才提供了平台和机会。"宰相必起于州部，猛将必发于卒伍"[3]，无论是历史事实还是现实经验都表明，基层是人才锻炼和成长成才的不可或缺的大舞台。三是基层的人才需求比较大，具有巨大的人才吸纳空间，同时"进人难""留人难"问题经常困扰着基层。关于基层人才需求潜力，以大学生村官的需求量为例进行说明。根据国家统计局2015年度的数据显示，2015年设有村卫生室的行政村有640536个，占行政村总数的93.3%，这样可以计算出全国行政村有686533个。按照《关于进一步加强大学生村官工作的意见》要求，"到2015年，全国有一半左右的行政村配备大学生村官"[4]，那么可以解决30多万大学生的就业。实际上截至2015年年底，全国共有在岗的大学生村官137898人。[5] 这意味着大学生村官的需求缺口是很大的。基层人才实际需求量从国家公务员和省级公务员招录计划中也可窥见一斑，如2016年度和2017年度中央机关及

---

[1] 数据来源于《2018国家公务员考试119个职位无人报名》，人民网，2017-11-09，http：//edu. people. com. cn/n1/2017/1109/c1053-29636231. html。

[2] 《"平语"近人——习近平如何关心人才工作》，新华网，2016-05-06，http：//www. xinhuanet. com/politics/2016-05/06/c_128957250. htm。

[3] 《韩非子》，高华平等译注，中华书局，2010年，第731页。

[4] 《关于印发〈关于进一步加强大学生村官工作的意见〉的通知》（组通字〔2012〕36号），选调生网，http：//www. cnxds. com/view-923-1. html。

[5] 数据来源于《报告解读：2016—2017中国大学生村官发展报告》，大学生村官之家，2017-08-09，http：//cunguan. youth. cn/cgxw/201708/t20170809_10476904_3. htm。

其直属机构公务员招录计划中，县（区）级以下职位占比分别为78%和78.6%❶，贵州省2018年四级机关计划招录公务员3922人，其中基层一线、乡镇及派出机构计划招录3463人，占总招录计划的88.29%❷。与此同时，“一些基层机关由于地处边远、条件艰苦等原因，出现了‘招人难’的情况，基层公务员队伍人员短缺、结构不合理等问题突出”。❸

公务员招录中部分职位无人报考，反映了大学生基层“有业不就”的客观事实。如果将基层“有业不就”简单归根于大学生就业观念不正确，表面上看来是找到了问题的症结所在，但是对于根本解决“有业不就”问题似乎并没有发挥作用，因此还需要去挖掘大学生就业观之外的因素。基层“有业不就”，究其实质，反映的是大学生对基层、艰苦偏远地区和艰苦行业的工作条件、薪酬待遇、发展前景等方面不满意而选择自愿性失业。具体来说，基层“有业不就”的原因主要有：第一，大学生作为具有一定判断分析能力和理性选择意识的个体，潜意识里会对接受高等教育的人力资本投资和工作岗位带来的收益回报进行权衡比较，也必然会对就业岗位寄予自己的理想和期望。如果基层岗位的工作条件、薪酬待遇和发展前景等与理想之间的差距超过承受的底线，会毅然选择放弃基层工作机会。第二，由于我国劳动力市场分割现实的存在，作为次要劳动力市场的基层，在薪酬待遇、发展机会等方面与主要劳动力市场存在一定差距。虽然国家出台了一系列基层就业政策，但是相关政策对基层就业大学生的就业福利保障还存在一些不足之处，必然会影响大学生的基层就业意愿和基层就业行为。

如果大学生基层“有业不就”问题得不到解决，一方面，人才需求得不到满足的问题将继续困扰基层，从而进一步影响和制约基层的发展；另一方面，大学生的高等教育投资无法获得适当的个人收益和社会收益，造成人力资本的浪费。如何解决基层巨大的人才需求和大学生不愿在基层就业之间的现实

---

❶ 数据来源于《权威解读2016中央机关及其直属机构考试录用公务员工作》，中华人民共和国中央人民政府，2015-10-15，http://www.gov.cn/wenzheng/talking03/20151015ft155/ft03_wz.htm.《权威解读2017中央机关及其直属机构考试录用公务员工作》，中华人民共和国中央人民政府，2016-10-18，http://www.gov.cn/wenzheng/talking02/20161018ft17/ft02_wzgd.htm。

❷《贵州省2018年四级机关统一面向社会公开招录公务员、人民警察、选调生和省、市机关基层培养项目工作部署暨考务培训会》，贵州省公务员局，2018-03-08，http://www.gzrs.gov.cn/zwyw/gzdt/201803/t20180314_3197238.html。

❸《中共中央组织部　人力资源社会保障部　国家公务员局关于做好艰苦边远地区基层公务员考试录用工作的意见》（人社部发〔2014〕61号），中国网，2014-09-25，http://news.china.com.cn/txt/2014-09/25/content_33612495.htm。

矛盾，如何满足基层人才需求和促进大学生充分就业，成为党和政府亟须解决的重要时代问题。

二

大学生基层就业具有“影响的不可分性和社会共享性”❶，它不仅影响单个大学生或基层单位，而且将对大学生群体和所有基层单位，尤其是艰苦边远地区的基层单位产生普遍性的影响。也就是说，大学生基层就业具有公共问题的特性。何谓公共问题呢？“公共问题是指社会成员在公共生活中共同受其广泛影响，具有不可分性、与公共利益密切相关的那些公共性社会问题。而公共性则是公共问题与社会问题相区别的最本质、最为内在的特性。”❷ 大学生基层就业具有公共问题的特性，应属于公共问题的范畴，其关系到大学生能否充分就业、高质量就业，也关系到基层的健康快速发展以及全面小康社会的实现，必然会对行使公共权力的政府提出现实诉求，客观上要求政府形成和完善一系列基层就业公共政策，并通过优化政策环境、强化政策执行和效果评估来真正发挥政策的导向作用。

从公共政策的角度来分析大学生基层就业，有必要先了解公共政策这个概念的内涵。关于公共政策的定义，国内外不少学者对其做了解释。美国学者伍德罗·威尔逊认为“公共政策是由政治家（具有立法权者）制定的并由行政人员（国家公务人员）执行的法律和法规”；❸ 哈罗德·拉斯维尔和亚伯拉罕·卡普兰认为，公共政策是“一种含有目标、价值与策略的大型计划”；❹ 托马斯·戴伊认为“公共政策就是政府选择做与选择不做的事情”；❺ 詹姆斯·安德森认为“公共政策是一个或一组行动者为解决一个问题或相关事务所采取的相对稳定的、有目的的一系列行动”。❻ 英国学者理查德·罗斯提出“不该把公共政策只看作某个鼓励的决定，而应把它看作由‘或多或少有联系的一系列活动所组成的一个较长的过程’，以及这些活动对有关事物的作用和

❶ 陈庆云：《公共管理基本模式初探》，《中国行政管理》2000 年第 8 期。

❷ 张庆东：《公共问题：公共管理研究的逻辑起点》，《南京社会科学》2001 年第 11 期。

❸ 谢明：《公共政策导论》，中国人民大学出版社，2012 年，第 5 页。

❹ 林水波、张世贤：《公共政策》，五南图书出版公司，1982 年，第 8 页。

❺ ［美］托马斯·戴伊：《理解公共政策》（第十二版），谢明译，中国人民大学出版社，2011 年，第 1 页。

❻ James E. Anderson. Public Policymaking An introduction. Fifth Edition, Boston: Houghton Mifflin Company, 2003, P2.

影响”。[1] 在国内，《辞海》将“政策”定义为“国家、政党为实现一定历史时期的路线和任务而规定的行动准则”，[2] 该解释实质上相当于对“公共政策”的一种理解；张金马认为公共政策是“党和政府用以规范、引导有关机构团体和个人行动的准则或指南。其表达形式有法律规章、行政命令、政府首脑的书面或口头声明和指示以及行动计划与策略等”[3]；陈庆云认为公共政策是“对社会公共利益的有效增进与公平分配”[4]；陈振明认为“政策是国家机关、政党以及其他政治团体在特定时期为实现或服务于一定社会政治、经济、文化目标所采取的政治行为或规定的行为准则，它是一系列谋略、法令、措施、办法、方针、条例等的总称”[5]；马国贤、任晓辉认为“公共政策是执政党、政府基于公共利益和自身利益而制定的，用于调节经济关系和社会关系，调节人与自然关系，指导公共部门行为，包括目标、路径、规章和行动计划、利益机制在内的准则”[6]；谢明将公共政策定义为“社会公共权威机构在特定情境中，为达到一定目标而制定的行动方案或行动准则”[7]。从国内外学者对公共政策的理解，可以看出公共政策所具有的特性：（1）公共政策的制定主体是公共权威，即国家、政府或政党；（2）公共政策的目的是解决公共问题，达成公共目标，实现公共利益，也就是说公共政策总是与公共问题紧密联系在一起，既产生于公共问题，又服务于公共问题的解决；（3）公共政策的表现形式为法律规章、措施办法、声明指示等行动准则；（4）公共政策具有时效性，即公共政策是在一定历史时期和特定情境中制定、执行的。

从公共政策的角度分析大学生基层就业及其政策，需要明确三个基本问题：

（一）大学生基层就业是促进和实现大学生充分就业的主要途径

“充分就业”概念最早由英国经济学家凯恩斯在《就业、利息和货币通论》中提出，他认为充分就业“相当于不存在‘非自愿’失业”[8]，即在某一

---

[1] Richard Rose. Policy-making in Britain：A reader in government，London：Macmillan，New York：Free Press，1969.

[2] 辞海编辑委员会：《辞海》（第六版），上海辞书出版社，2009 年，第 2926 页。

[3] 张金马：《政策科学导论》，中国人民大学出版社，1992 年，第 19 ~ 20 页。

[4] 陈庆云，戈世平，张孝德：《现代公共政策概论》，北京：经济科学出版社，2004 年，第 5 页。

[5] 陈振明：《政策科学：公共政策分析导论》（第二版），中国人民大学出版社，2004 年，第 50 页。

[6] 马国贤、任晓辉：《公共政策分析与评估》，复旦大学出版社，2012 年，第 8 ~ 9 页。

[7] 谢明：《公共政策分析》，首都经济贸易大学出版社，2010 年，第 3 ~ 4 页。

[8] ［英］约翰·梅纳德·凯恩斯：《就业、利息和货币通论》，陆梦龙译，中国社会科学出版社，2009 年，第 12 页。

工资水平之下，所有具备工作能力且愿意并接受工作的人都获得了就业机会。这就是说，只要解决了“非自愿”失业人员的就业问题，就实现了充分就业，但充分就业并不等同于全部就业、完全就业。促进和实现大学生充分就业不是追求大学生全部就业，而是党和国家以大学生充分就业为理想目标，在积极创造就业岗位的基础上保障大学生能更高质量就业和理想就业。目前，基层人才需求大，具有吸纳大学生就业的巨大空间，已成为大学生就业的主要途径之一，如果基层的工作条件、工作待遇等具有吸引力，大学生就会主动选择基层，充分就业也就会成为一种可能。引导和鼓励大学生到基层就业，既是为了促进充分就业，更是为了实现合理配置人才资源和促进社会均衡发展。

（二）大学生基层就业的主要促进主体是政府

大学生基层就业是由政府、高校、基层单位、大学生等共同参与的一项系统性工程，各方在系统中扮演不同的角色。高校的目标是培养具有社会责任感、创新精神和实践能力的大学生，宣传基层就业政策，树立基层就业典型，加强思想教育、倡导基层就业是高校义不容辞的责任；基层单位的责任是在政策支持下，依据自身实际，最大限度地吸引和接纳大学生就业；大学生是就业主体，具有是否选择基层就业的主动权，但往往不乏受基层就业政策的影响而选择基层的案例。政府作为国家行政机关，“基本职能就是通过公共政策寻求已经存在的或可能产生的公共问题的解决方案”。❶ 换句话说，政府是为了解决一系列公共问题、达成公共目标、实现公共利益而存在的。大学生基层就业的主要促进主体是政府，是由政府职能及社会需要决定的：一是大学生基层就业问题是一个公共问题，政府职能决定了其具有承担解决大学生基层就业问题的责任；二是我国就业市场存在二元分割的现实，仅靠市场难以解决大学生基层就业问题，需要政府政策干预；三是《中华人民共和国就业促进法》明确规定了政府应承担促进就业的责任，“国家把扩大就业放在经济社会发展的突出位置，实施积极的就业政策，坚持劳动者自主择业、市场调节就业、政府促进就业的方针，多渠道扩大就业”❷；四是政府具有权威性，拥有调动资源的能力，能统筹协调各方关系，保障基层就业大学生群体的合理权益和职业发展。

事实上，党和政府高度重视大学生就业及基层就业问题，积极承担着促进

---

❶ 竹立家：《公共问题与政府职能》，《甘肃行政学院学报》2006 年第 1 期。

❷ 《中华人民共和国就业促进法：2015 最新修正版》，中国法制出版社，2015 年，第 5 页。

大学生就业及基层就业的责任。在大学生就业问题上，党的十七大报告提出“积极做好高校毕业生就业工作”❶，这是高校毕业生就业第一次被写进党的报告；党的十八大报告明确要求“做好以高校毕业生为重点的青年就业工作”❷；党的十九大报告强调“促进高校毕业生等青年群体多渠道就业创业”❸；政府方面，2009年起每年的国务院政府工作报告都把做好高校毕业生就业工作作为当年政府工作的重要任务，甚至强调“把促进高校毕业生就业放在突出位置”❹，“继续把高校毕业生就业放在首位”❺。在大学生基层就业问题上，中共中央办公厅和国务院办公厅出台了《关于引导和鼓励高校毕业生面向基层就业的意见》和《关于进一步引导和鼓励高校毕业生到基层工作的意见》这两个基层就业的专门文件，规定了基层就业的相关政策；国务院2009年、2010年、2012年、2015年和2017年政府工作报告特别强调鼓励大学生到基层就业❻，还在促进就业的文件中强调要引导和鼓励大学生到基层就业，并落实各项扶持政策，如《国务院关于批转促进就业规划（2011～2015年）的通知》（国发〔2012〕6号）和《国务院关于印发“十三五”促进就业规划的通知》（国发〔2017〕10号）。2002年《国务院办公厅转发教育部等部门关于进一步深化普通高等学校毕业生就业制度改革有关问题意见的通知》出台后，中央政府相关部门和省级政府也高度重视大学生基层就业。国务院办公厅、教育部等部门每年都出台关于做好普通高校毕业生就业工作的通知，明确提出引导和鼓励大学生到基层就业及其相关优惠政策；各省（区、市）结合自身实际也相继出台一系列鼓励支持大学生基层就业的政策。值得提及的是，“高校毕业

❶ 胡锦涛：《高举中国特色社会主义伟大旗帜，为夺取全面建设小康社会新胜利而奋斗——在中国共产党第十七次全国代表大会上的报告》，《人民日报》2007年10月25日第1版。

❷ 十八大报告文件起草组：《十八大报告辅导读本》，人民出版社，2012年，第36页。

❸ 本书编写组：《党的十九大报告辅导读本》，人民出版社，2017年，第45页。

❹ 温家宝：《政府工作报告——2009年3月5日在第十一届全国人民代表大会第二次会议上》，中华人民共和国中央人民政府，2009-03-16，http://www.gov.cn/test/2009-03/16/content_1260221.htm。

❺ 温家宝：《政府工作报告——2011年3月5日在第十一届全国人民代表大会第四次会议上》，中华人民共和国中央人民政府，2011-03-15，http://www.gov.cn/2011lh/content_1825233.htm。

❻ 2009年政府工作报告提出“高校毕业生到城乡基层社会管理和公共服务岗位就业，给予社会保险和岗位补贴；到农村基层服务和参军入伍，给予学费补偿和代偿助学贷款”；2010年政府工作报告提出“加强政策支持和就业指导，鼓励高校毕业生到城乡基层、中西部地区和中小企业就业”；2012年政府工作报告提出“鼓励高校毕业生投身农村、基层、中西部地区建设”；2015年政府工作报告提出“落实高校毕业生就业促进计划，鼓励到基层就业”；2017年政府工作报告提出“进一步采取措施鼓励高校毕业生到农村施展才华，要实施好基层成长计划”。

生基层培养计划”被列入《国家中长期人才发展规划纲要（2010～2020年）》的重大人才工程，教育部等部门分别于2011年和2017年联合印发《高校毕业生基层培养实施方案》和《高校毕业生基层成长计划》，以更好地引导和鼓励高校毕业生到基层就业创业，促进高校毕业生在基层成长成才。

（三）大学生基层就业的根本促进手段是政策引导和支持

从目前国内相关文献来看，影响大学生基层就业的因素主要表现为两大方面：一是主观因素，具体表现为大学生就业观念和就业心理存在一定偏差，不愿意选择基层就业；二是客观因素，主要有政策宣传、落实不到位，基层福利待遇、工作环境和发展前景难以吸引大学生，高校专业设置不合理，大学生自身素质不适应基层发展需要等。相应的促进措施也主要集中在政府、高校、大学生、基层等方面。从公共政策的角度来看，无论是政策的宣传、落实和基层客观条件的改善，还是高校专业设置的合理化和大学生思想观念的改变，都需要相关政策的引导和支持；同时，大学生就业市场存在失灵现象，市场在大学生资源配置上存在无法配置到位的情况，基层处于就业市场的弱势地位，需要政府通过政策手段进行干预。

三

《2013年世界发展报告：就业》中指出：“全球失业人数已从20世纪90年代中期的1亿多人攀升至目前的2亿人，其中有7500万青年（25岁以下）人口失业，还有6.2亿青年人口既不工作也不学习。”[1]“即使在失业率低的国家，青年人的失业率也是全国平均水平的两倍，甚至更高。”[2]这表明世界范围内的青年就业形势非常严峻，而青年群体中的大学生，其就业形势也不容乐观。大学生就业问题已成为世界各国高等教育界的共同话题之一，如何有效解决大学生就业难问题也就成为国内外学者关注、研究的重点问题之一。

（一）国外关于大学生就业及政策的研究

国外学术界没有大学生基层就业这个概念，但对就业有大量的研究且形成了丰富的就业理论。就业理论既源于就业实践，又指导就业实践，为就业政策

---

[1] 世界银行：《2013年世界发展报告：就业》（中文版），胡光宇，赵冰译，清华大学出版社，2013年，中文版序言Ⅻ页。

[2] 世界银行：《2013年世界发展报告：就业》（中文版），胡光宇，赵冰译，清华大学出版社，2013年，第6页。

包括大学生就业政策的制定奠定理论基础、提供理论支持。因此，与本课题相关的研究主要集中于两个方面：

1. 就业理论研究

就业问题首先表现为一个经济问题，是国外经济理论研究中的一个非常重要的领域。学者们往往是从经济学角度来阐述就业理论，主要有：古典经济学派就业理论、新古典经济学派就业理论、凯恩斯经济学派就业理论、新古典综合学派就业理论、新自由主义经济学派就业理论、发展经济学派就业理论、制度经济学派就业理论等。西方就业理论是建立在市场机制基础之上的，关注社会经济发展和运行过程的就业问题，虽然流派众多，但他们之间争议的焦点集中于市场自由竞争与政府政策干预在促进充分就业上的功能定位，具体表现为以下两种观点：

（1）强调就业市场自由竞争、自由调节，反对政府政策干预

这类观点主要体现在古典经济学派和新自由主义学派的就业理论。古典经济学家萨伊提出“生产给产品创造需求”，“只要对生产不加干涉，就不会发生普遍过剩，即著名的萨伊定律”。[1] 换句话说，就是供给总能产生需求，供给是需求的源泉。英国古典经济学家庇古在萨伊定律的基础上，提出充分就业的两个基本前提：“一是工资等于劳动的边际产品，二是对于给定的就业人数，工资的效用等于该就业量的边际负效用。”[2] 前者决定劳动的需求，后者决定劳动的供给。正因为这样，庇古在 1933 年出版的《失业论》中提出：“只要有完全自由竞争……就会有一股强烈的倾向将工资率与需求相联，使每个人都能就业”[3]。毫无疑问，古典经济学派就业理论强调市场自由竞争，反对政策干预。弗德里曼作为新自由主义经济学派的分支——货币主义学派的代表，否定凯恩斯的“非自愿失业”，提出“自然失业率”概念，认为社会存在“自然失业”，即使在社会供求平衡时也存在一部分人失业的情形。他反对凯恩斯通过政策干预刺激有效需求的就业政策，主张发挥市场自由调节作用来促进就业，政府需要关心的是如何稳定货币发行量、维护经济发展的良好环境。对凯恩斯主义通过政策干预刺激有效需求持反对态度的还有新自由主义学派的另外

---

[1] 莫荣：《国外就业理论、实践和启示》，中国劳动社会保障出版社，2014 年，第 31 页。

[2] 约翰·梅纳德·凯恩斯：《就业、利息和货币通论》，陆梦龙译，中国社会科学出版社，2009 年，第 4 页。

[3] 厉以宁：《西方就业理论的演变》，华夏出版社，1988 年，第 7 页。

两个分支，即供给学派和理性预期学派：供给学派强调供给，认为需求会自动适应供给的变化，国家没有必要刺激有效需求，其先驱者芒德尔主张通过降低税率、扩大生产来促进就业；理性预期学派认为人们总是尽一切可能去搜集相关信息并以此进行理性预期，这种理性预期会抵消政府政策的干预作用，从而使政策无法发挥其预期的干预作用。

（2）强调在市场竞争的基础上，通过政府政策干预来促进充分就业

这类观点主要体现在凯恩斯就业理论、新古典综合学派就业理论、发展经济学派就业理论、新凯恩斯主义经济学派就业理论、制度经济学派就业理论和人力资本就业理论中。凯恩斯认为市场自由竞争下不仅存在庇古承认的“摩擦性失业”和“自愿失业”，而且存在“非自愿失业”，而“一个社会的就业总量取决于有效需求的大小，失业（即‘非自愿性失业’）是有效需求不足的结果”[1]，“要消除‘非自愿失业’，就是要解决需求不足的问题”[2]，主张通过宏观经济政策刺激消费、鼓励投资、扩大有效需求等方式来促进充分就业。新古典综合学派代表人物萨缪尔森在《经济学》中主张运用财政政策和货币政策调节总需求，以增加就业；新古典综合学派另一代表托宾提出“结构性失业问题”，认为微观市场的不完善性与结构性变化引起失业和通胀，解决该问题的办法除了依靠就业市场自身不断完善外，还应加强劳动者的技能培训以增强其岗位适应能力。以刘易斯等为代表的发展经济学派就业理论主要关注和研究发展中国家二元经济结构模式下的就业问题，他们认为发展中国家普遍存在以工业为代表的现代部门和以传统农业为代表的传统部门，存在着城市和农村二元分割的劳动力市场，不平等竞争性是劳动力市场的一种常态，因此劳动力市场并不能完全依靠市场的自由竞争和自我完善，而是需要国家的政策干预，主张通过缩小城乡收入差距和大力发展农村经济等方式来扩大就业。新凯恩斯主义学派批判继承发展凯恩斯主义学派就业理论，提出“工资黏性理论”，认为劳动力市场的工资黏性（即工资不能随着需求的变动而迅速调整[3]）是失业必然发生的客观条件，强调政府干预以促进就业。制度经济学派认为市场本身具有一定缺陷，无法依靠自身解决就业问题，强调非市场因素（如制度因素、社会因素、法律因素等）对就业的干预影响作用，并要求政府具有公共服务的意识和态度。以舒尔茨为代表的人力资本理论认为人力资本是通过教育、培

---

[1] 厉以宁：《西方就业理论的演变》，华夏出版社，1988 年，第 14 页。

[2] 厉以宁：《西方就业理论的演变》，华夏出版社，1988 年，第 14 页。

[3] 转引自莫荣：《国外就业理论、实践和启示》，中国劳动社会保障出版社，2014 年，第 116 页。

训等方式向人自身进行投资而形成的知识和技能存量，劳动能力的差异是个体人力资本差异的具体体现，政府应从人力资本的角度，即人力政策来促进就业。

2. 大学生就业问题产生的原因与就业促进政策研究

关于大学生就业问题产生的原因研究，最为典型的是意大利经济学家希金斯（Niall O′Higgins）从需求、供给及供求匹配三个方面来分析包括大学生在内的青年就业问题。他认为就业需求不足、就业意愿与就业能力不足和供求匹配的效率不足是大学生就业问题产生的主要原因。需求方面，大学毕业生数量的增长速度远远快于工作岗位数量的增长速度；供给方面，大学毕业生的能力素质与社会对知识技术的需求之间存在一定偏差；供求匹配方面，就业市场信息不对称及就业指导服务不完善导致供求不匹配。[1] 针对大学生就业问题产生的原因，促进就业的政策措施也表现在三个方面：一是促进就业需求，鼓励商业机构、志愿者组织和社区机构等提供学徒、实习的机会[2]，政府为吸纳大学毕业生就业的企事业单位提供服务，减轻企事业单位的负担[3]；二是促进就业供给，主要是完善教育培训体系，通过各种教育途径来提高大学生的就业能力[4]，通过免除贷款偿还和其他激励措施鼓励大学生在特殊地区和特殊行业就业，如实施贷款减免和农村培训项目吸引和留住农村卫生专业人员[5]，对在指定区域或人员短缺的学校完成规定期限教育任务的教师进行贷款减免[6]；三是促进供求匹配，通过就业指导和就业服务帮助大学生明确职业方向、选择职业类型、提升职业匹配度，理论研究上有强调人格与职业的匹配的霍兰德职业兴趣理论、重视职业指导全程性的萨帕职业生涯发展理论，实践研究表明

---

[1] Niall O′Higgins. Government Policy and Youth Employment. Paper prepared for the World Youth Summit to be held in Alexandria, Egypt, 2002 -7 -11.

[2] Prime Minister′s Office. Supporting youth employment: an overview of the Coalition Government′s approach. London: HM Government, 2011.

[3] Ama, Njoku O. Transition from Higher Education to Employment: A Case Study of Graduates of Faculty of Social Sciences University of Botswana. Educational Research and Reviews, v3 n8 P262 -274 Aug 2008.

[4] Kevin Lowden, Stuart Hall, Dr Dely Elliot, Jon Lewin. Empoyers′ perceptions of the employ ability skills of new graduates, Edge/SCRE Centre 2011.

[5] Daniels, Zina M.; VanLeit, Betsy J.; Skipper, Betty J.; Sanders, Margaret L.; Rhyne, Robert L. Factors in Recruiting and Retaining Health Professionals for Rural Practice. Journal of Rural Health, v23 n1 P62 -71, Win 2007.

[6] Mateu -Gelabert, Pedro; And others. The 1992 ~ 1993 Evaluation of the Loan Forgiveness Program (Revised). OER Report. 1993 -09 -13.

"基于人格类型的有效职业选择指导能增强大学生的学习、就业的成功度和满意度"。❶

纵观国外研究，就业问题尤其是就业理论研究一直被重视，相关理论成果非常丰富，理论体系比较成熟。对于大学生就业问题产生的原因与就业促进政策研究显示，目前主要是以就业市场来自由调配大学生的供求状况，由学生进行自主择业，同时政府、学校等也制定实施了一些就业促进的政策，即就业需求促进政策、就业供给促进政策和供求匹配促进政策。"就业政策就像是一只'看得见的手'，不仅可以弥补劳动力市场这只'看不见的手'的不足，而且能够引导和促进'看不见的手'在大学生就业过程中更好地发挥作用。"❷ 总的来说，无论是国外的就业理论成果还是大学生就业促进政策，尤其是鼓励大学生到特殊地区特殊行业就业的政策，对我们研究大学生基层就业补偿政策都具有很好的借鉴意义。

（二）国内关于大学生基层就业及其政策的研究

国内关于大学生基层就业及其政策的研究始于 1999 年高校扩招后。2002 年是高校扩招后第一批专科毕业生进入劳动力市场。同年，《国务院办公厅转发教育部等部门关于进一步深化普通高等学校毕业生就业制度改革有关问题意见的通知》出台，明确提出"引导高校毕业生到基层、到中小企业就业是解决高校毕业生就业问题的主要途径"。❸ 大学生基层就业及政策的相关研究开始增多，而大量研究主要集中于 2005 年《关于引导和鼓励高校毕业生面向基层就业的意见》出台之后。研究内容上，现有相关研究主要集中于四个方面：对国外大学生就业促进政策及经验的介绍与研究、中华人民共和国成立以来大学生就业政策变迁的研究、大学生基层就业现状研究和大学生基层就业政策研究。

1. 对国外大学生就业促进政策及经验的介绍与研究

从就业方式及模式角度来看，国外高校毕业生就业主要采用学生自主择

---

❶ Kemboi, Rebecca J. Kimongo; Kindiki, Nyaga; Misigo, Benard. Relationship between Personality Types and Career Choices of Undergraduate Students: A Case of Moi University, Kenya. Journal of Education and Practice, v7 n3 P102 – 112, 2016.

❷ 杨伟国：《借重"看得见的手"——谈谈国外对大学生就业的政策支持》，《求是》2004 年第 6 期。

❸ 《国务院办公厅转发教育部等部门关于进一步深化普通高等学校毕业生就业制度改革有关问题的意见的通知》，《中华人民共和国国务院公报》2002 年第 11 号。

业、学校强化指导、政府宏观调控、社会提供服务的机制，但因国家体制、文化传统、价值取向、劳动力资源紧张程度不同而导致各国高校毕业生就业呈现不同特点，主要有：全员参与型日本模式、高校主导型英美模式、公共服务型德国模式、自由放任型俄罗斯模式以及计划和市场双重管理型印度模式五种就业模式。❶

从国别的角度来看，发达国家的大学生就业促进政策主要有促进就业需求政策、促进就业供给政策和促进就业供需匹配政策，具体来说，主要通过完善的大学生就业法律制度体系、全程化和专业化的就业指导、扶持中小企业发展等方式创造工作岗位，培养创业意识、鼓励自主创业，通过贷款减免政策激励大学生到特殊地区和特殊行业就业等。❷❸❹❺ 发展中国家的大学生就业促进政策，印度具有典型性，实施“4 +1 联动模式”，“1”指高校毕业生以“自主就业（self - employment）”为中心，强调大学生就业的自主化和市场化；“4”指印度中央政府、教育主管部门、高校和社会就业服务系统为高校毕业生就业提供各种服务平台。具体为中央政府实施农村就业计划，拓宽就业渠道；教育主管部门调整教育发展战略，加大技术类教育资金投入；高校改进课程教育体系，注重大学生就业能力培养；社会就业服务系统培养应用型人才，构建立体式咨询体系。❻

从促进农村就业创业政策的角度来看，杜丽华（2009）介绍了德国、法国、韩国和印度促进农村就业创业政策，其措施主要有高校注重实践教学以提升学生农村就业创业的能力、高校免费教育、鼓励农村就业创业的优惠政策和财政支持政策、农村就业创业的立法保障四个方面。❼

从政策分析和评估的角度来看，顾惊雷（2010）从需求、供给、供求匹配三个角度对各国大学生就业促进政策及其效果进行了分析，认为直接补贴企业和降低税收的方式来促进就业需求的效果并不理想，并不能真正创造更多的

---

❶ 荆德刚：《国外高校毕业生就业模式研究》，《教育研究》2009 年第 8 期。

❷ 杨伟国、王飞：《大学生就业：国外促进政策及对中国的借鉴》，《中国人口科学》2004 年第 4 期。

❸ 余国林：《国外促进大学生就业的政策措施及对我国的启示》，《教育探索》2009 年第 8 期。

❹ 刘继华、李霞：《国内外大学生就业政策的比较分析及对策研究》，《浙江理工大学学报》2010 年第 6 期。

❺ 吴立保、张斌：《日本和美国大学生就业促进政策及其启示》，《教育发展研究》2011 年第 9 期。

❻ 严晓、万晓玲：《印度高校毕业生就业政策及启示》，《理论与改革》2006 年第 4 期。

❼ 杜丽华：《国外促进大学生到农村就业、创业的经验及启示》，《世界农业》2009 年第 11 期。

就业岗位，而鼓励创业这一促进就业需求政策对于减少失业人数有显著影响，但创业主要属于小范围群体；通过提升大学生就业能力和灵活就业来促进就业供给的政策，对促进就业的效果和优势日益明显，而特定地区特定职业补贴政策对促进就业的效果依然有限；通过就业服务解决信息不对称来提升供求匹配度，对促进就业的效果是非常积极的。❶

2. 关于中华人民共和国成立以来大学生就业政策变迁的研究

我国大学生就业政策经历了三个阶段，即中华人民共和国成立初期至20世纪80年代中期的统包统分阶段、20世纪80年代中期至90年代初的双向选择过渡阶段、20世纪90年代初至今以市场为导向的自主择业阶段。❷从政策变迁动力及机制分析上来看，周建民等（2008）认为我国大学生就业政策演变所反映的利益关系，经历了从“利益一元化”到“利益双重性”再到“利益多元化”的演变轨迹，公共政策目标取向的变化、利益主体意识的觉醒以及利益冲突的推动，政策调整及利益关系变化是政策演变的主要原因，要求运用利益机制不断完善大学生就业市场和引导大学生就业，以利益平衡机制确保大学生就业中的公共利益；❸朱家德和胡海清（2010）通过历史制度主义分析框架，认为经济体制转型、政治体制改革以及教育哲学由社会本位向个人本位的转变是影响毕业生就业政策变迁的深层结构，政策变迁的路径主要是政府对毕业生资源的理性选择，政策变迁的动力是政府的立法行为以及毕业生自主择业能力的提升。❹何云辉（2011）认为高校毕业生就业政策的核心利益相关者，即中央政府、地方政府、高校、毕业生以及用人单位围绕就业政策反复进行的利益与权力博弈是我国高校毕业生就业政策变迁的内在动力机制。❺

从政策变迁的价值分析上来看，刘锐等（2008）从价值选择、合法性和有效性三重维度对我国高校毕业生就业政策演变进行价值分析，认为价值选择

---

❶ 顾惊雷：《促进大学生就业政策的国际比较——背景、政策效果与借鉴》，《经济社会体制比较》2010年第1期。

❷ 全国高等学校学生信息咨询与就业指导中心、北京大学教育学院：《全国高校毕业生就业状况（2004～2008）》，北京大学出版社，2009年，第9～12页。

❸ 周建民、张小凤、王旭：《我国大学生就业政策演变中的利益关系轨迹与启示》，《辽宁教育研究》2008年第7期。

❹ 朱家德、胡海青：《建国以来我国高校毕业生就业政策的变迁逻辑——基于历史制度主义的分析》，《中国高教研究》2010年第4期。

❺ 何云辉：《高校毕业生就业政策变迁的动力机制研究》，《江苏高教》2011年第5期。

上经历了由“国家计划调配”到“学校推荐”再到“市场配置”的转变，政策内容演变顺应了不同时期整合的利益关系的变化是政策合法性的基础，高校毕业生配置方式与政治经济社会发展相适应表明政策是有效的，且有效性呈现出螺旋式变革的特性；❶ 夏仕武（2012）认为中华人民共和国成立以来中国高校毕业生就业政策变迁的价值取向经历了追求公平、兼顾公平与效率、追求效率这三次明显的变迁，提出中国未来大学生就业政策要实施政府管公平、市场求效率、政府与社会携手保障就业弱势群体的策略，确保高校毕业生就业政策兼顾公平与效率的目标的实现。❷

从政策变迁对政府、高校等的要求的角度来看，吴庆（2005）、王志刚（2008）认为市场并不能解决大学生就业的所有问题，需要政府的强力介入，因而政府应加大服务力度，选择多种政策工具促进大学毕业生就业，使就业市场体系真正发挥高效配置资源的作用，兼顾效率和公平，充分发挥和体现人才的作用和价值；❸❹ 冯淑娟（2009）认为大学生就业政策演变对各阶段高等教育要求侧重点不同，为适应就业市场化，高校必须坚持学校教育与以市场为导向的就业机制有机结合，树立质量意识和品牌意识，深化教学改革，全面提高育人质量和就业竞争力。❺

3. 大学生基层就业现状的研究

关于大学生基层就业现状的研究成果比较丰富，主要集中在四个方面：

（1）大学生基层就业的影响因素分析。彭小孟等（2008）认为影响大学生到基层就业的原因是多方面的，主要有教育指向存在问题、制度保障存在缺陷、政府调控力度不足、高校作用发挥不够、大学生个人心态游离不定等。❻从个人及家庭角度来看，社会资本、学校背景、人力资本状况、政策了解程度、个性特征（如生源、性别和独生子女身份）等是影响高校毕业生基层就

---

❶ 刘锐、周建民、张小凤：《我国高校毕业生就业政策演变的价值分析》，《高等农业教育》2008年第8期。

❷ 夏仕武：《试论中国高校毕业生就业政策的价值变迁》，《国家教育行政学院学报》2012年第1期。

❸ 吴庆：《演变、定位与类型——中国大学生就业政策分析》，《当代青年研究》2005年第2期。

❹ 王志刚：《自由与选择：高校毕业生就业政策分析》，《当代社科视野》2008年第10期。

❺ 冯淑娟：《从大学生就业政策演变谈高校教育的走向》，《浙江树人大学学报》2009年第2期。

❻ 彭小孟、肖池平：《大学生面向基层就业的现状分析和对策思考》，《教育探索》2008年第11期。

业的重要因素；[1][2][3][4][5] 从制度、政策支持的角度来看，张立波（2006）、李从国（2008）认为传统的就业观念、现行户籍制度、收入分配制度、社会保障制度、基层就业政策落实需要时间、基层单位吸引力和接纳力不足等是阻碍大学生基层就业的制度壁垒；[6][7] 房欲飞（2012）认为学科专业设置和课程教学脱离大学生基层就业实际、面向基层的社会实践尚未得到充分重视、就业指导中基层就业导向不明等高校人才培养制度是影响大学毕业生基层就业的因素。[8]

（2）大学生基层就业面临的困难及原因分析。潘日鸣等（2007）从基层单位本身的原因、大学生自身的原因、高校自身的原因、地方政策和社会环境影响等四个维度来分析大学生基层就业所存在的困难；[9] 邹小荣（2011）认为大学生基层就业面临的困难有职业发展前景不明确、缺少基层所需的知识技能、缺少培训指导、工作报酬缺少激励、基层生活环境不如意五个方面。[10]

（3）大学生基层就业素质、能力现状及对策研究。房欲飞（2012）、冯东等（2012）通过实证调查发现大学毕业生能够基本适应基层就业岗位，但素质结构和基层实践脱节成为适应基层就业岗位的最大障碍，主要表现为工作状况不佳、人际关系不融洽、对基层生活不适应，提高基层胜任力需要大学生、高校、国家、社会及基层单位共同努力，尤其需要大学生自身的努力。[11][12]

（4）大学生基层就业长效机制构建研究。姜尔岚（2006）、王巍（2012）

---

[1] 张秋山：《农村籍大学生基层就业意向调研分析》，《河北大学学报（哲学社会科学版）》2009年第2期。

[2] 王友航、文东茅：《高校毕业生基层就业的特征与影响因素》，《教育发展研究》2012年第21期。

[3] 尉建文：《父母的社会地位与社会资本——家庭因素对大学生就业意愿的影响》，《青年研究》2009年第2期。

[4] 蒋承、李笑秋：《政策感知与大学生基层就业》，《北京大学教育评论》2015年第2期。

[5] 宋国恺、武天、李冬：《家庭地位、人力资本与政策对大学生基层就业意愿的影响》，《西安交通大学学报（社会科学版）》2017年第5期。

[6] 张立波：《影响高校毕业生面向基层就业的主要因素及对策研究》，《黑龙江高教研究》2006年第9期。

[7] 李从国：《大学毕业生基层就业难题的制度经济学分析》，《经济经纬》2008年第1期。

[8] 房欲飞：《影响大学生基层就业的关键问题——基于实证的分析》，《教育发展研究》2012年第11期。

[9] 潘日鸣、曾晓峰：《大学生基层就业困难的原因分析及对策研究》，《当代教育论坛》2007年第10期。

[10] 邹小荣：《大学生基层就业的困境及出路》，《孝感学院学报》2011年第5期。

[11] 房欲飞：《大学生基层就业与人才培养制度》，《当代青年研究》2012年第9期。

[12] 冯东、赵远博：《论高校毕业生在基层就业胜任力不足的原因》，《继续教育研究》2012年第7期。

主张从高校、政府两个层面来建立高校毕业生基层就业的长效机制：通过发挥高校的“引导、鼓励、激励、促成和推动”五大作用，着重加强高校毕业生的就业观念教育、建立高等学校与基层单位教育和培养的衔接机制；通过发挥政府的主导性作用，打通高校毕业生面向基层就业的渠道，建立宏观保障机制和增强基层就业吸引力。[1][2] 李在法（2009）认为用法制保障基层就业大学生的权益是必要的，并提出在就业不同阶段构建基层就业大学生权益保障的法律制度设想：就业前阶段主要构建反就业歧视法律制度，就业阶段着力完善社会保障法律制度和权利救济法律制度，再就业阶段注重完善相关培训法律制度。[3] 宋国恺等（2017）建议对有志于扎根西部、服务基层的有意愿、有能力的大学生形成长效激励和保护机制，科学评估关于基层就业的各项政策，制定有利于促进良性就业、顺畅流动的长远就业规划和政策。[4]

4. 大学生基层就业政策的研究

关于大学生基层就业政策的研究成果也非常丰富，主要集中在四个方面：

（1）基层就业政策的作用及构建研究。孙景福等（2007）认为大学生基层就业政策不仅关系到社会公平与效率，而且关系到大学生自身的公平与效率，应利用公共政策具有激励功能的效率性政策、具有约束功能的公平性政策和具有协调功能的平衡性政策来推进基层就业政策的实施；[5] 石国亮（2007）、黄雄（2010）从政策建构的角度，认为大学生基层就业政策要重点突破大学生基层就业的四个环节——“谁去”“为什么去”“去什么岗位”和“去后怎么办”，通过加强政策引导、健全配套体系和完善激励机制以使毕业生“下得去”“用得上”“留得下”；[6][7] 陈明霞（2010）认为大学生基层就业具有阶段性公益特征，必须突出基层就业政策的导向、激励作用：进一步发挥鼓励毕业生基层就业措施的综合效应，进一步完善毕业生基层就业的保障体系和社会流动机制，进一步拓展基层就业的事业空间，进一步促进基层就业项目制度化，

---

[1] 姜尔岚：《谈建立高校毕业生面向基层就业的长效机制》，《教育与职业》2006 年第 3 期。

[2] 王巍：《建立高校毕业生面向基层就业的长效机制》，《中共山西省委党校学报》2012 年第 2 期。

[3] 李在法：《论基层就业高校毕业生权益的法制保障》，《沙洋师范高等专科学校学报》2009 年第 5 期。

[4] 宋国恺、武天、李冬：《家庭地位、人力资本与政策对大学生基层就业意愿的影响》，《西安交通大学学报（社会科学版）》2017 年第 5 期。

[5] 孙景福、辛海燕：《毕业生面向基层就业政策探讨》，《人才开发》2007 年第 4 期。

[6] 石国亮：《大学生基层就业的政策建构》，《当代青年研究》2007 年第 11 期。

[7] 黄雄：《鼓励和支持高校毕业生到农村基层就业的政策建议》，《办公室业务》2010 年第 5 期。

进一步营造到基层就业的良好社会舆论氛围。❶

（2）基层就业政策的系统梳理与政策建议研究。马莉萍等（2015）对2003年以来的中央和地方基层就业政策进行文本分析，发现中央基层就业政策经历了由笼统到细化、由零散到系统的演变过程，地方基层就业政策与中央基层就业政策的内容基本一致，但地方特色有待加强，并提出政府应进一步细化明确基层就业政策、政策着眼点前置到人才培养过程中以培养有意愿、有能力的基层优秀人才、加强政策的科学评估等建议。❷ 徐自强等（2016）在实证分析的基础上，发现越来越多的大学生愿意考虑基层就业，但极少有大学生把基层就业当作唯一选择，无论愿意考虑基层就业的大学生还是不愿意考虑基层就业的大学生，其选择行为都具有理性特征，并基于此提出分类灵活设计基层就业计划、人性化设计与倡导性鼓励并重的政策建议。❸

（3）对某项或某些具体基层就业政策的研究。具体基层就业政策的研究对象主要是国家基层就业项目：研究数量上，大学生志愿服务西部计划、“三支一扶”计划、大学生村官计划和特岗教师计划的研究比较丰富，而农技特岗计划的研究很少；研究内容上，主要集中于政策产生的时代背景、意义与作用、实施现状及影响因素、长效机制构建等方面。在基层就业政策评价上，祝军等（2015）实证分析了已参加大学生村官计划等基层就业项目的大学生对项目的满意度，发现：群体满意度方面，男性、研究生群体的满意度明显更低；政策满意度方面，大学生对于基层就业项目所提供的“发展性措施和机会”的满意度高于对“保障性措施和环境”的满意度。❹ 萧鸣政等（2015）对我国选调生政策发展脉络进行系统梳理分析，并通过访谈部分选调生发现选调生政策实施效果较好，提出制度上要做好选调生政策规定与现有法律法规和相关政策之间的协调配合以确保工作的规范化和连贯性，实践上地方政府应该重视现有选调生政策的具体落实及具体工作层面的协同配合。❺

（4）基层就业补偿政策研究。程亮等（2014）以高等教育成本分担与补偿理论和激励理论作为高校毕业生中西部基层就业学费补偿和助学贷款代偿政

❶ 陈明霞：《论毕业生基层就业的公益特征与政策支持体系建构》，《梧州学院学报》2010年第2期。

❷ 马莉萍、刘彦林：《高校毕业生基层就业：从中央政策到地方政策》，《北京大学教育评论》2015年第2期。

❸ 徐自强、鲁瑞丽：《大学生基层就业行为的策略空间探讨》，《继续教育研究》2016年第12期。

❹ 祝军、杨平：《大学生基层就业：参与意愿与满意度》，《北京大学教育评论》2015年第2期。

❺ 萧鸣政、卢亮、王延涛：《选调生政策及其实施效果》，《北京大学教育评论》2015年第2期。

策的理论基础，分析了中西部基层就业学费补偿及助学贷款代偿政策的多样化政策支持模式。❶ 魏黎（2015）认为基层服务政策演变经历了探索、成形和统筹实施三个阶段，政策的发展趋势具有政策目标和政策对象不断调适，政策的合约特征越来越明显，政策的激励手段趋于多元化等三个基本特征，并提出基层服务政策应进一步确立“基于国家需要的就业补偿”的新理念。❷ 程亮等（2016）对中国地质大学（武汉）的基层就业代偿政策的受益毕业生进行追踪调查，了解受偿毕业生的现状、基层就业代偿政策的执行状况、反馈效果以及存在的问题，并有针对性地从政府、学生、学校、社会等多方面提出改进方案。❸

纵观国内研究，大学生基层就业政策研究具有明显的时代特征，研究成果非常丰富，这与大学生对基层“有业难就”“有业不就”问题的严重性以及政府重视大学生基层就业息息相关。研究成果形式上，论文很多，专著较少；研究视角上，以教育学、社会学等为视角的研究较多，而以公共政策为视角的研究较少；研究对象上，对大学生基层就业政策的整体性研究较多，而对其中的补偿政策研究较少；研究内容上，主要侧重于政策的梳理及描述性分析，以及某项或某些具体政策的单方面、局部性研究，对基层就业政策的实践效果、基层就业补偿政策的实践效果及基层就业补偿的可持续性问题的研究较少。

四

研究大学生基层就业补偿政策，有必要对基层就业及其范围进行界定和厘清。《中共中央办公厅　国务院办公厅印发〈关于引导和鼓励高校毕业生面向基层就业的意见〉的通知》明确要求引导和鼓励高校毕业生到基层就业，但并未对“基层就业及其范围”进行明确界定。2006 年，教育部高校学生司印发《关于进一步完善高校毕业生就业统计工作的通知》，规定将高校毕业生在下列区域、单位就业或以下列方式就业纳入基层就业的统计范围：一是县及县以下党政机关、事业单位和社会团体组织；二是农村建制村；三是城镇社区；四是中小企业；五是国家和地方服务基层项目；六是自主创业；七是部队；八

❶ 程亮、张瀚文：《高校毕业生中西部基层就业代偿：理论基础与政策支持模式》，《湖北行政学院学报》2014 年第 5 期。

❷ 魏黎：《大学生基层服务政策的演变与基本特征》，《中国高教研究》2015 年第 9 期。

❸ 程亮、马彦周：《高校毕业生基层就业代偿政策执行效果调查——以中国地质大学（武汉）为例》，《学校党建与思想教育》2016 年第 3 期。

是艰苦行业企业、事业单位。2009 年，教育部、人力资源和社会保障部联合印发《国家促进普通高校毕业生就业政策百问》，将“基层就业”界定为：“基层就业就是到城乡基层就业。一般来讲，‘基层’既包括广大农村，也包括城市街道社区；既涵盖县级以下党政机关、企事业单位，也包括社会团体、非公有制组织和中小企业；既包含自主创业、自谋职业，也包括艰苦行业和艰苦岗位。”❶ 还规定了基层就业可以享受学费补偿助学贷款代偿、公务员招录优先等优惠政策，且单独规定了中小企业就业、自主创业、应征入伍的优惠政策。《高校毕业生就业政策百问》（2012 年版、2014 年版）和《高校毕业生就业创业政策百问》（2015 年版、2016 年版、2017 年版）基本沿用《国家促进普通高校毕业生就业政策百问》关于“基层就业”的界定，但“基层就业”的表述稍有变化，将“既包含自主创业、自谋职业，也包括艰苦行业和艰苦岗位”更改为“既包含单位就业，也包括自主创业、自谋职业。”由上可见，就业统计意义上的基层就业范围与享受基层就业政策待遇的基层就业范围存在一定差异。

另外需要提及的是，公务员报考条件的基层工作经历是一个相对概念，不同职位的基层工作经历要求不尽相同，且其“基层范围”与基层就业统计范围、享受基层就业政策待遇的基层就业范围之间也存在一定差异。《中共中央组织部　人事部关于中央、国家机关 2006 年考试录用公务员和机关工作人员公告》首次将“基层工作经历”纳入部分职位的报考条件，基层工作经历是指在地市以下（不含副省级城市）党政机关、事业单位、社团组织，各类中小企业和非公有制单位及农村工作的经历；自谋职业、个体经营的人员，也可视为具有基层工作经历；曾在基层工作而后再进入学校就读的应届毕业生，也视为具有基层工作经历。❷ 从 2009 年度起，《中央机关及其直属机构考试录用公务员公告》（以下简称《公告》）关于基层工作经历的范围稍有变化：2009～2010 年度《公告》中，基层工作经历是指具有在县乡党政机关、企事业单位和其他经济组织、社会组织等基层和生产一线及农村工作的经历；曾在军队团和相当团以下单位工作过、报考中央机关的人员，在地（市）直属机关工作过，可视为基层工作经历。2011～2014 年度《公告》中，基层工作经历是指具有在县级及以下党政机关、国有企事业单位、村（社区）组织及其他经济组

❶ 《国家促进普通高校毕业生就业政策百问》，中华人民共和国教育部，2009－04－29，http：//www. moe. gov. cn/jyb_xwfb/gzdt_gzdt/moe_1485/tnull_47024. html。

❷ 《2006 年中央、国家机关招考政策、技术、考务问答》，中华人民共和国中央人民政府，2005－10－13，http：//www. gov. cn/zwgk/2005－10/13/content_76955. htm。

织、社会组织等工作的经历；离校未就业高校毕业生到高校毕业生实习见习基地（该基地为基层单位）参加见习或者到企事业单位参与项目研究的经历，在军队团和相当于团以下单位工作的经历，报考中央机关的人员，在地（市）直属机关工作的经历，均可视为基层工作经历。2015 年度《公告》则未将“离校未就业高校毕业生到高校毕业生实习见习基地（该基地为基层单位）参加见习或者到企事业单位参与项目研究的经历”列入基层工作经历范围。2016～2018 年度《公告》在 2015 年度《公告》的基础上，增加了“退役士兵在军队服现役的经历可视为基层工作经历”。

本书的基层就业与上述提及到的基层就业均存在一定差异，是指到县级以下基层就业，既包括到县级以下党政机关、企事业单位、村（社区）组织、其他组织以及工作地处县级以下的国有单位艰苦行业就业，也包括到县级以下基层自主创业。

五

从研究类型的角度来看，社会科学研究通常分为基础研究和应用研究，前者侧重于研究基础理论和基本规律，通过分析和推理提出新理论、新观点，丰富现有知识理论体系，后者侧重于研究实际具体问题，通过深入实际的调研提出解决问题的建议和对策。本书属于应用研究，其研究成果有助于深化大学生就业问题、大学生基层就业补偿问题、大学生基层就业补偿政策与补偿制度问题的研究，也有助于为政府相关部门（如教育部、人力资源和社会保障部）完善大学生基层就业补偿政策、推进基层就业补偿制度建设提供参考和借鉴。

（一）研究思路与框架

本书以大学生基层就业补偿政策及制度建设为研究对象，立意于大学生基层就业的公共政策分析，围绕“大学生基层就业的时代要求和政策导向与当前相应的补偿政策和补偿制度建设不足之间的矛盾”这一关键问题，在理论分析、历史考察、实证研究、国际比较的结合中对当前大学生基层就业的补偿政策进行专门研究，在此基础上进一步探索，提出大学生基层就业补偿制度建设的“政策制度化”方案。除引言部分外，共分为五章：

第一章：大学生基层就业补偿的理论基础与价值意蕴。从教育成本—收益理论、奉献—报偿理论和公平正义理论来阐述“为什么要对基层就业大学生进行补偿”，然后进一步挖掘大学生基层就业补偿的价值意蕴。

第二章：大学生基层就业补偿政策的历史发展。通过对中华人民共和国成立以来大学生基层就业政策中的补偿政策进行系统梳理，了解其历史发展过程，分析其政策特点。

第三章：大学生基层就业补偿政策的实践效应。对应届毕业生的基层就业意愿和基层就业补偿政策的知晓度和认可度进行问卷调查，分析其现状及影响因素；对基层就业大学生的补偿政策的知晓度和认可度以及就业满意度等方面进行问卷调查和个案访谈，了解其现状及影响因素，并就基层就业补偿政策的知晓度和认可度等方面与应届毕业生进行比较，分析是否存在差异性；然后结合调查结果，从价值选择、合法性和有效性三方面对当前大学生基层补偿政策进行价值分析。

第四章：大学生基层就业补偿政策与制度的国际镜鉴。对美国、德国、英国、日本等发达国家和印度、巴西、墨西哥等发展中国家的特殊地区、特殊行业就业政策与制度进行梳理，总结其典型经验，以期能成为我国大学生基层就业补偿制度建设的“他山之石”。

第五章：大学生基层就业补偿制度建设：政策制度化。该部分为本书的落脚点，主要从补偿政策制度化建设内容、建设原则与方法、建设主体与路径等方面提出我国大学生基层就业补偿制度建设的“政策制度化”方案，期望能为政府完善基层就业补偿政策、推进基层就业补偿政策制度化提供一些参考建议。

（二）研究方法

研究方法是指在研究中发现新现象、新事物，或提出新理论、新观点，揭示事物内在规律的工具和手段。本书的研究方法主要有文献研究法、调查研究法和比较研究法。

1. 文献研究法

通过对国内外教育成本—收益理论、奉献—报偿理论和公平正义理论的相关文献进行深入解读，为本书奠定理论基础；对中华人民共和国成立以来我国大学生基层就业政策相关文献进行整理归纳，从宏观层面把握本书相关的政策文件，深入发掘基层就业政策中的补偿政策；对国外大学生特殊地区特殊行业的就业政策与制度进行梳理、总结，提炼可供借鉴学习之处。

2. 调查研究法

通过问卷调查和个案访谈的方式，对应届毕业生的基层就业意愿和基层就业补偿政策的知晓度和认可度、对基层就业大学生的补偿政策的知晓度和认可度以及就业满意度进行问卷调查，对基层就业大学生的就业满意度、政策认可度和职业规划开展个案访谈，以获取第一手数据和资料，为研究提供实证支持。

3. 比较研究法

通过对我国不同阶段大学生基层就业补偿政策及其特点进行纵向比较分析，对应届毕业生与基层就业大学生的政策知晓度和认可度，以及对国外大学生就业补偿政策进行横向比较分析，为完善基层就业补偿政策、推进基层就业补偿制度建设的“政策制度化”提供经验和事实依据。

第一章　大学生基层就业补偿的理论基础与价值意蕴

我国高等教育大众化趋势要求大学生就业大众化，基层就业应成为且已成为大学生就业的主渠道。然而，就业市场上还存在大学生基层“有业不就”的难题，这个难题如果仅仅依靠市场竞争机制则无法得到有效解决，需要国家通过有效的政策干预，引导和鼓励大学生到基层、到艰苦地区和艰苦行业就业。事实上，为引导和鼓励大学生到基层、到艰苦地区和艰苦行业就业，我国实施了基层就业补偿政策，对基层就业大学生进行合理补偿，如学费补偿和助学贷款代偿、艰苦边远地区津贴、公务员定向招录等。为什么要对基层就业大学生进行补偿？这是研究大学生基层就业补偿问题必须弄清楚的问题。对大学生基层就业补偿问题进行分析和阐释，需要借助一定的理论基础，本部分从教育成本—收益理论、奉献—报偿理论和公平正义理论来分析“为什么要对基层就业大学生进行补偿”，在此基础上探寻大学生基层就业补偿的价值意蕴。

一、大学生基层就业补偿的理论基础

大学生基层就业补偿的理论基础是要从学理层面分析“为什么要进行大学生基层就业补偿”。在基层就业越来越成为大学生就业趋势的背景下，分析大学生基层就业补偿问题，探讨基层就业补偿政策和补偿制度，应基于基层就业补偿政策是一种由政府制定并服务于大学生基层就业的公共政策这一前提，以维护和实现基层就业大学生的合理利益为目标取向，因此必须基于公平、正义的价值理念来阐述大学生基层就业补偿的理论基础。

（一）教育成本—收益理论

1. 教育成本—收益思想及其内涵

教育成本—收益理论的形成、发展和应用，开始于20世纪60年代的人力资本理论。但在人力资本理论之前，亚当·斯密、马克思等人已初步表达了教育成本—收益思想。

英国古典经济学家亚当·斯密在《国富论——国民财富的性质和原因的研究》中把“居民和社会人员都可以学习和得到有用的才能”❶ 看作国民财富中固定资本的重要组成部分，提出：“得到才能，须进学校，须做学徒，须受教育，费用不少。这样用掉的资本，看起来已经认定在学习者身上。这种才能的获得，对于他个人当然是财产的一部分，对于它所在的社会，也是财产的一部分。工人增进了的操作技巧的灵活性，可与方便劳动、节约劳动的机器及工具同样视为社会的固定资本。学习这些技能，当然要花费一笔钱，但可以得到回报，并可取得利润。”❷ 在亚当·斯密看来，要获得一种才能，就必须接受教育和培训，为了获得才能而接受的教育和培训是一种投资，这种教育投资无论对社会还是个人来说，都是一种可以得到回报并获得利润的投资。

马克思在《资本论》中对教育成本收益也有所表述，他说：“为改变一般人的本性，使它获得一定劳动部门的技能和技巧，成为发达的和专门的劳动力，就要有一定的教育或训练，而这又得花费或多或少的商品等价物。劳动力的教育费用随着劳动力性质的复杂程度而不同。”❸换句话来说，教育和训练虽然需要花费一定的商品等价物，即投入一定的成本，但是能获得一定的劳动技能和技巧，成为发达或专门的劳动力，即获得一定的收益。

舒尔茨针对第二次世界大战后各国经济恢复发展情况，提出人力资本促进经济增长的观点，进而提出人力资本理论。他认为人力资本既有量的方面又有质的方面：人口数量、投身于有用工作的人口比例及实际劳动量❹，是量的方面；技术、知识及影响人的生产能力的属性等❺，是质的方面。舒尔茨更重视和强调质的方面，认为质的方面就是人力资本的内涵所在，即人力资本是指凝聚在劳动者身上的知识、技能及其所表现出来的能力，“我们之所以称这种资本为人力的，是由于它已经成为人的一个部分，又因为它可以带来未来的满足

---

❶ 亚当·斯密：《国富论——国民财富的性质和原因的研究》，谢祖钧等译，中南大学出版社，2003 年，第 189 页。

❷ 亚当·斯密：《国富论——国民财富的性质和原因的研究》，谢祖钧等译，中南大学出版社，2003 年，第 189 页。

❸ 《马克思恩格斯文集》（第 5 卷），人民出版社，2009 年，第 200 页。

❹ ［美］西奥多·W. 舒尔茨：《论人力资本投资》，吴珠华等译，北京经济学院出版社，1990 年，第 8 页。

❺ ［美］西奥多·W. 舒尔茨：《论人力资本投资》，吴珠华等译，北京经济学院出版社，1990 年，第 9 页。

或者收入，所以将其称为资本”。❶ 舒尔茨认为人力资本是需要通过投资来形成和积累的，而教育是一种增加人力资本的投资活动，通过教育形成的资本是人力资本的主要部分，他说：“尽管在某种程度上教育可以说是一项消费活动，它为受教育的人提供满足，但它主要是一项投资活动，其目的在于获取本领，以便将来进一步得到满足，或增加个人作为一个生产者的未来收入。因为它的一部分是类似普通耐用消费品的消费品，另一部分是生产物资。所以，我主张将教育看作一项投资，将其结果看作资本的一种形式。”❷ 当前国内外学术界比较普遍认同教育是一种投资的观点。

既然教育是一种投资，无论个人还是社会都必然会考虑教育成本与教育收益问题，它“既可应用于私人的分配决策，也适用于社会的公共分配决策”。❸ 从个人角度来说，对教育成本与收益进行分析，不仅影响个体是否进行教育投资的决策，而且会对教育投资后的其他行为（如就业选择）产生影响。关于教育成本与教育收益的内涵及构成，国内外很多学者对其进行了论述。

舒尔茨认为教育成本主要由两部分构成：“一部分是学生在上学期间所放弃的收入，另一部分是开办学校所需的费用。”❹ 教育成本既包括个人教育成本，也包括社会教育成本。教育收益上，舒尔茨认为“教育所带来的应当是文化上和经济上的双重效益”，“教育的目标除了发展分化以外，还可能会提高一个民族的工作能力以及管理各种事务的能力，而人的能力得以提高，又会增加国民收入”。❺ 教育收益包括个人收益和社会收益，个人收益是“高等教育为学生个人所带来的利益之价值，由其未来的收入和未来各种非货币性的满足来构成”。❻

贝克尔认为教育成本包括直接成本和间接成本，教育个人成本为个人直接

---

❶ ［美］西奥多·W. 舒尔茨：《论人力资本投资》，吴珠华等译，北京经济学院出版社，1990年，第92页。

❷ ［美］西奥多·W. 舒尔茨：《人力资本投资——教育和研究的作用》，蒋斌、张蘅译，商务印书馆，1990年，第62页。

❸ ［美］西奥多·W. 舒尔茨：《论人力资本投资》，吴珠华等译，北京经济学院出版社，1990年，第99页。

❹ ［美］西奥多·W. 舒尔茨：《论人力资本投资》，吴珠华等译，北京经济学院出版社，1990年，第69页。

❺ ［美］西奥多·W. 舒尔茨：《论人力资本投资》，吴珠华等译，北京经济学院出版社，1990年，第70页。

❻ ［美］西奥多·W. 舒尔茨：《论人力资本投资》，吴珠华等译，北京经济学院出版社，1990年，第93页。

成本和个人间接成本之和。他说："能够得到的收入与实际得到的收入（包括任何过去处于闲暇的价值）之间的差额是一种重要的正规学校教育的间接成本。学费，其他费用，书籍，各种供给，以及偶尔的交通与住宿支出是另一种更直接的成本。"❶ 同样，教育社会成本也是直接成本与间接成本之和，"直接成本是学校的教育支出和书籍与附加的生活支出的社会成本之总和"❷，间接成本则类似于私人的间接成本。教育收益上，贝克尔认为社会层面的高等教育收益既包括国民收入，也包括知识发展的贡献；个人层面的高等教育收益既有货币收入，也有心理收入。

科恩在其《教育经济学》中专列一章来分析教育成本，但没有对教育成本进行定义，而是将教育成本分为直接成本和间接成本。直接成本主要为学校提供教育服务的成本和学生因上学而额外支出的书本费、食宿费、交通费等，间接成本则是所放弃的收入，既包括学生因上学而放弃的收入，也包括学校享受的税款减免和投于教育的建筑物、土地等资产的收入（租金和利息等）。科恩认为"教育给个人带来的收益，分为'消费'和'投资'两类比较合适。一个产品或劳务仅在个别时期内产生满足（或效用）时，它被认为属于消费范畴；当它仅仅被期望在未来时期产生满足时，就成为单纯的投资品（或劳务）。在两者之间，我们有既是消费品又是投资品的货物或劳务——他们产生目前的满足，也预期产生某种未来的满足。教育是表现'中间'类型特征的最好产品。在受教育期内，它产生学生的满足，过一段时间，它又以提高生产能力、享受财产等更高资格的形式提供更大的效用"。❸ 科恩认为，教育除了可以提高个人生产能力和收入（个人收益即私人收益）外，还可以产生社会收益。社会收益主要有两种类型：与教育收益相联系的税的支付（从一个人的终生收入流量中支付的所得税）、"外部"收益，（归因于教育投资而本人不能获得的收益）。❹

阿特金森在其《教育经济学引论》中将教育成本分为直接成本、间接成本和资本成本。直接成本直接归属于教育，是直接用于学习教育活动的支出；间接成本是难以直接衡量的，是因教育而放弃的收益；资本成本通常是指用于价格昂贵、使用周期长的物品上的资本，如教学大楼的建设费用。教育收益

❶ ［美］加里·S. 贝克尔：《人力资本》，梁小民译，北京大学出版社，1987 年，第 34 页。
❷ ［美］加里·S. 贝克尔：《人力资本》，梁小民译，北京大学出版社，1987 年，第 140 页。
❸ ［美］E. 科恩：《教育经济学》，王玉崑等译，华东师范大学出版社，1989 年，第 31 ~ 32 页。
❹ ［美］E. 科恩：《教育经济学》，王玉崑等译，华东师范大学出版社，1989 年，第 32 页。

上，阿特金森认为有直接收益、间接货币收益、非货币收益和外部收益之分。直接收益包括个人直接收益和社会直接收益，个人直接收益主要体现在增加收入、降低失业的可能性和缩短失业时间，社会直接收益则体现为社会生产能力的提高；间接货币收益虽然难以确切衡量，但真实存在，如父母所受教育与其子女所受教育之间的关系；非货币收益相当于消费收益，即通过教育获得某种满足；外部收益是对教育以外的活动或领域产生影响，也是难以直接衡量的。

王善迈认为"教育成本是为了培养一定熟练程度的劳动后备力量和专门人才，以及提高现有劳动力素质而耗费的教育费用"❶。根据不同分类标准，教育成本既可分为直接成本和间接成本，也可以分为个人成本、公共成本和社会成本等类型。个人直接成本主要包括学杂费、学习用品费、交通费以及额外的吃、穿、住宿费用等，个人间接成本是指达到法定劳动年龄后因继续上学而未就业所放弃的收入。❷ 至于教育收益，王善迈认为应包括经济收益和非经济收益，但他着重探讨教育的经济收益问题，并将教育收益定义为"教育通过培养和提高劳动者的知识和技能给个人和社会带来的经济效益，也称教育的经济效益"。❸ 同样，他根据不同的分类标准，将教育收益分为直接收益和间接收益、个人收益和社会收益。

靳希斌认为"教育成本指培养每名学生所支付的全部费用，即各级各类学校的在校学生在学期间所消耗的直接和间接活劳动和物化劳动的总和"。❹他认为教育成本由两个要素构成，即来自学生的成本和来自非学生方面的成本，并根据教育成本支出的目的、主体等不同分类标准，将教育成本分为教育直接成本和教育间接成本、教育社会成本和教育个人成本等不同类别。在教育收益上，靳希斌主要研究了教育的经济收益，认为教育经济收益的表现形式可以分为四个层次："第一个层次，教育可以培养一定数量和质量的劳动力；第二个层次，教育可以提高劳动生产率；第三个层次，教育可以增加国民收入；第四个层次，教育可以增加个人经济收入。"❺

范先佐认为"所谓教育成本，是指培养学生所耗费的社会劳动，包括物化劳动和活劳动。其货币表现为培养学生由社会和受教育者个人及其家庭直接

❶ 王善迈：《教育经济学简明教程》，高等教育出版社，2000 年，第 179 页。
❷ 王善迈：《教育经济学简明教程》，高等教育出版社，2000 年，第 181 页。
❸ 王善迈：《教育经济学简明教程》，高等教育出版社，2000 年，第 206 页。
❹ 靳希斌：《教育经济学》，人民教育出版社，2009 年，第 255 页。
❺ 靳希斌：《教育经济学》，人民教育出版社，2009 年，第 394 页。

和间接支付的全部费用”❶。根据不同分类标准，将教育成本分为货币成本和机会成本、社会成本和私人成本、直接成本和间接成本等类别。关于教育收益问题，范先佐使用的是“教育效益”概念，根据不同分类标准，将教育效益分为经济效益和社会效益、直接效益和间接效益、货币效益和非货币效益、社会效益和私人效益。

林荣日认为教育成本就是“教育活动所耗费的资源总和”❷。他将教育成本分成有形成本和无形成本两大类，“有形成本就是所有有形的和直接可用货币衡量的资源，包括投入的货币、物资等，而无形成本，就是看不见、摸不着的，但可间接地用货币来衡量的费用，如所花的时间、精力等”❸。教育收益就是“通过教育活动，给社会和个人带来好处，这种好处可以是理论意义上的，也可以是实质上的”❹。教育收益既有直接收益也有间接收益，直接收益指的是可以用货币直接衡量的好处，包括个人直接收益和社会直接收益；间接收益则是难以用货币衡量但确与教育有关的各种好处，包括个人间接收益和社会间接收益。

柯佑祥认为“教育成本是指用于培养学生和为使学生接受教育服务所耗费的资源价值，包括以货币支付的教育资源价值和因接受教育服务所造成的价值损失，即直接成本（直接支付的成本）和间接成本（即机会成本）”。❺ 在教育收益上，他采用的是王善迈的教育收益定义，认为教育收益包括教育的私人收益和教育的社会收益，前者指受教育给个人带来的各种直接或间接经济效益，后者指教育发展给受教育以外的人们及社会带来的各种经济效益。❻

武毅英对高等教育成本与收益进行研究，认为高等教育成本是“培养高等专门人才所消耗的各种费用（包括实支成本和机会成本），也是指各级各类高校的在校生和毕业生在一定时期内（学制期内）所消耗的各种教育资源的总和”。根据不同分类标准，高等教育成本可分为直接成本和间接成本、个人成本和社会成本等。在教育收益上，武毅英重点研究高等教育的经济效益，认为高等教育的经济效益既包括内部经济效益（高等学校内部的资源投入后的

❶ 范先佐：《教育经济学新编》，人民教育出版社，2015 年，第 336 页。
❷ 林荣日：《教育经济学》，复旦大学出版社，2001 年，第 51 页。
❸ 林荣日：《教育经济学》，复旦大学出版社，2001 年，第 52 页。
❹ 林荣日：《教育经济学》，复旦大学出版社，2001 年，第 136 页。
❺ 柯佑祥：《教育经济学》，华中科技大学出版社，2009 年，第 37 页。
❻ 柯佑祥：《教育经济学》，华中科技大学出版社，2009 年，第 57 页。

产出效益以及节约办学成本所产生的规模经济效益），[1] 也包括社会经济收益（高等教育给个人、社会、企业等带来的经济效益）。分为四个层次：（1）高等教育为社会各行业培养所需的高级专门人才；（2）高等教育可以提高劳动生产率；（3）高等教育对经济发展的促进作用以及对国民收入增长的贡献；（4）高等教育可以增加受教育者未来的预期收益。[2]

2. 基于教育成本—收益理论的大学生基层就业补偿

从上述学者们对教育成本与教育收益内涵的阐述中，我们能发现他们对教育成本和教育收益的本质内涵形成了基本相同的认识。教育成本是受教育者接受教育、学校提供教育服务而耗费的各种资源的价值总和，通常表现为受教育者和社会所直接或间接支付的各种费用，不仅包括直接的货币投入，而且包括因接受教育、提供教育服务而放弃的价值。教育收益是教育给受教育者和社会所带来的各种好处，既有直接明显的经济收益，也有间接内含的非经济收益。对于大学毕业生来说，其个人高等教育成本既包括因接受高等教育所花费的学费、书本费、住宿费、生活费以及交通费等直接成本，也包括因接受高等教育而放弃的收入等间接成本（高中毕业直接参与社会工作所得的收入）；其个人高等教育收益既包括工作所得的薪酬福利等直接收益，也包括工作的社会声望、发展机会以及由此带来的心理满足等间接收益。虽然大学毕业生的个人高等教育直接成本因家庭经济状况、高校所处地域、高校性质及所读专业等不同而存在一定的差异，但是间接成本则都表现为因接受高等教育而放弃的收入，所以其高等教育成本的差异主要表现为直接成本的差异。就单个大学生而言，其高等教育成本是固定的；就大学生群体而言，不同个人的高等教育成本存在一定差异。为了研究方便，本书将同一层次高等教育的个人成本视为基本一致。因此，大学毕业生的高等教育成本与收益的差异主要体现为不同就业选择而产生的收益差异。

我国劳动力市场的二元分割现实，直接产生了基层（尤其是艰苦边远地区的基层）在条件环境、经济收入、社会声望、发展前景等方面的差距。这意味着在个人高等教育成本基本相当甚至经济收益基本相当的前提下，大学生选择基层就业的收益要低于选择非基层就业的收益。这种收益差距可能会产生两方面的影响。一是影响大学生是否选择基层就业的决策。大学生在做就业选

[1] 武毅英：《高等教育学引论》，广东高等教育出版社，2008 年，第 273 页。

[2] 武毅英：《高等教育学引论》，广东高等教育出版社，2008 年，第 302 页。

择时，希望工作所得的经济收入能满足自我生存和承担家庭责任的需求，能够追求收益最大化或者最大限度规避、减少收益损失的风险。其决策依据往往会像贝克尔所说的人力资本投资决策一样，即“唯一决定人力资本投资量的最重要因素可能是这种投资的有利性或收益率”❶。也就是说，大学生在有工作机会可以选择的情况下，既会对已投入的个人高等教育成本与将来基层工作收益之间进行比较，也会考虑权衡基层与非基层就业之间的收益差距。如果基层收益显著低于预期收益底线，就可能会做出不选择基层就业的决策。二是影响基层大学生的工作生活满意度。如果基层工作环境相对艰苦，经济收入相对较低，发展机会相对有限，不仅会影响大学生的工作生活满意度，而且可能会进一步影响其自我价值的实现。

从教育成本—收益理论对大学生基层就业补偿进行分析探讨，不仅要关注个人层面的高等教育成本与收益，而且要关注社会层面的高等教育成本与收益。对于国家和社会来说，在高等教育上已投入巨额的经费，如果大学生因不去基层就业而未就业，不仅不能使大学生这类潜在的生产力转化为现实的生产力，而且可能对思想文化和社会稳定产生一定的冲击力。同时，基层的快速、健康发展也因此而缺乏人才支撑和智力支持。也就是说，国家和社会的高等教育收益必须通过大学生的充分就业才能得以实现。而通过补偿政策引导和支持大学生基层就业是促进大学生充分就业的重要途径。对于个人来说，高等教育的投入需要获得一定的收益，基层就业的收益状况直接影响大学生的基层就业决策和基层工作、生活满意度。对基层就业大学生进行补偿，一定程度上能弥补基层就业的收益差距，提高高等教育的个人收益率，提高基层工作、生活满意度。因此，无论是从教育成本—收益理论本质内涵的角度，还是从我国大学生就业现实的角度，对基层就业大学生进行补偿，于大学生个人与国家、社会都是非常必要的。

（二）奉献—报偿理论

1. 奉献的内涵及奉献与报偿的关系

马克思指出：“人的本质不是单个人所固有的抽象物，在其现实性上，它

---

❶ ［美］加里·S. 贝克尔：《人力资本》，梁小民译，北京大学出版社，1987 年，第 42 页。

是一切社会关系的总和。”❶“人们为之奋斗的一切，都同他们的利益有关。”❷这意味着人作为一种社会存在，必须生活在一定的社会之中，必然会与社会及社会中的他人发生种种关系，也就不可避免地会产生个人利益与社会利益、他人利益等之间的对立冲突。不同利益之间产生对立冲突，必要时需要个人对自身利益做出一定的让渡和舍弃。这种让渡和舍弃个人利益的实质就是奉献，它所体现的是一种美德、一种精神，因此“奉献”常常与“精神”一起连用。有学者认为，奉献精神是“建立在对个人利益与社会集体利益关系的正确理解基础上的，有两个方面的基本特征：其一，谦让性，即在个人利益与他人利益、社会利益发生对立冲突不能两全时，道德行为主体能够让渡个人利益；其二，是高度的自觉性，奉献行为是一种高度自律的行为，它不是出自外在力量的压制，而是完全出自行为者自我的主动选择”❸。正因为有了个人利益的让渡和舍弃，才体现了奉献精神的高尚性，才得到社会的肯定和褒扬。倡导“最大幸福原理”功利主义的约翰·斯图亚特·穆勒承认奉献精神是人性中最高尚的美德，他说：“正是因为这个世界处于极度的不完美状态，才使有的人毅然牺牲自己的幸福来更好地服务于他人的幸福。然而，只要这个世界仍然是不完美的，我就始终承认立志于作出这种牺牲的人具有人性中最高尚的美德。”❹ 鲁迅先生也高度肯定了奉献精神，他说：“我们从古以来，就有埋头苦干的人，有拼命硬干的人，有为民请命的人，有舍身求法的人，……虽然等于为帝王将相作家谱的所谓‘正史’，也往往掩不住他们的光耀，这就是中国的脊梁。”❺ 也正因为奉献精神的高尚性，《公民道德建设实施纲要》将“奉献”确定为我国公民基本道德规范之一。

奉献行为是一种高度自律的社会性行为，个人不应以谋取报偿作为奉献的前提，但这并不等于个人没有接受报偿的权利。其不应该成为个人不应得到报偿的原因，也不应该成为国家和社会不给予报偿的原因。实质上，这就涉及奉献与报偿关系问题。关于美德的报偿问题，亚当·斯密坚信：“基于合宜性的

---

❶ 中共中央马克思恩格斯列宁斯大林著作编译局编译，《马克思恩格斯文集》（第 1 卷），人民出版社，2009 年，第 501 页。

❷ 中共中央马克思恩格斯列宁斯大林著作编译局编译，《马克思恩格斯全集》（第 1 卷），人民出版社，1995 年，第 187 页。

❸ 方爱东：《奉献精神刍议》，《高校理论战线》2002 年第 4 期。

❹ ［英］约翰·斯图亚特·穆勒：《功利主义》，叶建新译，中国社会科学出版社，2009 年，第 23 页。

❺ 鲁迅：《且介亭杂文》，人民文学出版社，2006 年，第 120 页。

美德不仅将获得‘内在的’公正旁观者的自我赞同和‘内在利益’，也必然会产生某种对个体和社会来说的‘有用性’，而获得某种‘外在利益’。”[1] 他说：“如果我们考虑一下通常决定这个世界芸芸众生处境顺逆的那些一般准则，我们就会发现：尽管世界万物看来杂乱无章，但是，即使在这样一个世界上，每一种美德也必然会得到适当的报答，得到最能鼓励它、促进它的那种补偿。”[2] 由此可知，亚当·斯密是从伦理意义的角度阐述美德获得报偿的必然性，认为美德应“善有善报”。

奉献与报偿不仅具有伦理意义上的因果关系，而且具有法律意义上的辩证关系，即权利与义务的关系。关于权利与义务的关系，马克思已给我们明确了基本原则，即“没有无义务的权利，也没有无权利的义务”[3]。无论是对于个人还是社会来说，义务不是脱离权利的、孤立的义务，权利不是不需要履行义务的权利。享受权利以承担义务为前提，承担义务应伴随着权利的享受。从义务与权利的角度来分析奉献与报偿，就不难得出这样的结论：如果个人已经产生奉献行为，承担了奉献的义务，那么作为享受奉献行为的社会应给予个人享有相应报偿的权利。

邓小平对奉献与报偿的关系提出了精辟独到的见解，他说：“革命是在物质利益的基础上产生的，如果只讲牺牲精神，不讲物质利益，那就是唯心论。”[4] “我们提倡按劳分配，承认物质利益，是要为全体人民的物质利益奋斗。每个人都应该有他一定的物质利益，但这决不是提倡各人抛开国家、集体和别人，专门为自己的物质利益奋斗，绝不是提倡各人都向‘钱’看。”[5] 在邓小平看来，奉献和报偿是相统一的，个人利益与国家利益、集体利益是相统一的。只讲奉献不讲报偿，不仅不符合社会客观事实，而且无法深入理解奉献精神的本质，也就无法学习和践行奉献精神。总而言之，奉献与报偿看起来似乎是一个“二律背反”的关系，但实际上是辩证统一的。

2. 奉献精神的时代性

奉献精神是中华民族优良的传统美德，也具有时代特点。在我国社会主义

---

[1] 费尚军：《从法律正义到道德信仰——道德报偿的斯密图式及其当下省思》，《南昌大学学报（人文社会科学版）》2015 年第 2 期。

[2] ［英］亚当·斯密：《道德情操论》，蒋自强、钦北愚译，商务印书馆，2006 年，第 203 页。

[3] 中共中央马克思恩格斯列宁斯大林著作编译局编译：《马克思恩格斯文集》（第 3 卷），人民出版社，2009 年，第 227 页。

[4] 邓小平：《邓小平文选》（第二卷），人民出版社，1994 年，第 146 页。

[5] 邓小平：《邓小平文选》（第二卷），人民出版社，1994 年，第 337 页。

革命时期，要求个人对国家、个体对整体的无私奉献，要求“全心全意为人民服务”“国而忘家，公而忘私”❶“贤者不悲其身之死，而忧其国之衰”❷。这时期的奉献精神主要表现为牺牲个人利益来换取国家独立和人民解放。改革开放以来，我们既倡导“全心全意为人民服务”，倡导个人对国家、个体对整体的奉献精神，也尊重个人正当利益需求的合理性。坚持权利与义务相统一，坚持承担社会责任、维护国家和人民的根本利益与充分尊重个人合法权益相统一。这时期的奉献精神主要融入人们的日常生活工作之中，表现形式具有广泛性和多样化。舍己救人、见义勇为等是奉献精神的表现，爱岗敬业、乐于助人等也是奉献精神的表现。

处于社会转型期的今天，无论是从精神引导层面还是从实践促进层面，我们都应继续发扬奉献精神。当今社会，能真正做到完全无私奉献、不计回报的也许只是少数人，大部分人或多或少都有着自己个人的权益需求和追求，正如恩格斯所指出的：“人们自觉地或不自觉地，归根到底总是从他们阶级地位所依据的实际关系中——从他们进行生产和交换的经济关系中，获得自己的伦理观念。”❸ 奉献精神对于大部分人来说可能是一种遥不可及的、理想的“应然”状态。要将奉献精神的“应然”状态转化为“实然”状态，将奉献精神内化于心、外化于行，不仅需要国家和社会对奉献行为和奉献精神进行舆论宣传和价值引导，还需要给予精神上的褒扬和物质上的补偿。虽然无私奉献、不计回报是奉献精神的本质和内在要求，是奉献者品格高尚的表现，但精神上的褒扬和物质上的补偿，既是对奉献者的肯定与认可，也是社会公正的体现。正如尼布尔在《道德的人与不道德的社会》中所说的：“社会将公正而不是无私作为它的最高的道德理想，它的目标是为所有人寻求机会的均等。”❹ 同时，精神上的褒扬和物质上的补偿会激励他人学习和践行奉献精神，在日常工作生活中努力成为“一个高尚的人，一个纯粹的人，一个有道德的人，一个脱离低级趣味的人，一个有益于人民的人。”❺

---

❶ （汉）班固：《汉书》，中华书局，2007 年，第 494 页。

❷ 《唐宋名家文集·苏洵集》，何新所译注，中州古籍出版社，2010 年，第 136 页。

❸ 中共中央马克思恩格斯列宁斯大林著作编译局编译.《马克思恩格斯文集》（第 9 卷），人民出版社，2009 年，第 99 页。

❹ ［美］莱茵霍尔德·尼布尔：《道德的人与不道德的社会》，蒋庆等译，贵州人民出版社，1998 年，第 202 页。

❺ 毛泽东：《毛泽东选集》（第二卷），人民出版社，1991 年，第 660 页。

3. 基于奉献—报偿理论的大学生基层就业补偿

对于当代大学生来说，其奉献精神也是融入其日常学习、生活和工作中的，基层就业是他们奉献精神的典型表现之一。为什么说大学生基层就业体现了奉献精神呢？在前面教育成本—收益理论部分，已经论及劳动力市场分割造成基层就业的收益低于非基层就业的收益。舒尔茨指出："在将高等教育基金和政府补助金用于奖励学生并鼓励他们进入特殊的专业领域时，没有顾及这种供给增长产生的不良效果，会使那些正在或将要进入这些领域的人们此后一生的收入都有所减少。"❶ 这意味着在特殊领域中，同等的付出所获得的回报相对较少。我国的基层属于这类特殊领域，大学生到基层就业必然会对个人利益做出一定的让渡和舍弃，也就是说大学生基层就业是一种具有奉献性质的行为。

但需要注意的是，大学生基层就业这种奉献行为，不是完全无私、不计回报的奉献行为，而是在获得一定经济收入基础上的奉献行为。其特殊性在于，相对于非基层就业而言，其经济收入、发展机会等方面存在一定的差距，故基于对奉献行为的认可和尊重原则而需要对大学生基层就业进行适当的补偿。就大学生而言，既然基层就业是一种奉献行为，就不应以要求利益补偿作为选择基层就业的前提；就国家而言，不能因为大学生基层就业的奉献行为性质而认为他们没有接受乃至要求合理补偿的权利，也不能因此而不给予合理补偿。如果基层就业仅仅是少数大学生的奉献行为，那么就不会成为多数大学生普遍的就业选择，基层人才需求和大学生就业难的结构性矛盾就难以得到解决。因此，要合理解决基层人才需求问题和大学生就业难的结构性矛盾，要让基层就业成为多数大学生普遍的就业选择，国家应该且能够创造这样的条件：基层就业是大学生自觉选择的奉献行为，但补偿机制能认可大学生基层就业的奉献行为、弘扬大学生基层就业的奉献精神，且能通过补偿为大学生带来合理的实际利益。

（三）公平正义理论

1. 公平正义理论的发展历程及主要观点

公平正义是人与人之间利益关系合理性的一种价值理念和价值标准。公平

❶ ［美］西奥多·W. 舒尔茨：《论人力资本投资》，吴珠华等译，北京经济学院出版社，1990年，第100页。

和正义在内涵上存在一定的区别，“公平侧重于利益均衡，正义侧重于利益对等；正义有利于鼓励竞争，扬善抑恶，公平则有利于缩小差别，保持平衡”。❶但是，公平与正义有着非常密切的关系，公平是正义的基础，正义是公平的价值体现，罗尔斯因此写了《作为公平的正义——正义新论》。分析为什么要对基层就业大学生进行补偿，从公平正义的角度来说，其实质就是分配上的公平正义问题，故本部分主要对与分配有关的公平正义理论进行梳理。

西方对公平正义思想的探索源自于古希腊时期。柏拉图在《理想国》中将智慧、勇敢、正义、节制看作人的“四主德”。认为正义有城邦正义和个人正义之分，强调城邦正义是构成国家各个社会阶级之间关系的基本准则，是各阶级认可等级划分、树立阶级职责意识的根本前提与基础。“当生意人、辅助者和护国者这三种人在国家里各做各的事而不相互干扰时便有了正义，从而也就使国家成为正义的国家了。”❷ 在个人正义问题上，柏拉图认为人是由肉体和灵魂构成的，而灵魂包括理性、意志和欲望三个部分，只有这三个部分处于协调一致的状态时，人才能成为一个正义的人。柏拉图所主张的城邦正义与个人正义，实质上是倡导社会秩序的合理性和个人灵魂的理性。

亚里士多德认为“公正的也就是守法和平等的”。❸ 在亚里士多德看来，公正具有守法和平等两种含义，守法意义上的公正为普遍的公正，体现社会对个人的要求、个人对社会的义务；平等意义上的公正为特殊的公正，体现人与人之间的利益关系尤其是分配关系。公正问题存在于人与人之间的相互关系之中，且是有条件的。他说：“公正者是否要对交往中的每一个人都给予平等呢（我的意思是，例如，对交往的每个人都一视同仁，无论他是什么人）？不，……相反，依据其价值来对待和每个人的交往，这才被认为是绝对公正和善良之人的行为。”❹ 亚里士多德还提出了分配正义，认为分配正义是“表现于荣誉、钱物或其他可析分的共同财富的分配上”❺ 的正义，主张在分配中实行有差异、比例上平等的原则。他说：“既然公正是平等的，基于比例的平等就应是公正的。……例如，拥有量多的付税多，拥有量少的付税少，这

---

❶ 韩跃红：《普世伦理视域中的公平与正义》，《哲学研究》2007年第12期。

❷ ［古希腊］柏拉图：《理想国》，郭斌和、张竹明译，商务印书馆，2009年，第156页。

❸ ［古希腊］亚里士多德：《尼各马科伦理学》，廖申白译注，商务印书馆，2005年，第128～129页。

❹ 苗力田：《亚里士多德全集》（第八卷），中国人民大学出版社，1992年，第295页。

❺ ［古希腊］亚里士多德：《尼各马科伦理学》，廖申白译注，商务印书馆，2005年，第134页。

就是比例；再有，劳作多的所得多，劳作少的所得少，这也是比例。”❶“基于比例的平等就应是公正的”，一定意义上体现了亚里士多德按劳分配和按贡献分配的思想。

在西方近现代社会，公平正义对个人、对社会的重要性日益凸显。亚当·斯密认为公平正义是社会存在的基础，“与其说，仁慈是社会存在的基础，还不如说正义是这种基础。虽然没有仁慈之心，社会也可以存在于一种不很令人愉快的状态之中，但是，不义行为的盛行却肯定会彻底毁掉它”。❷这一时期主要有两种正义思想：一种是倡导自由、平等和社会契约的正义思想，以洛克、卢梭等为代表；另一种是倡导功利主义的正义思想，以穆勒等为代表。洛克、卢梭等近代思想家倡导自由、平等，认为社会制度的正义在于保护个人自由、平等的权利，社会制度的合法性在于订立社会契约以约束人们的行为。穆勒提出了功利主义公平正义观，认为每个人得到他应得的东西就是正义的，人们的自身利益决定他们对正义的理解，而解决人们对正义的争议应遵循“最大幸福原理”（即最大多数人的最大幸福）或服从社会利益，即“我们应当平等地善待所有应得到我们平等善待的人（只要没有更高的义务禁止这样做），社会应当平等地善待所有应得到它平等善待的人，亦即平等地善待所有应绝对得到平等善待的人”❸。

马克思的分配公平正义思想主要体现在《哥达纲领批判》一文中，他批判拉萨尔所标榜的“不折不扣的劳动所得”仅仅是形式上的公平，其实质是不公平的。其在此基础上从生产和分配的关系上来分析公平正义。他说：“平等就在于以同一的尺度——劳动——来计量。……而劳动，要当作尺度来用，就必须按照它的时间或强度来确定，不然它就不称其为尺度了。这种平等的权利，对不同等的劳动来说是不平等的权利。”❹马克思强调公平正义具有相对性，并根据社会发展的客观现实提出他的按劳分配思想，认为公平分配的尺度应依据劳动时间或强度以及劳动者的个人天赋、工作能力等，只有这样才能做到分配公平，多劳多得、少劳少得、不劳不得。无论是在“各尽所能、按劳分配”的社会主义社会还是在“各尽所能、按需分配”的共产主义社会，分

❶ 苗力田：《亚里士多德全集》（第八卷），中国人民大学出版社，1992年，第279页。

❷ ［英］亚当·斯密：《道德情操论》，蒋自强、钦北愚等译，商务印书馆，2006年，第106页。

❸ ［英］约翰·穆勒：《功利主义》，徐大建译，上海人民出版社，2008年，第63页。

❹ 中共中央马克思恩格斯列宁斯大林著作编译局编译：《马克思恩格斯文集》（第3卷），人民出版社，2009年，第435页。

配原则都应体现正义，应有利于人的自由、全面发展。

在当代，西方思想家们对公平正义理论的研究比较深入和系统化。罗尔斯是研究正义问题最为体系化的学者，其正义理论是当代世界范围内最具影响力的正义理论。他在《正义论》开篇就高度肯定了公平正义的重要性："正义是社会制度的首要价值，正像真理是思想体系的首要价值一样。"[1] 在对公平正义进行全面、严谨、细致的论证后，罗尔斯提出他的两个正义原则。"第一个原则：每个人对与所有人所拥有的最广泛平等的基本自由体系相容的类似自由体系都应有一种平等的权利。第二个正义原则：社会和经济的不平等应这样安排，使它们在与正义的储存原则一致的情况下，适合于最少受惠者的最大利益；并且依系于在机会公平平等的条件下职务和地位向所有人开放。"[2] 罗尔斯提出的第二个正义原则实质上是分配正义原则，这原则的第一部分是"差别原则"，第二部分是"机会公平平等原则"。而且他认为正义原则应该通过优先规则来安排次序，"公平的机会优先于差别原则"，即只有先满足了机会公平平等原则，才能满足差别原则。在罗尔斯看来，虽然社会财富和收入分配无法做到事实结果上的平等，但是必须在分配原则、程序上体现公平正义，必须在发展机会、领导职务等方面给予所有人平等的机会；如果社会制度的设计能对社会和经济的不平等进行限制和约束，能给最少受惠者进行利益补偿，这样的制度就是正义的。罗尔斯所强调的事实结果的不平等必须是原则、程序正义的结果，是机会公平平等的结果。然后在此基础上根据差别原则进行补偿，减少自然和社会等不利条件因素对个人发展的影响。

公平正义问题是一个价值观问题，思想家们往往从哲学的角度进行研究，但有些学者是从人力资源、心理学等角度来研究公平问题。约翰·斯塔希·亚当斯就是其中的代表。他在《工资不公平对工作质量的影响》等一系列著作中提出公平理论（又称社会比较理论），主要研究个人工作与报酬的关系及由此产生的分配公平性、合理性问题。该理论的基本观点是：作为组织中的个人，他不仅关心自己努力所得报酬的绝对量，而且关心自己所得报酬与他人所得报酬的关系（即报酬的相对量），也就是说，个人通过这样的纵向比较和横向比较来确定自己获得的报酬是否合理和公平。纵向比较就是把自己目前获得的报酬与投入的努力的比值同自己过去获得的报酬与投入的努力的比值进行比

---

[1] ［美］约翰·罗尔斯：《正义论》，何怀宏等译，中国社会科学出版社，2009 年，第 3 页。

[2] ［美］约翰·罗尔斯：《正义论》，何怀宏等译，中国社会科学出版社，2009 年，第 237 页。

较。只有两者相等时才能有公平的感觉；如果前者大于后者，通常情况下个人不会产生不公平的感觉，认为目前相对较高的报酬是自己努力的结果；如果前者小于后者，个人会产生不公平的感觉，会要求组织管理者增加报酬，否则工作积极性会下降。横向比较就是把自己获得的报酬与投入的努力的比值和组织内其他人所获得的报酬与投入的努力的比值进行比较。只有两者相等才会认为是公平的；如果前者大于后者，即自己的报酬高于组织内其他人，就不会产生不公平的感觉，可能会为保持现有相对较高的报酬而积极努力工作；如果前者小于后者，即自己的报酬低于组织内其他人，就会认为不合理、不公平，可能会向组织提出增加报酬的要求，要求不能被满足时可能会减少努力程度甚至可能离职。

我国关于公平正义的探索历史也比较悠久。“正义”一词最早出现于《荀子·正名》：“正利而为谓之事，正义而为谓之行。”❶ 为了正当的利益去做的仅仅是事业，而通过正当的途径去获得正当的利益就是德行，正当的途径就是“正义”。贾谊对正义解释为：“兼覆无私谓之公，方直不曲谓之正。”❷ 从分配的角度来看，我国传统思想中也包含着丰富的正义思想，如“不患寡而患不均”就是追求分配上的正义。由于公平正义具有时代性，故我国阶级社会的正义实质上是不公平前提下的正义。在当代社会，公平正义受到前所未有的重视，“公正”被列为我国社会主义核心价值观内容之一，形成了中国特色社会主义的公平正义思想。其主要观点有：一是强调公平正义是社会主义制度的本质要求，或者说社会主义制度的价值取向和价值目标之一就是公平正义；二是广大人民群众是公平正义的价值主体，只有维护和满足人民群众利益的公平正义才是真正的公平正义；三是公平正义不是抽象的，而是具体的，必须通过教育、就业、分配等民生途径才能得以体现。总之，中国特色社会主义公平正义思想追求的是实质上的公平正义。

2. 基于公平正义理论的大学生基层就业补偿

从亚当斯的公平理论来看，大学生在就业选择时会对自己未来的工作收益进行纵向和横向比较。纵向比较是将个人高等教育成本与未来的工作收益进行比较，期望投入的高等教育成本能获得更多的收益；横向比较是将个人选择不同地区、不同单位的工作收益进行比较，以及将自己的工作收益与他人的工作

❶ 《荀子》，方达评注，商务印书馆，2016 年，第 391 页。

❷ （汉）贾谊：《新书全译》，李尔钢译注，贵州人民出版社，1998 年，第 353 页。

收益进行比较。只有纵向比较和横向比较处于一种平衡状态时，大学生才会肯定自己就业选择的正确性，才会作出既符合国家需求也适合个人发展的就业选择。

从理论上来说，大学生选择基层尤其是中西部地区的基层就业，理应获得相同的收益，但由于当前我国经济社会发展不平衡、不充分，劳动力市场还存在二元分割的现实，这种现实导致大学生必然被分为基层就业群体和非基层就业群体这两大群体，也直接影响不同地域、不同行业之间大学生群体的工作收益的不平衡，基层就业大学生群体成为罗尔斯所说的“最少受惠者”。在社会经济发展难以实现平衡的状态下，如果大家均等地享受经济收入、发展机会等资源，这形式上是平等的，但实际上是不公正的。因此国家必须采用差别原则对处于相对不利地位的基层就业大学生这个“最少受惠者”群体给予利益补偿，体现社会分配的公平正义，从注重普适的公平发展为重视补偿的公平。当然，我们也应认识到基层与非基层之间的发展差距在短期内难以消除，补偿无法实现绝对的公平，而只能让大学生基层就业和非基层就业之间的收益差处于一个合理的、可接受的范围之内。正如恩格斯认为：“在国与国、省与省甚至地方和地方之间总会有生活条件方面的某种不平等存在，这种不平等可以减少到最低的程度，但是永远不可能完全消除。阿尔卑斯山的居民和平原上的居民生活条件总是不同的。”❶ 对基层就业大学生进行补偿，其目标取向应是维护和实现基层就业大学生这个“最少受惠者”的最大利益，最大限度地满足基层就业大学生这个“最少受惠者”的公平正义需求。

二、大学生基层就业补偿的价值意蕴

大学生基层就业补偿的实质是基于公平正义理念，弥补大学生基层就业的教育收益差距，肯定大学生基层就业的奉献行为，进而更好地体现和维护社会的公平正义。基层就业补偿对于提升大学生服务基层意愿，增强大学生扎根基层信心，满足基层人才需求，保障基层发展动力，化解基层人才需求与大学生就业难的结构性矛盾，维护社会公平正义，具有重要的价值意蕴。

（一）大学生层面：提升服务基层意愿、增强扎根基层信心

引言文献综述部分已论及大学生基层就业受多种因素影响，导致大学生基

❶ 中共中央马克思恩格斯列宁斯大林著作编译局编译：《马克思恩格斯文集》（第 3 卷），人民出版社，2009 年，第 415 页。

层就业意愿不强，不安心于基层工作。提升大学生服务基层意愿，增强大学生扎根基层信心，既需要加强大学生就业思想教育，更需要实施大学生基层就业补偿。

加强就业思想教育，从思想层面提升大学生服务基层意愿。引导大学生正确认识就业形势和发展趋势，树立正确的就业观，引导大学生进行就业选择时要正确处理眼前利益与长远利益的关系，既要注重个人理想又要考虑国家需要，努力寻求个人发展和国家需要的契合点，到国家需要人才也能锻炼才干的基层就业。从目前情况来看，通过思想教育来引导大学生到基层就业的成效甚微，社会价值的宣传推广和就业观念的转变需要一个过程，需要不断加大思想教育的广度和深度；同时我们也必须认识到市场经济体制下，仅仅依靠思想教育是不足以提升大学生服务基层的意愿和增强大学生扎根基层的信心的。

实施大学生基层就业补偿，是从解决工作生活现实问题层面来提升大学生服务基层的意愿、增强大学生扎根基层的信心。从大学生个人角度来看，基层就业补偿弥补了大学生基层就业的收益差，提高了个人高等教育收益，有效避免因基层就业的收益差而产生心理失衡，增加了基层工作生活的安全感和幸福指数；从大学生群体角度来看，基层就业补偿能让大学生认识和体验到国家对基层就业大学生群体的关心、重视、肯定与认可，能感受到国家对基层就业大学生这个“最少受惠者”群体的特殊关照。基层就业补偿解决了大学生的后顾之忧，为他们全心全意服务基层、扎根基层提供了保障条件，是提升大学生服务基层意愿、增强大学生扎根基层信心的有效举措。

（二）基层层面：满足人才需求、保障发展动力

人才是基层发展的内生动力。由于历史地理等多方面的原因，基层在吸引人才、留住人才上表现出力不从心，人才“贫血”问题一直存在。这决定了基层在人才需求上的特殊性和迫切性，也决定了基层仍然需要通过“输血”来解决人才需求问题，而大学生到基层就业就是其中的一种有效方式。

大学生基层就业补偿具有满足基层人才需求的可能性和可行性。基层就业补偿对逐步改变大学生的就业偏好起着催化作用，引导大学生在就业选择上更加理性，即在综合权衡眼前利益与长远利益的关系中作出适合自己的选择，而不是盲目从众选择；同时，基层就业补偿能让基层就业大学生获得实实在在的好处，增强基层就业的认同感，激励越来越多的大学生投身基层。当越来越多

的大学生倾向于选择基层时，基层的人才需求就得到了满足。

大学生基层就业补偿具有保障基层发展动力的可能性和可行性。就基层发展而言，人才的稳定性和工作积极性对其起着决定性作用。如何促进基层人才的稳定性和工作积极性也就成为基层人才工作的重点。马斯洛需求层次理论告诉我们，只有低层次的需求满足后，才能产生高层次的需求。对于基层就业大学生来说，如果生理需求、安全需求、社会交往需求、尊重需求这四个需求都能满足，自我价值实现需求就能产生，就能促使他们积极地工作，不断挖掘和发挥个人才能，安心、努力做好自己职责范围内的事情，甚至为自己的理想而不懈努力。基层就业补偿能满足大学生的基本生活需求，能让大学生感受到尊重和体验自我价值实现的快乐。也就是说，基层就业补偿为大学生提供了满足需要的条件。可以说，基层就业补偿是促进大学生扎根基层的重要抓手，抓好了大学生扎根基层的工作，也就抓住了满足基层人才需求的“牛鼻子”，基层也就有了发展的内生动力。

（三）国家层面：化解供需矛盾、维护公平正义

这里论及的“供需矛盾”指的是基层人才需求与大学生就业难的结构性矛盾。从表面上看，基层人才需求和大学生就业难是一个悖论存在，既然基层有人才需求，那么就不应该有大学生就业难的情形。透过悖论表象，我们发现两者之间存在一种逻辑上的关联，其关键点在于大学生期望选择工作环境、待遇保障、发展机会等方面都好的工作，而基层的工作环境、待遇保障、发展机会等方面具有局限性，于是就形成了基层人才需求难以满足与大学生就业难并存的现象。基层人才需求与大学生就业难的结构性矛盾，其实质是基层岗位与大学生就业期望之间契合度低。基层岗位的工作条件、待遇保障、发展机会等方面低于大学生的就业期望。基于此，化解基层人才需求与大学生就业难的结构性矛盾，关键在于如何提升两者之间的契合度。在劳动力市场还存在二元分割的情况下，提升两者之间的契合度仅仅依靠市场自由竞争是难以实现的，需要国家政策的干预，大学生基层就业补偿就是其中有效的政策干预方式之一。大学生基层就业补偿，在基层与大学生之间建立了目标方向的一致性：于基层而言，基层就业补偿增强了基层就业的吸引力和凝聚力，吸引大学生选择基层；于大学生而言，基层就业补偿能增加个人收益和安全感，提升基层就业意愿。也就是说，基层就业补偿提升了基层岗位与大学生就业期望之间的契合度，供需矛盾化解也就成为可能。

政府通过基层就业补偿化解基层人才需求与大学生就业难的结构性矛盾的

同时，还能通过基层就业补偿来维护社会公平正义。有研究表明，由于个人未来发展受限、薪酬待遇较差等原因而使基层的吸引力相对不足，选择基层就业的大学生大多为人力资本、家庭背景、学校背景等方面处于弱势地位的大学生。[1] 公平正义理论表明，维护社会公平正义是政府应该承担的、不容推卸的责任，这要求政府对处于相对弱势地位的基层就业大学生要承担起相应的补偿责任。从本质上来说，基层就业补偿能弥补大学生基层就业的收益差，提高个人高等教育收益，改变基层就业大学生本已为弱势群体的阶层格局，从根本上避免弱势群体的再生产，这既是维护公平正义的客观要求，也是实现公平正义的重要途径。

---

[1] 王友航、文东茅：《高校毕业生基层就业的特征与影响因素》，《教育发展研究》2012 年第 21 期。

第二章　大学生基层就业补偿政策的历史发展

在了解大学生基层就业补偿政策历史发展之前，有必要区分基层就业优惠政策与补偿政策。目前我国政府引导和鼓励大学生基层就业的主要方式，是出台并实施一系列优惠政策。在所有文件中，关于促进基层就业的政策均表述为优惠政策，“补偿”一词仅仅出现在“学费补偿”中。从本质上来说，优惠政策中有一部分是具有补偿性质的，但是优惠政策与补偿政策之间存在一定差异，主要有以下两方面。

一是词义及目的上的差异。从词义的角度来看，“优惠”与“补偿”是有区别的：《汉典》中“优惠”的解释为“优待、给予好处”，而“补偿”的解释为“在某方面有所亏失，而在另方面有所获得的叫补偿。”根据词义可知，“优惠”与“补偿”的根本区别在于是否有所亏失的这个前提条件不同，因而体现的价值也有所不同：“优惠”体现的是一种恩赐，其根本目的是通过优待和给予好处以促进接受者的积极性；“补偿”体现的是一种责任，其根本目的是要矫正社会各群体间的利益失衡关系，保障处境不利群体的利益，进而促进社会公平。例如，特岗教师享受当地公办学校教师的工资待遇，这是国家给予特岗教师的优待，应属于优惠政策范畴；在乡镇机关和事业单位工作的正式工作人员，可以享受乡镇工作补贴，这是国家对他们在乡镇工作的一种补偿，应属于补偿政策范畴。

二是政策执行时间及政策对象范围上的差异。在政策执行时间上，上文关于“优惠”和“补偿”的词义表明，优惠政策主要是大学生去基层之前以及基层工作期间能够享受的政策，如西部计划志愿者的工作生活补贴、特岗教师的工资等；而补偿政策主要应是大学生完成事先约定的基层服务期限后所能享受的政策，如学费补偿助学贷款代偿、公务员定向招录等。在政策对象范围上，优惠政策通常是符合基层就业统计范围的大学生都能享受的政策，而补偿政策通常是符合特定条件的基层就业大学生才能享受的政策。例如职称评审中，在省会及以下的社会团体、基金会、民办非企业单位就业的大学生，在专业技术职称评审方面享受与国有企事业单位同类人员同等待遇，应属于优惠政策范畴；而在中西部及艰苦边远地区县以下基层单位从事专业技术工作的大学生，申报相应职称时可不参加职称外语考试或放宽外语成绩要求，则属于补偿政策范畴。

中华人民共和国成立至今，政府根据社会经济发展状况、教育体制改革而不断调整大学生就业政策。基于此，我国大学生就业政策的发展“经历了‘计划分配’‘双向选择’‘自主择业’三个阶段的转变”❶。三个阶段实行三种不同的大学生就业政策，这种变化又恰恰是我国社会经济发展和教育体制改革在大学生就业政策上的反映和体现。根据大学生就业政策的发展轨迹，大学生基层就业补偿政策的发展也大致分为三个阶段，即补偿政策隐现与萌生时期、补偿政策初步形成时期和补偿政策日渐完善时期。从时间维度上对大学生基层就业补偿政策的历史发展进行梳理，我们不难发现，大学生基层就业补偿政策的发展不仅仅是政府在直接推动，更重要的是涉及政策的许多相关因素在起间接推动作用。只有认识到这层关系，才能真正把握大学生基层就业补偿政策的历史发展过程。

一、补偿政策隐现与萌生时期（1949～1984 年）

这一时期，我国实行“统包统分”大学生就业政策。国家建设需要大量的大学生投身于基层和工农生产一线，因此就业政策导向主要是大学生面向基层、面向工农生产一线就业。大学生到基层就业是国家通过行政分配方式安排的，虽然期间有提出过对边远地区工作的毕业生实施某些补偿措施，但本质上未能真正满足基层就业大学生的需求，也未能从大学生基层就业补偿上予以系统的考虑，故处于补偿政策隐现与萌生时期。

（一）“统包统分”大学生就业政策

中华人民共和国成立至 20 世纪 80 年代中期，我国高等教育从招生到就业全程实行的是一种高度集中的计划管理模式。具体来说，高校按照国家指令性招生计划进行招生、完成招生计划，国家承担学生的全部培养费用。学生毕业时由高校根据国家分配计划进行统一派遣，用人单位按照国家分配计划进行接

❶ 全国高等教育就业指导中心、北京大学教育学院：《全国高校毕业生就业状况（2004～2008）》，北京大学出版社，2009 年，第 9 页。

收。这种由国家按照计划统一分配大学生的就业政策称为“统包统分”大学生就业政策。

1. “统包统分”大学生就业政策的发展历程

（1）形成发展时期（1949～1965年）。严格说来，大学生就业分配工作始于1950年。1950年6月，中央人民政府政务院印发《为有计划地合理地分配全国公私立高等学校今年暑期毕业生工作的通令》，提出对高校毕业生进行组织动员，说服毕业生服从国家的计划统筹分配[1]。这是大学生就业统一计划分配的开始。1951年6月，政务院印发《关于一九五一年暑假全国高等学校毕业生统筹分配工作的指示》，规定对大学毕业生实行统筹分配，并在地区间进行调剂。[2] 1951年10月，政务院印发并实行《关于改革学制的决定》，明确规定“高等学校毕业生之工作由政府分配”。[3] 1952年7月，政务院印发《关于1952年暑期全国高等学校毕业生统筹分配工作的指示》，强调“高等学校毕业生由政府统一分配工作，这是完全符合我们国家实际情况的发展和需要的”，提出“集中使用、重点配备”的分配原则。[4] 随后，中央人民政府下发《1952年暑期全国高等学校毕业生统一分配方案》。由此，我国大学生计划分配管理体制开始形成。1958年4月，中共中央印发《关于高等学校和中等技术学校下放问题的意见》，要求改变毕业生分配办法，中央部属的高等学校毕业生由国家统一分配，划归省、市、自治区管理的高等学校毕业生原则上分成分配，中央抽取一定比例统一分配，余下的由各省、市、自治区进行分配。[5] 1959年6月，中共中央批准国家计划委员会（以下简称“国家计委”）《关于高等学校毕业生分配办法的报告》（内附《关于高等学校毕业生分配办法》），规定“教育部和中央其他部门直接领导的高等学校的毕业生，由中央统一分配；各省、市、自治区领导的高等学校的毕业生，原则上采取重要提成的分

---

[1] 中国教育年鉴编辑部：《中国教育年鉴（1949～1981）》，中国大百科全书出版社，1984年，第348页。

[2] 张晋藩、海威、初尊贤：《中华人民共和国国史大辞典》，黑龙江人民出版社，1992年，第79页。

[3] 《中央人民政府政务院关于改革学制的决定》，《人民教育》1951年第11期。

[4] 中国教育年鉴编辑部：《中国教育年鉴（1949～1981）》，中国大百科全书出版社，1984年，第349页。

[5] 张晋藩、海威、初尊贤：《中华人民共和国国史大辞典》，黑龙江人民出版社，1992年，第311页。

配办法”。[1] 至此，国家和地方政府协同计划分配大学生的体制开始形成，且这种分配体制一直实施到“文革”前。

（2）中止、更改时期（1966～1976 年）。1966 年 5 月“文革”开始，我国之前形成的一整套教育制度包括大学生就业分配制度遭到否定。1966 年 7 月，中共中央、国务院印发《关于改革高等学校招生工作的通知》，规定“高等学校招生取消考试，采取推荐和选拔相结合的办法”[2]。“文革”使招生工作未能得以开展，毕业生分配工作也因此而中止。1970 年 6 月，中共中央批准《北京大学、清华大学关于招生（试点）的请示报告》，要求招生实行群众推荐、领导批准和学校复审相结合的办法，招生对象为相当于初中以上文化程度的工人、贫下中农、解放军战士、青年干部以及上山下乡和回乡青年，学生毕业后原则上回原单位、原地区工作，也要有一部分根据国家需要统一分配。[3] 也就是说，“面向农村的各专业全部实行‘社来社去’，面向工业的各专业全部实行‘厂来厂去’，其余各专业实行‘哪来哪去’”。[4] 这种“三来三去”的就业政策一直持续到“文革”结束。

（3）恢复调整时期（1977～1984 年）。“文革”结束后，国家着手恢复教育制度，尤其是高等学校招生制度和毕业生就业分配制度。大学生统一计划分配的政策也得以恢复。1977 年 10 月，《国务院批转教育部关于一九七七年高等学校招生工作的意见》中明确规定，“国家统一招生，毕业生由国家统一分配”。[5] 1981 年出台了三个重要文件，分别是 1981 年 2 月《国务院批转国家计委、教育部、国家人事局关于改进一九八一年普通高等学校毕业生分配工作的报告》、1981 年 9 月《国务院批转国家计委等部门关于一九八一年度毕业研究生和大专毕业生分配问题的报告》、1981 年 10 月《教育部、国家计委、国家人事局印发〈关于高等学校毕业生调配派遣办法〉的通知》（内附《高等学校毕业生调配派遣办法》）。这 3 个文件形成了我国大学生毕业分配办法：国家统一计划下，采取抽成调剂、分级安排的办法分配毕业生；同时试行择优分配

---

[1] 中国教育年鉴编辑部：《中国教育年鉴（1949～1981）》，中国大百科全书出版社，1984 年，第 349 页。

[2] 张晋藩、海威、初尊贤：《中华人民共和国国史大辞典》，黑龙江人民出版社，1992 年，第 584 页。

[3] 陆宪良：《说说“文革”大学招生那回事》，《档案春秋》2012 年第 6 期。

[4] 孙步凌：《我国高校招生就业体制的历史演变探析》，《中国成人教育》2010 年第 1 期。

[5] 《国务院批转的〈关于 1977 年高等学校招生工作的意见〉》，中国档案资讯网，2014－10－16，http：//www. zgdazxw. com. cn/dagb/2014－10/16/content_70181. htm。

的办法，即采取学生自愿报名、学校推荐和用人单位考核相结合的办法，择优选拔一部分毕业生。[1] 这种毕业生分配方法一直持续到 1984 年。

2. “统包统分”大学生就业政策评析

“统包统分”大学生就业政策是我国计划经济体制下的产物，必然具有“计划性”特点，即国家、政府制订就业分配计划，各高校具体实施分配计划，各单位按分配计划接收毕业生。这种由国家负责按计划分配的“统包统分”大学生就业政策，在特定历史时期发挥着至关重要的作用：一是解决了国家亟需的各类人才需求问题，保证了国家建设尤其是艰苦边远地区、艰苦行业建设的需要，为百废待兴的国家发展提供了人才支撑和智力支持；二是倡导个人利益服从国家利益的价值观，为大学生凝心聚力参与国家建设、全心全意为社会服务营造了良好的氛围；三是国家将大学生全部分配安排到全民所有制单位工作，保证了大学生充分就业，解决了大学生的后顾之忧，在全社会树立了“知识改变命运”的典型，很大程度上能激励后代青年学生不断努力学习。

虽然“统包统分”就业政策在特定历史时期发挥着至关重要的作用，但是其不足和弊端也日益凸显，主要表现在四个方面：一是国家计划相对于社会发展、人才需求变化来说具有一定的滞后性，难以根据实际情况进行实时调整，用非所学、用非所需的分配不合理现象时有发生，导致部分毕业生产生不满情绪而不愿发挥工作主动性，造成了一定程度上的人才浪费。1962 年 11 月，中共中央、国务院批转内务部《关于对使用不当的高等学校毕业生进行调整工作的报告》。该报告显示，“不少人分配极不合理”，并要求“结合当前国民经济调整，对于用非所学、使用不当的毕业生的工作，应当尽可能本着学用一致的原则和加强基层、保留专业人才的精神，认真、合理地调整和安排他们的工作，使他们各得其所、发挥所长”。[2] 二是部分高校处于被支配地位，在招生、就业甚至教学上都只是执行国家的计划，不考虑或很少考虑自己教学质量的高低、专业设置是否合理、社会评价如何等问题，缺乏办学自主权和主动适应社会发展的动力。三是有些用人单位跟高校一样处于被支配地位，只能被动接受国家分配、学校派遣过来的毕业生，至于是否需要毕业生、需要多少

[1] 中国教育年鉴编辑部：《中国教育年鉴（1949～1981）》，中国大百科全书出版社，1984 年，第 351～352 页。

[2] 张晋藩、海威、初尊贤：《中华人民共和国国史大辞典》，黑龙江人民出版社，1992 年，第 477 页。

毕业生以及毕业生与工作岗位是否匹配等问题都无法考虑，缺乏选人、用人的选择权和自主权。四是大学生在当时认为是“天之骄子”，只要考进大学门，就能“鲤鱼跳龙门”，就等于端上了铁饭碗、进入了保险箱。部分学生认为就业既没有后顾之忧也没有自主选择的机会，学习也就缺乏自觉意识和主动意识。“六十分万岁”就是这部分学生缺乏学习动力和压力的真实写照。

（二）“统包统分”下的大学生基层就业补偿政策

1. 发展历程

将大学生分配到基层就业，始于20世纪60年代。1961年6月《中共中央批准国家计委关于1961年高等学校毕业生分配计划的报告》要求，分配重点首先是大力支援农业。在此要求下，约有6万名毕业生分配到县、镇和农村公社，占毕业生总数的1/3以上，大大改变了过去绝大多数集中在大城市的状况。[1] 这是国家以行政手段将部分大学生分配到基层就业的开始。1965年6月《中共中央转发高等教育部党委关于分配一批高等文科毕业生到县以下基层单位工作的请示报告》要求将大学生分配到基层，这是我国第一次在政策文件上将大学生分配到基层予以明确规定，并强调“分配一批大学生到农村，是实现知识分子同工农群众相结合，培养革命接班人的有效途径之一，是加强基层建设的重要措施，1965年、1966年要安排一万多名大学生到县以下基层工作，且以后每年都要有计划地分配一些大学毕业生到农村去工作”。[2]

“文革”开始后，对之前招收的大学生毕业分配工作时断时续，且将大学生分配与思想改造结合在一起。因此“文革”期间，大学生往往都是分配到工农一线基层工作。1968年6月和11月，中共中央、国务院、中央军委、中央文革小组印发《关于一九六七年大专院校毕业生分配问题的通知》《关于一九六八年大专院校毕业生分配问题的通知》，明确提出：“大专院校毕业生分配要坚持面向农村、面向基层，与工农群众相结合。”[3] 1970年6月，中共中央印发《关于1969、1970、1971年大专院校毕业生分配的通知》，要求

---

[1] 张晋藩、海威、初尊贤：《中华人民共和国国史大辞典》，黑龙江人民出版社，1992年，第435页。

[2] 张晋藩、海威、初尊贤：《中华人民共和国国史大辞典》，黑龙江人民出版社，1992年，第552～553页。

[3] 张晋藩、海威、初尊贤：《中华人民共和国国史大辞典》，黑龙江人民出版社，1992年，第646页、653页。

“毕业生服从革命需要，到农村、到基层去接受工农兵的再教育”。[1] 至此，“文革”前招收的学生基本分配完毕。

1976 年 6 月《国务院转发国家计委、教育部关于一九七六年高等院校毕业生分配问题的请示报告》、1977 年 12 月《国务院批转教育部关于社来社去毕业生分配问题的请示报告》中，均要求坚持“社来社去”的原则进行分配，即回到原单位、原社区工作。实质上，这是要求毕业生回到基层、回到生产第一线。1980 年中共中央组织部印发《关于抓紧选拔优秀中青年干部工作的意见》，要求每年选拔一批品学兼优的应届大学生到基层锻炼，待条件成熟时再逐级提拔到领导岗位上来，这标志着选调生工作开始启动；1983 年 8 月，中共中央组织部印发《关于选调应届优秀大学毕业生到基层培养锻炼的通知》，选调生工作自此在全国范围内展开。1981 年 2 月《国务院批转国家计委、教育部、国家人事局关于改进 1981 年普通高等学校毕业生分配工作的报告》要求“支援边疆地区、少数民族地区和经济发展较慢的地区”[2]。1983 年 7 月《国务院批转国家计委等部门关于 1983 年全国毕业研究生和高等学校毕业生分配问题报告的通知》要求，对毕业生的分配“要继续坚持面向农村、面向基层、充实生产第一线和加强边远地区建设的精神”“对志愿去边远地区和农村工作的毕业生，应当给予鼓励，经接受地区主管部门同意后，可以不受计划的限制”。[3] 在待遇上，1983 年 4 月《国务院批转劳动人事部、国家民族事务委员会关于加强边远地区科技队伍建设若干政策问题的报告的通知》明确规定，“对分配到边远地区工作的大中专毕业生，自报到之日起，即按转正定级的工资待遇；对去西藏、青海高原地区的毕业生，工资还可向上浮动一级，连续工作满八年后，不再取消这一级工资”。[4]这一规定在《国务院批转国家计委等部门关于 1983 年全国毕业研究生和高等学校毕业生分配问题报告的通知》中得到了进一步的强调，表明国家开始意识到要运用适当提高待遇的政策方式鼓励

[1] 张晋藩、海威、初尊贤：《中华人民共和国国史大辞典》，黑龙江人民出版社，1992 年，第 682 页。

[2] 《国务院批转国家计委、教育部、国家人事局关于改进 1981 年普通高等学校毕业生分配工作的报告》（国发〔1981〕23 号），中国政府公开信息整合服务平台北京分站，http：//govinfo. nlc. cn/bjfz/xxgk/bjsrmzf/201407/t20140701_5441827. shtml？classid＝596。

[3] 《国务院批转国家计委等部门关于 1983 年全国毕业研究生和高等学校毕业生分配问题报告的通知》（国发〔1983〕112 号），中国政府公开信息整合服务平台北京分站，http：//govinfo. nlc. cn/bjfz/xxgk/bjsrmzf/201407/t20140701_5441335. shtml？classid＝443。

[4] 《国务院批转劳动人事部、国家民族事务委员会关于加强边远地区科技队伍建设若干政策问题的报告的通知》，《中国劳动》1983 年 S1 期。

毕业生到边远地区和农村工作。

2. 主要特点

（1）行政指令性分配。

在“统包统分”大学生就业政策背景下，大学生的基层就业问题也是通过行政指令性分配方式来安排解决的。基层需要大学生，国家就将大学生分配到基层，“哪里需要哪里搬”，“为了保证就业政策的实施，是否服从国家分配上升为政治觉悟和态度问题，对不服从分配者采取限制和惩罚的措施”。[1] 总之，通过行政手段严格按照国家分配计划将毕业生分配到基层，为基层建设和发展提供了人才支持，但这一做法过于强调国家意志，忽略了大学生的自主意识和自我发展的需要。

（2）利益补偿缺失。

国家通过行政手段将大学生分配到基层，并辅之以“农村是一个广阔天地，在那里是可以大有作为的”[2] 等思想政治动员，以促使大学生服从国家分配。其根本目的在于倡导个人利益服从国家利益，“在利益结构上，个人与组织利益完全让位于国家利益；在利益取向上，国家利益完全优先于个人与组织利益；在利益实现上，以国家利益作为个人与组织受益与否的评判标准，缺乏利益补偿机制”。[3] 虽然 1983 年 4 月《国务院批转劳动人事部、国家民族事务委员会关于加强边远地区科技队伍建设若干政策问题的报告的通知》规定对分配到边远地区的毕业生有工资待遇上的优待，但未明确政策实施时间。因此可以说，“统包统分”时期，基层大学生的利益补偿是缺失的。

二、补偿政策初步形成时期（1985～1992 年）

这一时期，我国实行“双向选择”大学生就业政策。国家在大学生基层就业问题上，一方面给予大学生双向选择的机会，不再通过行政分配方式将大学生安置下去；另一方面在倡导鼓励基层就业的同时给予适当的经济补偿，还通过定向招生、定向就业方式保证基层人才需求，初步形成大学生基层就业补偿政策。

---

[1] 朱家德、胡海清：《建国以来我国高校毕业生就业政策的变迁逻辑》，《中国高教研究》2010 年第 4 期。

[2] 毛泽东：《毛泽东文集》（第六卷），人民出版社，1999 年，第 462 页。

[3] 周建民、张小凤、王旭：《我国大学生就业政策演变中的利益关系轨迹与启示》，《辽宁教育研究》2008 年第 7 期。

（一）“双向选择”大学生就业政策

随着经济体制改革的不断深入和劳动人事制度的改革，“统包统分”大学生就业政策越来越不适应社会发展的需要。国家亟需制定新的大学生就业政策，“双向选择”大学生就业政策也就应运而生。该政策“最突出之处在于兼有计划分配模式和国家计划人才市场的双重特性”[1]。

1. “双向选择”大学生就业政策的发展历程

（1）“供需见面”试点阶段（1985～1988 年）。早在 1983 年《国务院批转国家计委等部门关于 1983 年全国毕业研究生和高等学校毕业生分配问题报告的通知》中，就要求“对毕业生分配拟采取适当集中、加强重点、照顾一般、统筹兼顾的方针，进行全面安排；决定对清华大学、上海交大、西安交大、山东海洋学院四所院校，按照统一分配计划，在调配工作中进行‘供需见面’试点，1984 年拟在总结经验的基础上继续试行”。[2]“供需见面”试点，打破了计划分配就业政策一统天下的格局，新的大学生就业政策即将到来。1985 年 5 月，中共中央印发《关于教育体制改革的决定》，明确指出：“要改革大学招生的计划制度和毕业生分配制度，改变高等学校全部按国家计划统一招生，毕业生全部由国家包下来分配的办法；对国家计划内招生的学生实行在国家计划指导下，由本人选报志愿、学校推荐、用人单位择优录用的方式；用人单位委托招生的学生，按入学时的合同规定到委托单位工作；对国家计划外的自费生实行学校推荐就业和自谋职业相结合的方式。”[3]“本人选报志愿、学校推荐、用人单位择优录用”的就业方式，是对“统包统分”大学生就业政策的历史性突破，为进一步深化就业制度改革和逐步过渡到“双向选择”的大学生就业政策奠定了基础。1985 年 7 月，《国务院批转国家计委、国家教委关于一九八五年全国高等学校毕业生分配问题的报告》中，决定实行多渠道的分配办法，由学校和用人单位通过“供需见面”的方式来初步落实分配方

[1] 周建民、张小凤、王旭：《我国大学生就业政策演变中的利益关系轨迹与启示》，《辽宁教育研究》2008 年第 7 期。

[2] 《国务院批转国家计委等部门关于 1983 年全国毕业研究生和高等学校毕业生分配问题报告的通知》（国发〔1983〕112 号），中国政府公开信息整合服务平台北京分站，http：//govinfo. nlc. cn/bjfz/xxgk/bjsrmzf/201407/t20140701_5441335. shtml？classid＝443。

[3] 《中共中央关于教育体制改革的决定》，《江苏教育》1985 年第 6 期。

案，并在上海交通大学和清华大学两所学校全面展开试点。[1] 此后，“供需见面”的就业办法在全国逐步实施。

（2）“双向选择”试点阶段（1989～1992 年）。1986 年，国家教育委员会（以下简称“国家教委”）组织相关部门对高等学校毕业生分配制度进行专题调研论证后，形成《高等学校毕业生分配制度改革方案》，后经 1988 年全国高等教育工作会议和国家教委全委会讨论并提交国务院。1989 年 3 月国务院批转国家教委《关于改革高等学校毕业生分配制度的报告》（内附《高等学校毕业生分配制度改革方案》，通称为“中期改革方案”），提出“高等学校毕业生分配制度改革的目标是在国家就业方针、政策指导下，逐步实行毕业生自主择业，用人单位择优录用的‘双向选择’制度；在人才市场没有完全形成的过渡阶段，实行以学校为中介向社会推荐就业，毕业生和用人单位在一定范围内‘双向选择’的就业办法；同时考虑到边远地区和艰苦行业的人才需求问题，国家仍在招生计划中安排一定比例实行定向招生、定向就业”。[2]《国家教育委员会　人事部关于印发〈关于改进 1989 年高等学校毕业生分配工作的报告〉的通知》要求，“在总结上海交通大学和清华大学等院校的经验基础上，逐步地、有计划地实行推荐录用的办法向社会输送毕业生”。[3]

2. “双向选择”大学生就业政策的评析

“双向选择”大学生就业政策是我国计划经济向市场经济过渡的产物。因此，其必然具有“过渡性”特点，起着“过渡性”作用，上承“统包统分”政策下启“自主择业”政策。它与计划分配政策的不同之处在于：“第一，由高校负责向社会推荐毕业生就业；第二，在一定范围内实现了毕业生与用人单位的双向选择；第三，国家对高校毕业生就业予以宏观管理的改革方向得以明确。”[4] 正因为如此，“双向选择”大学生就业政策是一种双赢甚至多赢的政策：对于国家来说，一定程度上既能通过市场选择减少计划分配时期的人才浪费现象，又能通过定向招生、定向就业来平衡各地区、各行业的人才需求；对

---

[1]《国务院批转国家计委国家教委关于一九八五年全国高等学校毕业生分配问题报告的通知》，《中华人民共和国国务院公报》1985 年第 21 号。

[2]《国务院批转国家教委关于改革高等学校毕业生分配制度报告的通知》，《中华人民共和国国务院公报》1989 年第 12 号。

[3]《国家教育委员会　人事部关于印发〈关于改进 1989 年高等学校毕业生分配工作的报告〉的通知》，《江西政报》1989 年第 6 期。

[4] 周建民、李晓靓、郑虹：《我国“市场导向”高校毕业生就业政策的形成与启示》，《沈阳教育学院学报》2007 年第 5 期。

于高校来说，一定程度上扩大了办学自主权，能根据用人单位的要求来进行教育教学改革，主动适应社会的能力有所增强；对于用人单位来说，有权主动选择与单位需求一致的大学生，一定程度上实现单位人才资源的合理配置；对于大学生来说，毕业生因拥有一定的自主选择机会而主动积极投身于工作，在校生因就业压力而逐步树立就业竞争意识和学习自主意识。

当然，“双向选择”大学生就业政策也产生了一些消极影响：一是部分大学生因拥有了一定的自主选择权限，在选择工作单位时注重工作地域、福利待遇、环境条件等个人利益，服务社会的意识有所淡化；也因为国家关于面向基层就业的政策支持力度不够，艰苦边远地区和艰苦行业人才需求问题得不到满足的问题开始显现。二是由于人才市场不够规范、不够健全，双向选择过程中公平竞争、择优录用原则未能得到充分体现，不可避免地出现了一些不正之风，一定程度上影响了大学生的利益，冲击了大学生的思想观念。三是上了大学不完全等于有工作，导致“读书无用论”又悄然兴起；部分就业能力欠缺的毕业生在双向选择中未能顺利就业，可能会出现一些不良思想和行为，一定程度上影响学校和社会的稳定。

（二）“双向选择”下的大学生基层就业补偿政策

1. 发展历程

1985 年《中共中央关于教育体制改革的决定》中提出，“对去边远地区及工作环境比较艰苦的行业工作的毕业生待遇从优，且国家为一些毕业后工作环境特别艰苦的专业的学生提供膳宿并免收学杂费”。[1]《国务院批转国家计划委员会、国家教育委员会关于 1985 年全国高等学校毕业生分配问题报告的通知》中明确提出，为有效地鼓励毕业生到比较艰苦的行业和边远地区工作，实行不转户口的试点，毕业生户口可留在家庭所在地。为了保证工作环境比较艰苦的地区和行业的人才需求得到满足，1988 年 11 月国家教委印发《普通高等学校定向招生、定向就业暂行规定》，决定从 1989 年起实施“定向招生、定向就业”的政策，且规定“定向生免缴学杂费，除享受国家规定的普通全日制高等学校在校生的待遇外，还根据学习成绩和表现享受定向奖学金”[2]。1989 年 3 月《国务院批转国家教委关于改革高等学校毕业生分配制度报告的通知》

---

[1] 《中共中央关于教育体制改革的决定》，《江苏教育》1985 年第 6 期。

[2] 《普通高等学校定向招生定向就业暂行规定》（〔88〕教学字 013 号），中华人民共和国教育部，http：//old. moe. gov. cn/publicfiles/business/htmlfiles/moe/moe_621/200409/2716. html。

中，强调实施“定向招生、定向就业”的政策以解决艰苦地区和行业的人才需求问题，且“提倡和鼓励国家统招计划的学生到工作生活条件艰苦的重点单位就业，用人单位应在国家政策范围内给予优惠待遇”[1]。

2. 主要特点

（1）开始重视利益补偿。

“双向选择”大学生就业政策为大学生提供了一定范围内“双向选择”的就业机会，也就不可避免地导致艰苦边远地区和艰苦行业在“双向选择”中处于被选择的地位。国家为保障艰苦边远地区和艰苦行业的发展，缓解其人才需求难以满足的矛盾，不再是通过行政分配方式将大学生分配下去，而是通过倡导鼓励和利益补偿方式（如免缴学杂费、提供生活费等），激励大学生去艰苦边远地区和艰苦行业就业。这种政策变化表明：在国家利益与个人利益关系上，开始由国家利益至上向国家利益为主、兼顾个人利益的方向转变，强调国家利益实现的同时兼顾个人利益的实现。当然，政策规定还存在一定的模糊性，如“待遇从优”“用人单位应在国家政策范围内给予优惠待遇”，这在一定程度上既影响了政策的有效执行，也影响了大学生到基层就业的积极性。

（2）利益补偿合约化。

“定向招生、定向就业”政策是政府解决艰苦地区和艰苦行业人才需求的一项特殊政策，它通过定向志愿把招生与就业结合起来。招生上，通过思想工作和免缴学杂费、享受定向奖学金等待遇来动员和引导学生报考定向招生志愿；就业上，“按照招生时所确定的地区或部门范围内实行‘双向选择’就业，即主管毕业生分配的部门负责向本地区、本部门有关单位推荐，毕业生选报志愿，用人单位考核录用”。[2]从本质上来说，“定向招生、定向就业”是政府和大学生之间以合约的形式建立了一种权利与义务的交换关系，即政府运用免缴学费、发放定向奖学金政策激励大学生完成约定期限的定向就业，或者说大学生在享受免缴学杂费、享受定向奖学金的权利后，必须履行一定期限的定向就业义务。合约对政府和大学生的权利与义务作了明确规定，有利于满足双方的需求，有利于保证基层人才队伍的相对稳定性。

---

[1] 《国务院批转国家教委关于改革高等学校毕业生分配制度报告的通知》，《中华人民共和国国务院公报》1989 年第 12 号。

[2] 《普通高等学校定向招生定向就业暂行规定》（〔88〕教学字 013 号），中华人民共和国教育部，http：//www. moe. gov. cn/s78/A02/zfs__left/s5911/moe_621/tnull_2716. html。

三、补偿政策日渐完善时期（1993 年至今）

这一时期，我国实行“自主择业”大学生就业政策。高校扩招以及社会其他因素对大学生就业同时产生影响，导致大学生就业难问题出现，同时基层人才需求得不到满足的问题开始出现并一度比较严重。在此情况下，国家需要通过政策干预方式解决大学生就业难问题和基层人才需求得不到满足的问题，因此出台和实施了一系列基层就业补偿政策。

（一）“自主择业”大学生就业政策

从“计划”到“市场”过渡时期，虽已实施“供需见面”“双向选择”大学生就业政策改革试点，但在政策实施上兼有计划分配和市场选择的双重特性。随着社会主义市场经济体制的建立和完善，“双向选择”大学生就业政策逐渐难以适应市场经济发展的需要，实行“自主择业”大学生就业政策势在必行。

1. 发展历程

以 2002 年《关于进一步深化普通高等学校毕业生就业制度改革有关问题的意见》的出台为分界线，“自主择业”大学生就业政策经历了“并轨后的就业改革”和“扩招后的就业促进”两个阶段。在政策实践上，两个阶段之间存在一定差异：前者侧重于解决并轨后学生的就业问题，自主择业范围具有一定的限制性；后者侧重于实施就业促进政策以促进大学生充分就业，具体表现为在就业市场化前提下，大学生自主择业、市场调节就业、政府促进就业并存。

（1）并轨后的就业改革阶段（1993 ~ 2001 年）。

1993 年 2 月，中共中央、国务院印发《中国教育改革和发展纲要》，提出“改革高等毕业生‘统包统分’和‘包当干部’的就业制度，实行少数毕业生由国家安排就业，多数由学生‘自主择业’的就业制度”。[1] 该纲要作为指导 20 世纪 90 年代至 21 世纪初教育改革和发展的指导性文件，标志着“自主择业”大学生就业政策的开始。1994 年 4 月《国家教委关于进一步改革普通高等学校招生和毕业生就业制度的试点意见》中，要求“改变学生上大学由国家包下来、毕业时国家包安排职业的做法，引导学生毕业后参与劳动力市场的

---

[1] 《中国教育改革和发展纲要》，《中国高等教育》1993 年第 4 期。

竞争，国家不再以行政分配而是以方针政策指导、奖学金制度和社会就业需求信息来引导毕业生自主择业，这样逐步建立起‘学生上学自己缴纳部分培养费用、毕业后多数人自主择业的机制”❶。1994 年 7 月《国务院关于〈中国教育改革和发展纲要〉的实施意见》指出：“要积极推进高等学校的招生收费改革和毕业生就业制度改革，逐步实行学生缴费上学、大多数毕业生自主择业的制度；1997 年大多数学校按新制度执行运作，2000 年基本实现新旧体制转轨。”❷ 学生缴费上学、毕业后自主择业的政策正式形成且逐步实施起来。

1995 年 3 月，国家教委印发《关于 1995 年深入进行普通高等学校招生和毕业生就业制度改革的意见》，要求“招生‘并轨’后所招学生毕业时原则上在本系统、本行业范围内自主择业，并在条件成熟后逐步过渡到大多数毕业生自主择业”。❸ 1997 年，实行招生并轨改革试点的高校学生即将毕业。1997 年 1 月国家教委在《关于做好 1997 年全国普通高等学校毕业生就业工作的通知》中要求，并轨招生的学生就业时应在一定范围内自主择业，国家教委所属院校的毕业生面向全国自主择业，中央各部委所属院校毕业生在本行业或本系统内自主择业，各省（区、市）所属院校毕业生是否限于本省范围内就业则由各省自行决定。1997 年 3 月《普通高等学校毕业生就业工作暂行规定》强调，“供需见面和双向选择活动是落实毕业生就业计划的重要方式”。❹ 1998 年 5 月《国务院关于做好 1998 年普通高等学校毕业生就业工作的通知》强调，“要积极拓宽高校毕业生就业渠道，国有企事业单位要进一步加大吸收毕业生的工作力度，积极支持和鼓励集体企业、私营企业、联营企业和股份制企业等单位接收毕业生”。❺ 1998 年 12 月《面向 21 世纪教育振兴行动计划》中提出，“到 2000 年左右，建立起比较完善的由学校和有关部门推荐、学生和用人单位在国家政策指导下通过人才劳务市场双向选择、自主择业的毕业生就业制度”。❻ 2000 年 1 月，教育部印发《关于做好 2000 年全国普通高等学校毕业生就业工

---

❶ 《关于进一步改革普通高等学校招生和毕业生就业制度的试点意见》，《四川政报》1994 年第 15 期。

❷ 《国务院关于〈中国教育改革和发展纲要〉的实施意见》，《中华人民共和国国务院公报》1994 年第 16 号。

❸ 郭雅：《最新文化产业管理执法全书（八十七）》，吉林摄影出版社，2004 年，第 90 页。

❹ 《国家教育委员会关于颁发〈普通高等学校毕业生就业工作暂行规定〉的通知》，《四川政报》1997 年第 25 期。

❺ 《国务院关于做好 1998 年普通高等学校毕业生就业工作的通知》，《河南政报》1998 年第 7 期。

❻ 《国务院批转教育部面向 21 世纪教育振兴行动计划的通知》，《中华人民共和国国务院公报》1999 年第 2 号。

作的通知》，要求“尽快建立‘不包分配、竞争上岗、择优录用’的机制”，且“毕业生就业派遣报到证”改为“毕业生就业报到证”。[1] 这标志着我国大学生就业政策由“统一计划、分配派遣”到“市场导向、自主选择”的转化，“自主择业”大学生就业政策正式进入实质性阶段。

（2）扩招后的就业促进阶段（2002 年至今）。

2002 年 3 月，国务院办公厅转发教育部等部门《关于进一步深化普通高等学校毕业生就业制度改革有关问题的意见》（以下简称《意见》），明确要求“建立市场导向、政府调控、学校推荐、学生与用人单位双向选择的就业机制，努力实现高校毕业生的充分就业；积极拓宽毕业生就业渠道，引导毕业生到基层、到中小企业就业是解决高校毕业生就业的主要途径”。[2] 该意见的实施标志着在实行市场导向、自主择业大学生就业政策的同时，政府部门要采取积极措施来促进大学生充分就业。继《意见》之后，国务院办公厅、教育部等部门在每年的关于做好高校毕业生就业工作的通知以及各类文件、政策中，都强调要多渠道、多途径促进高校毕业生就业。《就业促进法》明确提出，促进就业是县级以上人民政府的重要职责，应多途径、多渠道为就业者提供政策支持。可见，如何促进就业成为高校扩招后大学生就业政策的主要特征。当前我国大学生就业促进政策主要包括七大方面，即基层就业政策、到中小企业就业政策、应征入伍政策、重点领域就业政策、到国际组织实习任职政策、自主创业和灵活就业政策、就业服务和就业援助政策。该阶段的就业促进政策较多，在此不一一赘述。

2. “自主择业”大学生就业政策评析

“自主择业”大学生就业政策是我国社会主义市场经济在就业领域的体现，也是高等教育大众化后的一种必然选择。其本质是大学生就业市场化，即就业市场通过其自身的导向和调节作用，对大学生这种人力资源进行合理配置。“自主择业”大学生就业政策的实施，为政府、高校、用人单位和大学生带来了根本性变革，尤其是政府职能的根本性变革，政府不再通过行政指令方式来分配大学生，而是通过制定和实施就业促进政策、提供就业服务等方式来

[1] 《教育部关于做好 2000 年全国普通高等学校毕业生就业工作的通知》，《教育部政报》2000 年第 1、2 号。

[2] 《国务院办公厅转发教育部等部门关于进一步深化普通高等学校毕业生就业制度改革有关问题的意见的通知》，《中华人民共和国国务院公报》2002 年第 11 号。

促进就业，解决市场本身无法解决的就业问题，即“一是校正当前大学生就业中的市场失灵；二是消除大学生就业中的不公平现象”❶。

“自主择业”大学生就业政策在带来各方面大变革的同时，也不可避免地产生大学生结构性就业难问题。如何促进大学生充分就业，成为“自主择业”时期政府着力解决的问题。目前政府制定和实施了一系列就业促进政策，这些政策在促进大学生就业上已初见成效，但是也存在一些亟待解决和完善的问题：一是政策制定者单一化。从现有政策来看，政府是大学生就业促进政策的制定者，高校、各类企事业等用人单位及大学生很少或没有参与到政策制定过程中，这样不可避免地会产生政策与社会需求、学生期望等不相符的情况。二是政策执行存在不到位的情况，如何增强政策的执行力度是政府应重点关注和解决的问题。三是政策执行效果评估缺失。在大学生就业评估方面，麦可思研究院（第三方评估机构）从2007年起对大学生毕业半年后的就业状态和工作能力进行评估。2014年起各高校进行毕业生就业质量自我评估（各高校编制并公开发布毕业生就业质量年度报告），但是没有专门针对大学生就业促进政策执行效果进行评估。也就是说，就业政策宣传、就业服务提供、各主体的政策参与度及满意度如何，没有相关机构进行评估，一定程度上影响了政策作用的发挥。

（二）“自主择业”下的大学生基层就业补偿政策

1. 发展历程

1993年11月《国家教委关于做好1994年全国普通高等学校毕业生就业工作的通知》要求，学校对去艰苦地区、国家重点单位工作的毕业生给予精神和物质鼓励，接受贷款的学生可以免还贷款，用人单位也要给予一定的奖励。❷ 1994年4月《国家教委关于进一步改革普通高等学校招生和毕业生就业制度的试点意见》中明确提出：“凡是选择毕业后去边远地区和艰苦行业的学生，在校期间可按合同领取奖学金，毕业后按合同完成服务年限；没有享受定向或专业奖学金而申请贷学金的学生，如果毕业后到国家指定的单位或地区工

❶ 罗建河：《有限政府视角下的大学生就业政策选择》，《江苏高教》2010年第3期。

❷《云南省人民政府办公厅转发国家教委关于做好1994年全国普通高等学校毕业生和全国毕业研究生就业工作文件的通知》，《云南政报》1994年第6期。

作，可以减免其还贷。”❶ 1997 年 3 月，国家教委印发《普通高等学校毕业生就业工作暂行规定》强调：“国家采取措施，鼓励和指导毕业生到边远地区、艰苦行业和其他国家急需人才的地方去工作。”❷ 1998 年 5 月《国务院关于做好 1998 年普通高等学校毕业生就业工作的通知》提出：“要有计划地吸收一部分品学兼优的高校毕业生充实到基层机关和重要岗位。”❸ 1998 年 5 月，中共中央组织部、人事部、教育部、公安部联合印发《关于选拔录用部分优秀高校毕业生到基层公安机关工作的通知》，决定自 1998 年起，分三年从全国高等学校选拔录用 9000 名应届优秀毕业生到基层公安机关工作。❹ 教育部《关于做好 1999 年普通高等学校毕业生就业工作的通知》《关于做好 2000 年全国普通高等学校毕业生就业工作的通知》《关于做好 2001 年全国普通高等学校毕业生就业工作的通知》都明确提出，要教育、引导和鼓励大学生面向基层就业。《国务院办公厅转发教育部等部门关于进一步做好 1999 年普通高等学校毕业生就业工作意见的通知》要求，各级政府要运用政策导向，采取必要的措施，鼓励和引导毕业生到基层支教、支农、支医、扶贫或到企业锻炼，参加农村基层工作，经过两三年锻炼，择优重点充实乡镇机关。❺

2002 年 3 月《国务院办公厅转发教育部等部门关于进一步深化普通高等学校毕业生就业制度改革有关问题意见的通知》首次提出：“拓宽高校毕业生到基层就业的渠道，引导高校毕业生到基层、到中小企业就业是解决高校毕业生就业问题的主要途径。”❻ 要求继续鼓励和支持毕业生到农村基层工作、到西部工作，基层就业作为大学生就业的主要途径被正式确立下来。《国务院办公厅印发关于做好 2003 年普通高等学校毕业生就业工作的通知》明确指出：“鼓励高校毕业生到基层和艰苦地区工作；国家支持团中央、教育部组织实施‘大学生志愿服务西部计划’，从高校毕业生中招募志愿者到西部贫

---

❶ 《关于进一步改革普通高等学校招生和毕业生就业制度的试点意见》，《四川政报》1994 年第 15 期。

❷ 《国家教育委员会关于颁发〈普通高等学校毕业生就业工作暂行规定〉的通知》，《四川政报》1997 年第 25 期。

❸ 《国务院关于做好 1998 年普通高等学校毕业生就业工作的通知》，《河南政报》1998 年第 7 期。

❹ 《中组部　人事部　教育部　公安部联合下发关于选拔录用部分优秀高校毕业生到基层公安机关工作的通知》，《教育部政报》1998 年第 7、8 号。

❺ 《国务院办公厅转发教育部等部门关于进一步做好 1999 年普通高等学校毕业生就业工作意见的通知》，《中华人民共和国国务院公报》1999 年第 20 号。

❻ 《国务院办公厅转发教育部等部门关于进一步深化普通高等学校毕业生就业制度改革有关问题的意见的通知》，《中华人民共和国国务院公报》2002 年第 11 号。

困县的乡镇一级教育、卫生、农技、扶贫等单位服务；国家将对基层就业毕业生在研究生和机关国企考录方面给予优惠。”[1] 自此，国家大规模地引导和鼓励高校毕业生到基层就业的序幕正式开启，大学生基层就业补偿也开始得到重视。

2004 年 10 月《中共中央 国务院关于进一步加强和改进大学生思想政治教育的意见》要求，从思想教育层面来引导大学生到基层、到西部、到祖国最需要的地方就业。2005 年 6 月《中共中央办公厅 国务院办公厅印发〈关于引导和鼓励高校毕业生面向基层就业的意见〉的通知》不仅提出了农村服务计划、进村进社区工作等促进基层就业的措施，还专门提出基层就业的补偿政策，如学费补偿和助学贷款代偿、适当高定工资待遇标准、省级及以上党政机关从两年基层工作经历的高校毕业生中招录公务员、表彰扎根基层和建功立业优秀人才等。该文件是第一个促进大学生基层就业的专门指导性文件，基层就业的相关政策包括补偿政策都是以它为指导而逐步制定和实施的。2016 年 12 月《中共中央办公厅 国务院办公厅印发〈关于进一步引导和鼓励高校毕业生到基层工作的意见〉的通知》是我国新时期进一步引导和鼓励大学生基层就业的纲领性、指导性文件，明确要求创新保障大学生“下得去、干得好、留得住、流得动”的长效措施和机制。2017 年 11 月《中共中央组织部人力资源社会保障部等五部门关于印发高校毕业生基层成长计划的通知》要求，通过实施能力素质培育计划、岗位锻炼成才计划、职业发展支持计划、基层成长环境营造计划、基层成长服务体系建设计划和后备人才选拔计划六项计划，为大学生更好地在基层就业创业和成长成才创造条件。

2. 大学生基层就业补偿政策体系的构成

“自主择业”时期关于大学生基层就业补偿的政策较多，形成了一个政策体系。根据公共政策体系的构成，大学生基层就业补偿政策体系应由总政策、基本政策和具体政策构成。

(1) 大学生基层就业补偿的总政策。

大学生基层就业补偿的总政策，主要是指国家层面对大学生基层就业及补偿所作出的政策规划，对其他相关政策起着指导和规范作用的政策，主要为重要会议决定和中共中央办公厅、国务院办公厅下发的文件等。

---

[1] 《国务院办公厅关于做好 2003 年普通高等学校毕业生就业工作的通知》，《中华人民共和国国务院公报》2003 年第 19 号。

在国家层面的会议方面，最具有代表性的为2016年11月1日中央全面深化改革领导小组第二十九次会议，会议强调“引导和鼓励大学生到基层工作，要进一步创新体制机制，完善政策措施，健全服务体系，畅通流动渠道，加快构建引导和鼓励高校毕业生‘下得去、留得住、干得好、流得动’的长效机制”，❶ 并通过了《关于进一步引导和鼓励高校毕业生到基层工作的意见》。

在政策文件出台方面，真正对基层就业补偿起着指导性作用的文件，是中共中央办公厅、国务院办公厅分别于2005年6月和2016年12月印发的《关于引导和鼓励高校毕业生面向基层就业的意见》和《关于进一步引导和鼓励高校毕业生到基层工作的意见》，规定了大学生基层就业可以享受的补偿政策，如学费补偿和助学贷款代偿、高定工资标准、公务员定向招录、升学扶持等。

（2）大学生基层就业补偿的基本政策。

大学生基层就业补偿的基本政策主要表现为中央各部门出台的关于基层项目指导性文件，主要有：一是各部门出台其主管或联合管理的服务项目的文件。如大学生志愿服务西部计划（以下简称“西部计划”）的基本政策文件有《关于实施大学生志愿服务西部计划的通知》和《大学生志愿服务西部计划志愿者管理办法》；“三支一扶”计划的基本政策文件有《关于组织开展高校毕业生到农村基层从事支教、支农、支医和扶贫工作的通知》《关于继续做好高校毕业生“三支一扶”计划实施工作的通知》和《关于实施第三轮高校毕业生“三支一扶”计划的通知》等；农村义务教育阶段学校教师特设岗位计划（以下简称“特岗教师计划”）的基本政策文件有《关于实施农村义务教育阶段学校教师特设岗位计划的通知》《关于继续组织实施“农村义务教育阶段学校教师特设岗位计划”的通知》等；选聘高校毕业生到村任职工作（以下通称为“大学生村官计划”）的基层政策文件有《关于选聘高校毕业生到村任职工作的意见（试行）》《关于建立选聘高校毕业生到村任职工作长效机制的意见》和《关于进一步加强大学生村官工作的意见》等；农业技术推广服务特设岗位计划（以下简称“农技特岗计划”）的基本政策文件有《关于实施基层农技推广特设岗位计划的意见》和《关于实施基层农业技术推广服务特设岗位计划的意见》；选调生计划的基本政策文件有《关于进一步做好选调应届优

❶ 《习近平主持召开中央全面深化改革领导小组第二十九次会议》，中华人民共和国中央人民政府，2016－11－01，http：//www. gov. cn/guowuyuan/2016－11/01/content_5127202. htm。

秀大学毕业生到基层培养锻炼工作的通知》。二是中央相关部门联合出台的基层项目补偿通用文件，主要有《关于统筹实施引导高校毕业生到农村基层服务项目工作的通知》《关于开展从大学生村官等服务基层项目人员中考试录用公务员工作的通知》《关于做好艰苦边远地区基层公务员考试录用工作的意见》《高等学校毕业生国家助学贷款代偿资助暂行办法》《高等学校毕业生学费和国家助学贷款代偿暂行办法》和《关于调整完善国家助学贷款相关政策措施的通知》等。

(3) 大学生基层就业补偿的具体政策。

大学生基层就业补偿的具体政策主要表现为中央或地方政府出台的关于某一方面的特殊政策，如《教育部办公厅关于“大学生志愿服务西部计划”志愿者报考硕士研究生享受优惠政策的通知》，每年中央相关主管部门出台的关于基层项目的实施方案、通知等文件，以及地方政府所出台的实施方案、通知等文件。这些文件根据总政策、基本政策文件，对基层就业大学生的工资待遇或工作生活补贴标准、学费补偿和助学贷款代偿、公务员事业单位招录、升学等方面作了进一步的规定，为政策的具体执行提供了操作指南。

3. 基层就业学费补偿助学贷款代偿政策梳理

在众多的补偿政策中，学费补偿和助学贷款代偿政策是最具有典型性的政策，故在此专门对其进行论述。2006 年《高等学校毕业生国家助学贷款代偿资助暂行办法》出台和实施以来，涉及基层就业学费补偿和助学贷款代偿政策的文件主要有：2009 年《财政部　教育部关于印发〈高等学校毕业生学费和国家助学贷款代偿暂行办法〉的通知》、2014 年《关于调整完善国家助学贷款相关政策措施的通知》、2015 年《关于完善国家助学贷款政策的若干意见》和 2017 年《关于进一步落实高等教育学生资助政策的通知》。在中央要求下，各地方政府相继出台地方性的学费补偿助学贷款代偿办法，以引导和鼓励高校毕业生到本行政区域艰苦边远地区的基层就业。

基层就业学费补偿助学贷款代偿政策将大学生基层就业与资助密切结合起来，是我国完备的高校资助体系的重要组成部分，也是我国大学生基层就业补偿政策的重要组成部分。它的发展过程大体上经历了这样三个阶段：

(1) 代偿思想开始显现时期（20 世纪 90 年代中期 ~2005 年）。

代偿思想早在《国家教委关于做好 1994 年全国普通高等学校毕业生就业工作的通知》中开始显现，该通知明确规定，去艰苦地区国家重点单位工作且负有贷款的毕业生，可以免还其贷款。1994 年 4 月《国家教委关于进一步改革普通高等学校招生和毕业生就业制度的试点意见》指出，凡是申请贷学金的低收入家庭学生，如果毕业后到国家指定的单位或地区工作，则可以减免其还贷。[1] 这两个文件虽然提出了贷款代偿的思想，但没有规定如何具体实施。

2004 年 6 月《国务院办公厅转发教育部财政部人民银行银监会关于进一步完善国家助学贷款工作若干意见的通知》提出："对毕业后自愿到国家需要的艰苦地区、艰苦行业工作，服务期达到一定年限的借款学生，经批准可以奖学金方式代偿其贷款本息。"[2] 该通知出台后，教育部明确将为到艰苦地区和艰苦行业工作的贷款学生偿还本息作为推动助学贷款工作的三项新举措之一。2005 年 6 月，《关于引导和鼓励高校毕业生面向基层就业的意见》对助学贷款代偿作了政策性规定：国家将为自愿到艰苦地区和艰苦行业工作且达到一定年限的毕业生偿还其国家助学贷款本息。该意见表明国家层面已经明确提出了代偿思想，且第一次比较模糊地提出了代偿的条件与方式，初步将国家助学贷款代偿与基层就业联系起来。

在代偿实践上，湖北省于 2004 年启动实施"农村教师资助行动计划"，该计划实施的目的在于鼓励大学生尤其是全日制本科、品学兼优的贫困毕业生和来自贫困县（市）的毕业生到农村乡镇学校任教，任教服务期为 3 年，服务期内年度考核合格者可以享受每人每年 5000 元奖励，该奖励优先用于偿还贷款学生的助学贷款本息。[3] 湖北省"农村教师资助计划"以协议合约的形式将基层就业与贷款代偿之间的联系确定下来，既为我国特岗教师计划的实施开创了先河，也为我国大学生基层就业代偿政策的实施提供了范例。

（2）补偿代偿政策形成时期（2006 ~ 2013 年）。

2006 年 9 月，财政部、教育部印发《高等学校毕业生国家助学贷款代偿资助暂行办法》，该办法规定，到西部地区 12 省和艰苦边远地区的基层单位服务 3 年及以上、负有助学贷款的中央部属高校毕业生，国家将代为其偿还助学贷款本息。这是第一次以专门政策文件形式明确将基层就业与助学贷款代偿联

---

[1] 《关于进一步改革普通高等学校招生和毕业生就业制度的试点意见》，《四川政报》1994 年第 15 期。

[2] 《国务院办公厅转发教育部财政部人民银行银监会关于进一步完善国家助学贷款工作若干意见的通知》，《中华人民共和国国务院公报》2004 年第 22 号。

[3] 《省教育厅关于印发〈湖北省"农村教师资助行动计划"实施方案〉的通知》（鄂教人〔2004〕2 号），中国政府公开信息整合服务平台湖北省分站 http：//govinfo. nlc. cn/hbsfz/xxgk/hbsjyt/201502/t20150228_8836675. shtml？classid = 596。

系起来。2009 年 3 月，财政部、教育部印发《高等学校毕业生学费和国家助学贷款代偿暂行办法》，规定到中西部 22 省及国务院规定的艰苦边远地区县以下机关、企事业单位及县以下的气象、地质、煤炭、核工业等中央单位艰苦行业生产一线就业，且服务期满 3 年及以上的中央部属高校全日制毕业生，国家将给予学费补偿或助学贷款代偿。[1] 补偿代偿政策相对于代偿政策而言，有了一些明显变化和拓展：一是受偿的基层就业范围扩大，由原来的西部地区 12 省（市、自治区）扩大到中西部 22 省（市、自治区）；二是受偿对象范围扩大，由基层就业的贷款毕业生扩大到基层就业的所有毕业生；三是明确受偿标准，学费补偿或助学贷款代偿的标准为每学年不超过 6000 元，学费或助学贷款高于 6000 元则按 6000 元标准进行补偿或代偿，低于 6000 元的则按实际金额进行补偿或代偿。

这一时期，在中央学费补偿助学贷款代偿政策的示范要求下，部分省份也相继出台地方性的学费补偿和助学贷款代偿政策，以鼓励大学生到本行政区域内的基层就业。同时，国家还实行免费师范生计划和免费医学生计划，部分省份实行地方性免费师范生计划，以解决和提升基层教育、医疗的需求和质量问题。

（3）补偿代偿政策逐步完善时期（2014 年以后）。

2007 年 5 月《国务院关于建立健全普通本科高校高等职业学校和中等职业学校家庭经济困难学生资助政策体系的意见》和 2007 年 7 月《国家发展改革委关于公布中央部属高校学费标准的通知》对各级各类学校的学费、住宿费标准作了明确规定："今后五年各级各类学校的学费和住宿费标准不得高于 2006 年秋季相关标准。"[2] 这意味着 2012 年是国家稳定学校收费标准政策的到期期限，各省（区、市）已启动或准备启动本专科学费调整工作，学费有了一定幅度的上涨，2014 年开始实行研究生全面收费制度。为了应对本专科学费上涨和研究生全面收费的形势，2014 年 7 月，财政部、教育部、中国人民银行和银监会联合印发《关于调整完善国家助学贷款相关政策措施的通知》，

---

[1] 《关于印发〈高等学校毕业生学费和国家助学贷款代偿暂行办法〉的通知》（财教〔2009〕15 号），中华人民共和国财政部，http：//www. mof. gov. cn/zhengwuxinxi/zhengcefabu/200904/t20090422_135387. htm。

[2] 《国务院关于建立健全普通本科高校高等职业学校和中等职业学校家庭经济困难学生资助政策体系的意见》，《中华人民共和国国务院公报》2007 年第 18 号。《国家发展改革委关于公布中央部属高校学费标准的通知》（发改价格〔2007〕1434 号），中华人民共和国国家发展和改革委员会，http：//www. ndrc. gov. cn/zwfwzx/zfdj/jggg/200707/t20070706_147410. html。

将助学贷款额度标准上调到本专科生每人每年8000元和研究生每人每年12000元，且要求基层就业学费补偿和助学贷款代偿标准要作相应的调整，由原来每年不超6000元调整为本专科生每人每年不超过8000元和研究生每人每年不超过12000元。

《高等学校毕业生国家助学贷款代偿资助暂行办法》和《高等学校毕业生学费和国家助学贷款代偿暂行办法》分别要求，各省（区、市）依此来制定符合省（区、市）情的、鼓励大学生到本行政区域艰苦边远地区基层就业的助学贷款代偿办法、学费补偿和助学贷款代偿办法。2015年7月《关于完善国家助学贷款政策的若干意见》要求，尚未出台学费补偿和助学贷款代偿政策的省份应尽快出台相关政策。2017年3月，《关于进一步落实高等教育学生资助政策的通知》则对政策出台的时间作了明确限制，要求尚未出台基层就业学费补偿和助学贷款代偿政策的省份应当于2017年4月30日前出台相关政策。[1] 在中央政府的强烈要求下，截至2017年年底，应是所有省份都出台了学费补偿助学贷款代偿政策。各省（区、市）学费补偿助学贷款代偿政策的实施，标志着我国建立了比较完备的从中央到地方的大学生基层就业学费补偿和助学贷款代偿政策体系，既增强了学费补偿和助学贷款代偿政策的可执行性，也为更有效地鼓励大学生到基层就业提供了有利、有力的政策支持和保障。

4. 大学生基层就业途径及其补偿政策梳理

当前大学生到基层就业的途径，可以大致分为这样五类：一是参加服务基层项目，二是报考免费师范生教育计划和免费医学生教育计划，三是选调生计划和基层机关事业企业单位招聘，四是到基层企业就业、基层自主创业；五是参加公益组织的基层扶贫、支教等项目。

（1）服务基层项目的政策梳理。

服务基层项目是指西部计划、特岗教师计划、“三支一扶”计划、大学生村官计划、农技特岗计划。自2003年正式启动实施西部计划以来，为保障项目的顺利实施和鼓励大学生到基层就业，共青团中央、教育部、中共中央组织部、财政部、人力资源和社会保障部、农业部等中央部门出台了一系列政策。通过浏览这些部门的官方网站发现，截至2017年，涉及服务基层项目的政策文件多达90项。除了表2－1中统计的政策文件外，还有《关于统筹实施引导

[1] 《关于进一步落实高等教育学生资助政策的通知》（财科教〔2017〕21号），中华人民共和国财政部，http：//jkw. mof. gov. cn/zhengwuxinxi/zhengcefabu/201704/t20170412_2579404. html。

高校毕业生到农村基层服务项目工作的通知》《高校毕业生基层培养计划实施方案》《高校毕业生基层成长计划》等文件。

表2-1　大学生基层服务五项目政策文件统计　　（单位：个）

年份	西部计划	“三支一扶”计划	特岗教师计划	大学生村官计划	农技特岗计划	合计
2003	2	—	—	—	—	2
2004	4	—		—	—	4
2005	5	—	—	—	—	5
2006	3	1	2	—	—	6
2007	4	1	1	—	—	6
2008	1	1	1	2	—	5
2009	3	1	2	3	—	9
2010	2	2	3	4	—	11
2011	2	1	2	2	1	8
2012	2	1	2	2	—	7
2013	2	1	2	—	1	6
2014	1	1	2	1	—	5
2015	2	1	2	1	—	6
2016	1	2	2	1	—	6
2017	1	2	2	—	—	5
合计	35	15	22	16	2	90

为了能深入研究大学生基层就业补偿政策，有必要了解这五个服务基层项目，下面对其发展历程及相关政策进行详细介绍。

一是西部计划。《国务院办公厅关于做好2003年普通高等学校毕业生就业工作的通知》中指出：“国家支持共青团中央、教育部组织实施大学生志愿服务西部计划，中央财政对该计划给予适当支持。”[1] 在国家政策的大力支持下，由共青团中央牵头，联合教育部、财政部、人事部（现人力资源和社会保障部）于2003年6月8日联合印发《关于实施大学生志愿服务西部计划的通知》，全国大学生志愿服务西部计划项目管理办公室印发《大学生志愿服务

[1] 《国务院办公厅关于做好2003年普通高等学校毕业生就业工作的通知》，《中华人民共和国国务院公报》2003年第19号。

西部计划 2003 年实施方案》，决定从 2003 年开始，按照公开招募、自愿报名、组织选拔、集中派遣的方式，每年招募一定数量的高校应届毕业生，到西部贫困县的乡镇从事为期 1～2 年的教育、卫生、农技、扶贫以及青年中心建设和管理等方面的志愿服务工作。❶

2003 年招募的志愿者所从事的志愿服务工作是西部贫困县乡镇的教育、卫生、农技、扶贫以及青年中心建设和管理等，此后志愿服务范围不断调整和扩展。2004 年全国项目增加实施全国农村党员干部现代远程教育试点工作、“百县千乡宣传文化工程”、西部基层检察院志愿服务行动等专项行动；2005 年将全国农村党员干部现代远程教育试点工作志愿服务行动调整为全国农村党员干部现代远程教育扩大试点工作暨农村中小学现代远程教育工程志愿服务行动，并增加实施西部基层法律援助志愿服务行动；2006 年启动实施西部基层人民法院志愿服务行动和开发性金融志愿服务行动；2007 年启动实施西部农村平安建设志愿服务行动；2009 年新增基层青年工作专项行动（原农村区域化专项行动不再单独实施）；2011 年全国项目调整增加幅度大，原支教、支农、支医专项更名为基础教育、农业科技、医疗卫生专项，且将“青年志愿者扶贫接力计划研究生支教团”项目纳入基础教育专项，保留基层青年工作专项，新设服务新疆、服务西藏、基层社会管理专项。从 2011 年起至今，西部计划全国项目实施基础教育、农业科技、医疗卫生、基层青年工作、服务新疆、服务西藏、基层社会管理 7 个专项。

在全国项目进行调整扩展的同时，地方项目也逐渐实施起来。全国大学生服务西部计划项目管理办公室（以下简称“全国项目办”）要求从 2004 年起，各省（区、市）要积极开展西部计划地方项目，具体实施方案由各省项目办自行制定并报全国项目办备案，招募的地方项目志愿者享受国家项目同等政策待遇。这样，西部计划的服务范围由西部省份扩展到全国大部分省份，目前已有 19 个省份以及兵团实施了地方项目。❷ 典型的地方项目主要有：广东省 2003 年起开始实施的“大学生志愿服务山区计划”（2010～2015 年更名为

---

❶ 《关于实施大学生志愿服务西部计划的通知》（中青联发〔2003〕26 号），中国青年网——大学生志愿服务西部计划，2003－06－12，http：//xibu. youth. cn/zhcwj/qtbwfw/201509/t20150915_7119099. htm.《大学生志愿服务西部计划 2003 年实施方案》，中国青年网——大学生志愿服务西部计划，2003－06－12，http：//xibu. youth. cn/zhcwj/xmbfw/201509/t20150915_7119092. htm。

❷ 数据来源于共青团中央等《关于印发〈2017～2018 年度大学生志愿服务西部计划实施方案〉的通知》。

“广东省大学生志愿服务山区计划基层青年工作专项行动”，2016 年起又恢复为“广东大学生志愿服务山区计划”），河北省 2003 年起开始实施的“大学生志愿者健康行动计划”，河南省 2004 起开始实施的“大学生志愿服务贫困县计划”，四川省 2004 年起开始实施的西部计划“留守学生关爱行动”专项，江苏省 2005 年起开始实施的“大学生苏北计划”志愿服务。

为鼓励大学生积极参与西部计划项目，国家相关部门出台了一系列政策待遇：服务期间享受一定的工作生活补贴，[1] 要求“西部计划志愿者的工作生活补贴标准参照本地乡镇机关从高校毕业生中新录用公务员、事业单位从高校毕业生中新聘用工作人员试用期满后的工资收入水平确定”；[2] 服务期满、考核合格后，可以享受以下待遇：一是公务员招录上，服务期满 1 年且考核合格可以应届毕业生身份参考，2010 年起既可以参加公务员定向招录也可以参加其他职位招录，不再享受公务员考试加分政策，具备选调生资格和条件的可以参加选调生考试；二是事业单位招录优先，从 2009 年起，可参加服务单位现岗位空缺的聘用，考核合格后可与所在单位签订不少于 3 年的聘用合同，还可参加县及县以上事业单位专门招聘各基层项目人员的岗位应聘；三是研究生考试加分，符合规定条件的报考硕士研究生初试总分加 10 分，同等条件下优先录取；四是学费补偿和助学贷款代偿，从 2009 年起西部地区县以下农村基层单位履行 3 年服务期限的西部计划志愿者可享受学费补偿和助学贷款代偿。

二是特岗教师计划。为加强农村教师队伍建设和促进义务教育均衡发展，扩大大学生的就业渠道、有效地促进大学生就业，2006 年 5 月 16 日，教育部、财政部等四部门联合印发《关于实施农村义务教育阶段学校教师特设岗位计划的通知》，决定实施农村义务教育学校教师特设岗位计划，通过公开招募高校毕业生到西部“两基”攻坚县的县以下农村义务教育阶段学校任教，引导和鼓励高校毕业生从事农村教育工作，聘期为 3 年。[3] 2006～2008 年，国家

---

[1] 根据 2003 年以来的西部计划实施方案，中央财政给予志愿者生活补贴标准为 2003～2007 年为 600 元/月（西藏等地为 800 元/月）；2008～2010 年为 680 元/月、2011 年为 760 元/月、2012～2015 年为 1000 元/月，同时可以享受艰苦边远地区津贴；2016 年至今为中央财政按西部地区 2.5 万元/年/人、中部地区 1.8 万元/年/人进行补贴，其余培训费、工作生活补贴和社会保险补贴等不足部分由省级财政承担。

[2] 《共青团中央　教育部　财政部　人力资源社会保障部关于印发〈关于进一步加强大学生志愿服务西部计划工作的意见〉的通知》（中青联发〔2015〕37 号），中国青年网——大学生志愿服务西部计划，http：//xibu. youth. cn/zhcwj/tzyfw/201512/W020151229605326322467. pdf。

[3] 《教育部　财政部　人事部　中央编办关于实施农村义务教育阶段学校教师特设岗位计划的通知》，《中华人民共和国教育部公报》2006 年第 12 号。

"特岗教师计划"实施范围以国家西部地区"两基"攻坚县为主（含新疆生产建设兵团的部分团场），包括纳入国家西部开发计划的部分中部省份的少数民族自治州，适当兼顾西部地区一些有特殊困难的边境县、少数民族自治县和少数民族县。此后，"特岗教师计划"实施范围不断扩大。2009 年 2 月，教育部、财政部等四部门印发《关于继续组织实施"农村义务教育阶段学校教师特设岗位计划"的通知》，决定继续实施"特岗教师计划"，并将实施范围扩大到中西部地区国家扶贫开发工作重点县。[1] 2012 年将《中国农村扶贫开发纲要（2011～2020 年）》确定的 11 个集中连片特殊困难地区和四省藏区县纳入中央"特岗教师计划"实施范围；2016 年，省级扶贫开发工作重点县也被纳入国家"特岗教师计划"实施范围；2017 年，国家"特岗教师计划"实施范围又增加了南疆四地州县，由中西部地区国家扶贫开发工作重点县扩大到全国扶贫开发工作重点县。

在国家"特岗教师计划"的示范带领及要求下，部分省份实施地方"特岗教师计划"。早在 2004 年，湖北省启动"农村教师资助行动计划"；2006 年湖北将"特岗教师计划"与"农村教师资助行动计划"结合起来统筹实施；贵州省参考国家"特岗教师计划"，从 2008 年起实施地方"特岗教师计划"，以国家、省、市（州、地）、县四级"特岗教师计划"来招募特岗教师，2009 年起实施国家、县两级"特岗教师计划"；湖南省 2009 年被纳入国家"特岗教师计划"实施范围，同时实施国家计划和省级计划；河南省 2009 年被纳入国家"特岗教师计划"实施范围时，按国家和地方 1∶1 的比例实施地方"特岗教师计划"。自 2006 年"特岗教师计划"实施以来，共有 59 万名特岗教师到中西部 22 个省份 1000 多个县的 3 万多所农村学校任教，有 26.6 万人在服务期满后选择留在当地继续任教，留任率达到 88%。[2]

"特岗教师计划"的实施，既吸引了大量的大学生投身农村基础教育，缓解了艰苦边远地区农村学校教师紧缺状况，也有效地促进了大学生到基层就业。政策规定特岗教师服务期间的工资执行国家统一的事业单位工资制度和标准，中央财政承担特岗教师的工资性支出，地方财政负担特岗教师的津贴、补

---

[1] 《教育部　财政部　人力资源社会保障部 中央编办关于继续组织实施"农村义务教育阶段学校教师特设岗位计划"的通知》，《中华人民共和国教育部公报》2009 年第 3 号。

[2] 《教育部对十二届全国人大五次会议第 7977 号建议的答复》（教建议〔2017〕第 399 号），中华人民共和国教育部，http：//www. moe. gov. cn/jyb_xxgk/xxgk_jyta/jyta_jiaoshisi/201801/t20180109_324219. html。

贴及社会保险、交通补助等费用，在工资待遇、职称评聘、评优评先、年度考核等方面享受当地公办学校教师同等待遇。服务期满、考核合格的特岗教师，自愿留任本地学校的，纳入教师编制，且在工作岗位的落实和工资发放等方面享受当地公办学校教师同等待遇，符合条件规定的可以在职攻读教育硕士学位（2016 年以前免试攻读在职教育硕士研究生，之后只能通过统一考试在职攻读教育硕士研究生），其余则可以享受其他基层项目人员都可以享受的公务员定向招录、学费补偿和助学贷款代偿等政策待遇。

三是“三支一扶”计划。2006 年 2 月，中共中央组织部等八部门印发《关于组织开展高校毕业生到农村基层从事支教、支农、支医和扶贫工作的通知》，要求“按照公开招募、自愿报名、组织选拔、统一派遣的方式，从 2006 年开始连续 5 年，每年招募 2 万名高校毕业生，到乡镇从事支教、支农、支医和扶贫工作”。[1] 截至 2010 年，“三支一扶”第一轮计划已圆满完成，31 个省、区、市及新疆生产建设兵团共选派 14.3 万名高校毕业生参加了该项目。[2] 2011 年 4 月，中共中央组织部等八部门印发《关于继续做好高校毕业生“三支一扶”计划实施工作的通知》，决定启动第二轮高校毕业生“三支一扶”计划，从 2011 年起“每年选拔 2 万名，五年内选拔 10 万名高校毕业生到基层从事‘三支一扶’服务”。[3] 截至 2015 年，第二轮“三支一扶”计划圆满完成，十年间累计选拔 27.6 万名高校毕业生参加“三支一扶”计划。[4] 2016 年 4 月，中共中央组织部等九部门印发《关于实施第三轮高校毕业生“三支一扶”计划的通知》，决定从 2016 年起实施第三轮高校毕业生“三支一扶”计划，“全国每年选拔招募 2.5 万名、五年共 12.5 万名高校毕业生到基层从事“三支一扶”服务”。[5]

---

[1] 《中组部　人事部　教育部　财政部　农业部　卫生部　国务院　扶贫办　共青团中央关于组织开展高校毕业生到农村基层从事支教、支农、支医和扶贫工作的通知》，《中华人民共和国教育部公报》2006 年第 7、8 号。

[2] 数据来源于《关于继续做好高校毕业生“三支一扶”计划实施工作的通知》，《中国人力资源社会保障》2011 年第 6 期。

[3] 《关于继续做好高校毕业生“三支一扶”计划实施工作的通知》，《中国人力资源社会保障》2011 年第 6 期。

[4] 数据来源于《教育部对十二届全国人大四次会议第 7953 号建议的答复》（教建议〔2016〕第 498 号）。中华人民共和国教育部，http：//www. moe. gov. cn/jyb_xxgk/xxgk_jyta/jyta_jiaoshisi/201611/t20161107_287924. html。

[5] 《中共中央组织部　人力资源社会保障部等九部门关于实施第三轮高校毕业生“三支一扶”计划的通知》，《中华人民共和国教育部公报》2016 年第 6 号。

根据政策规定，“三支一扶”计划志愿者服务期间享受一定的工作、生活补贴，“从 2009 年起，‘三支一扶’大学生在服务期间参照本地乡镇事业单位从高校毕业生中新聘用工作人员试用期满后工资收入水平的标准，确定工作、生活补贴标准，按月发放”。❶ 按规定参加社会保险，服务年限计算工龄、社会保险年限。服务期满、考核合格，除了享受高校毕业生应享受的就业政策之外，还可以享受与西部计划志愿者一样的政策待遇，如公务员事业单位定向招录或招录优先、研究生考试初试加分、学费补偿和助学贷款代偿等。

四是大学生村官计划。选聘高校毕业生到村任职工作计划通称为“大学生村官计划”，到村任职工作的高校毕业生通称为“大学生村官”。在《关于选聘高校毕业生到村任职工作的意见（试行）》实施之前，已有部分省份开展了选聘大学生村官工作，如贵州 2006 年起实施“一村一名大学生工程”。2008 年 4 月，中共中央组织部等四部门联合印发《关于选聘高校毕业生到村任职工作的意见（试行）》，决定“从 2008 年开始，每年选聘 2 万名 30 岁以下应届和往届毕业的全日制普通高校专科以上学历，且政治面貌为中共党员（含中共预备党员）或非中共党员的优秀团干部、优秀学生干部的毕业生到村任职工作，连续选聘 5 年共选聘 10 万名”。❷ 自此，大学生村官计划在全国范围内全面实施。2012 年 7 月，中共中央组织部等六部门联合印发《关于进一步加强大学生村官工作的意见》，要求“到 2015 年，全国有一半左右的行政村配备大学生村官”。❸ 截至 2015 年年底和 2016 年年底，全国共有在岗大学生村官分别为 137898 人和 102563 人，全国累计流动大学生村官分别为 31.3 万人和 37.2 万人。❹

在大学生村官的身份、待遇及管理问题上，《关于选聘高校毕业生到村任职工作的意见（试行）》明确规定“到村任职工作的高校毕业生为‘村级组织特设岗位人员’，而非公务员身份；服务期间的工作生活补贴参照当地乡镇从

---

❶ 《中组部　人力资源社会保障部　教育部　财政部　农业部　卫生部　国务院扶贫办　共青团中央关于做好 2009 年高校毕业生“三支一扶”计划实施工作的通知》《中华人民共和国教育部公报》2009 年第 5 号。

❷ 《中共中央组织部　教育部　财政部　人力资源和社会保障部关于印发〈关于选聘高校毕业生到村任职工作的意见（试行）〉的通知》，《中国劳动》2008 年第 6 期。

❸ 《关于印发〈关于进一步加强大学生村官工作的意见〉的通知》（组通字〔2012〕36 号），选调生网 http：//www. cnxds. com/view－923－1. html。

❹ 数据来源于《报告解读：2016～2017 中国大学生村官发展报告》，大学生村官之家，2017－08－09，http：//cunguan. youth. cn/cgxw/201708/t20170809_10476904_3. htm。

高校毕业生中新录用公务员试用期满后工资水平来确定并按月发放，对其工作管理与考核也参照公务员相关规定”。❶ 大学生村官工作期限为 2 ~ 3 年，聘用期满的大学生村官将通过留村任职工作、考录公务员、自主创业发展、另行择业、继续学习深造“五条出路”有序流动。❷ 目前，在鼓励和支持大学生村官合理流动上，采取的一些专门措施主要有：一是实行大学生村官工作与选调生工作并轨，如山东、北京已实施并轨工作；二是国有企业定向招录大学生村官，如神华集团从 2011 年起 5 年内选聘 6000 名任职期满的大学生村官到神华工作；❸ 三是高校定向招录大学生村官为硕士研究生，如中国人民大学 2013 年启动“大学生村官 MPA 圆梦计划”，2014 年开始招生，面向具有三年以上大学生村官工作经验、具备国家报考研究生的相应条件的大学生村官，采取“提前复试”的方式，初试达到国家分数线即可录取为双证公共管理硕士（MPA）。❹

服务期满、考核合格的大学生村官，除了享受高校毕业生都能享受的就业政策外，还可以享受与其他基层项目人员一样甚至力度更大的补偿政策，主要有：一是公务员、选调生招录上，大学生村官既可以报考定向招录职位，也可以报考非定向招录职位，而且明确规定了定向招录大学生村官的比例，“经过 3 ~5 年，面向大学生村官定向考录公务员的比例一般应达到当年公务员录用计划的 15% 左右，其中定向考录乡镇公务员的比例一般应达到 30%；经过 1 ~2年，面向大学生村官录用选调生的比例一般应达到当年选调生录用计划的 70% 以上，逐步实现选调生工作与大学生村官工作并轨”。❺ 二是事业单位招录优先，县（市、区）、乡镇事业单位公开招聘岗位除特殊要求岗位之外，定向招录大学生村官的比例要占岗位数量的 30% 左右。三是研究生考试加分，初试总分加 10 分，而报考人文社科类专业研究生初试总分加 15 分，同等条件

---

❶ 《中共中央组织部　教育部　财政部　人力资源和社会保障部关于印发〈关于选聘高校毕业生到村任职工作的意见（试行）〉的通知》，《中国劳动》2008 年第 6 期。

❷ 《中组部　中宣部　教育部　公安部　民政部　财政部　人力资源和社会保障部　农业部　中国人民银行　国家林业局　国务院扶贫办　共青团中央　全国妇联印发〈关于做好大学生“村官”有序流动工作的意见〉的通知》，《中华人民共和国教育部公报》2010 年第 7、8 号。

❸ 《神华集团全国选聘大学生“村官”》，神华集团，2011 - 04 - 20，http：//www. shenhuagroup. com. cn/shjtww/1382682123426/201312/a6f7b73cf84746b8a41c9ede7f7abce6. shtml。

❹ 《中国人民大学启动“大学生村官 MPA 圆梦计划”》，大学生村官之家，2013 - 08 - 09，http：//cunguan. youth. cn/wztt/201308/t20130810_3676869. htm。

❺ 《关于印发〈关于进一步加强大学生村官工作的意见〉的通知》（组通字〔2012〕36 号），选调生网 http：//www. cnxds. com/view - 923 - 1. html。

下优先录取。四是学费补偿和助学贷款代偿，补偿和代偿要求及标准与其他基层项目人员一致。

五是农技特岗计划。《农村实用人才和农业科技人才队伍建设中长期规划（2010～2020年）》提出："组织实施基层农技推广机构特设岗位计划，鼓励和引导高校、职业院校涉农专业毕业生到基层农技推广机构工作。"[1] 2011年3月，农业部、教育部印发《关于实施基层农技推广特设岗位计划的意见》，要求用2年的时间试点，选用3万名特岗农技人员到基层服务，特岗农技人员主要来源为全国普通高校应届或近年内往届毕业生、高校毕业后到农村从事"三支一扶"工作人员、高校毕业后到村组织任职人员等。[2] 2013年8月，农业部、人力资源和社会保障部等四部门联合印发《关于实施农业技术推广服务特设岗位计划的通知》，明确规定农技特岗计划属于引导和鼓励高校毕业生到基层服务项目，招募对象为全日制普通高校专科以上涉农专业且符合乡镇或区域性农业技术推广机构岗位条件的人员，服务期限一般为2～3年。[3] 在具体实施上，2013年选择具备条件的县（市、区）进行农技特岗计划试点，2014年和2015年各省在总结试点经验基础上逐步扩大实施范围。

在政策待遇上，特岗农技人员服务期间的工作生活补贴参照本地乡镇事业单位新聘高校毕业生试用期满后工资收入水平来确定标准并按月发放，在艰苦边远地区工作的按规定享受艰苦边远地区津贴，参加社会保险，在职称评定、评优评奖等方面享有同等甚至优先待遇。[4] 服务期满后，特岗农技人员可以享受优先参与县乡农业技术推广机构空缺岗位的招聘、学费补偿和助学贷款代偿、研究生招录和事业单位公开招聘优先、公务员定向考录等政策待遇。

上述各基层项目的实施时间、经费来源、招募对象、服务岗位、聘期时长、服务身份、服务期间和期满政策待遇等方面情况如表2－2所示。

---

[1] 《农村实用人才和农业科技人才队伍建设中长期规划（2010～2020年）》，《农民日报》2011年10月17日第2版。

[2] 《农业部　教育部关于实施基层农技推广特设岗位计划的意见》，《中华人民共和国农业部公报》2011年第3期。

[3] 《农业部　人力资源社会保障部　教育部　科技部关于实施农业技术推广服务特设岗位计划的意见》，《中华人民共和国农业部公报》2013年第11期。

[4] 《农业部　人力资源社会保障部　教育部　科技部关于实施农业技术推广服务特设岗位计划的意见》，《中华人民共和国农业部公报》2013年第11期。

表 2-2　国家基层项目比较

项目 内容	西部计划	"三支一扶"计划	特岗教师计划	大学生村官计划	农技特岗计划
实施时间	2003 年	2006 年	2006 年	2008 年	2011 年
主管部门	共青团中央	中共中央组织部	教育部	中共中央组织部	农业部
招募对象	高校应届毕业生或在读研究生	主要为高校应届毕业生	符合岗位要求和教师资格条件；本科或高等师范专科毕业；不超过 30 岁	30 岁以下专科以上高校毕业生，尤其重点院校以及基层亟需专业的毕业生；中共党员、优秀学生干部和回原籍优先	全日制普通高校大专以上涉农专业学历并符合乡镇或区域性农业技术推广岗位条件的人员
服务岗位	基础教育、农业科技、医疗卫生、基层青年工作和基层社会管理等	支医、支教、支农和扶贫	县以下农村初中、小学、教学点教师	村党委组织书记助理；村委会主任助理；村团组织书记、副书记	农业技术推广、动植物疫病防控、农产品质量安全服务等
服务身份	西部计划志愿者	"三支一扶"志愿者	特岗教师	"村级组织特设岗位"人员	特岗农技人员
服务期限	1～3 年	2～3 年	3 年	2～3 年	2～3 年
服务期间待遇	发放工作生活补贴，标准参照当地乡镇事业单位新聘高校毕业生试用期满后工资收入水平来确定；艰苦边远地区津贴；社会保险、交通补助等	发放工作生活补贴，标准参照当地乡镇事业单位新聘高校毕业生试用期满后工资收入水平来确定；艰苦边远地区津贴；社会保险；服务 6 个月以上一次性给予 2000 元安家费补贴	执行国家统一工资制度和标准，其他津贴补贴由当地同等条件公办教师收入水平确定；边远艰苦地区津贴；社会保险、交通补助和体检费等；职称评定、评奖评优同等待遇	发放工作生活补贴，标准参照当地乡镇从高校毕业生中新录用公务员试用期满后工资收入水平确定；艰苦边远地区津贴；社会保险	发放工作生活补贴，标准参照当地乡镇事业单位新聘高校毕业生试用期满后工资收入水平来确定；社会保险；艰苦边远地区津贴；职称评定、评奖评优优先

续表

项目 内容	西部计划	"三支一扶"计划	特岗教师计划	大学生村官计划	农技特岗计划
服务期满政策	服务2年以上考研初试总分加10分；公务员定向招录，且可以应届毕业生身份报考；服务3年可享受学费补偿助学贷款代偿政策；颁发志愿者证书等	考研初试总分加10分；公务员定向招录；事业单位优先招聘；可以享受学费补偿助学贷款代偿；颁发"三支一扶"服务证书等	期满可继续留教，教育部门负责落实工作并将工资纳入当地财政统发范围，可在职攻读教育硕士专业学位；考研初试总分加10分；公务员定向招录等；学费补偿助学贷款代偿；颁发特岗教师服务证书	考研初试总分加10分；自愿留任的可继续聘任，但2个聘期满后未担任村两委副职以上的不再聘任；参加公务员定向招录；事业单位招录优先聘用等；学费补偿助学贷款代偿等	考研初试总分加10分，研究生招录尤其是农业推广硕士专业学位招录优先；事业单位招聘优先，县级以上农技推广机构空岗优先聘用；公务员定向招录；学费补偿助学贷款代偿；颁发农技特岗计划服务证书等
经费来源	中央、地方财政共同承担，中央按标准统一支付补助（西部地区每人每年2.5万元、中部地区每人每年1.8万元），地方足额发放补助并承担社会保险单位缴纳部分	中央补助专项经费转移支付给地方财政（西部地区每人每年2.5万元，中部地区每人每年1.8万元，新疆四地州和西藏每人每年3.5万元），地方预算申请专项经费	中央和地方财政共同承担，但以中央财政为主；中央财政按西部地区每人每年3.46万元、中部地区每人每年3.16万元标准拨付	中央和地方财政共同承担，中央财政补助标准为西部地区每人每年2万元、中部地区每人每年1.5万元、东部地区每人每年0.8万元，不足部分地方财政承担	中央和地方财政共同承担，地方财政结合中央财政支持的基层农技推广体系改革与建设补助项目统筹安排，并适当给予补助

注：依据2017年的政策标准；期满享受的政策都以考核合格、符合相关政策规定为前提。

（2）免费师范生教育计划和免费医学生教育计划政策梳理。

为提高基层教育和医疗水平，我国分别从2007年和2010年起开始实施免费师范生教育计划和免费医学生教育计划。截至2017年，免费师范生计划和免费医学生计划的政策文件多达28项（见表2-3）。

表2-3 免费师范生和免费医学生政策文件 （单位：个）

年份	免费师范生计划	免费医学生计划	合计
2007	4	—	4
2008	1	—	1
2009	—	—	—
2010	3	3	6
2011	2	2	4
2012	2	1	3
2013	1	1	2
2014	1	1	2
2015	1	2	3
2016	1	1	2
2017	—	1	1
合计	16	12	28

全国性的免费师范生教育计划始于2007年《国务院办公厅转发教育部等部门关于教育部直属师范大学师范生免费教育实施办法（试行）的通知》的出台，同年，在教育部直属的北京师范大学、华东师范大学、东北师范大学、华中师范大学、陕西师范大学和西南大学开始实行师范生免费教育。截至2016年，累计招生9.4万人，毕业进入教师队伍6.2万人。[1]"2012～2016年，6所部属师范大学培养免费师范毕业生5.2万人，履约就业率为96.5%，其中90.3%到中西部地区中小学任教。"[2]免费师范生在签署承诺毕业后从事10年及以上中小学任教工作协议的前提下，可以享有免交学费、住宿费和补助生活费等优惠政策。在国家免费师范教育项目的示范引领下，地方政府也逐步实施

[1]《教育部对十二届全国人大五次会议第7977号建议的答复》（教建议〔2017〕399号），中华人民共和国教育部，http://www.moe.gov.cn/jyb_xxgk/xxgk_jyta/jyta_jiaoshisi/201801/t20180109_324219.html。

[2]《教师队伍建设取得突出成就》，《光明日报》2017年9月3日第4版。

免费师范教育，目前已有28个省份实施地方免费师范生教育计划。[1] 为更好地鼓励和吸引优秀青年报考免费师范生，国家正在不断完善相关政策。2018年1月，《中共中央 国务院关于全面深化新时代教师队伍建设改革的意见》强调，“完善教育部直属师范大学师范生公费教育政策，履约任教服务期调整为6年”。[2]

为鼓励吸引优秀应届本科毕业生到农村学校任教，国家还实行农村学校“硕师计划”。2004年教育部启动实施“硕师计划”，2010年起扩大规模且与特岗教师计划相结合。截至2015年，“硕师计划”已吸引1.2万名优秀大学毕业生到农村中小学任教。[3] “硕师计划”毕业生除了可以免试攻读硕士研究生学位外，符合学费补偿和助学贷款代偿条件的可以享受学费补偿和助学贷款代偿，与特岗教师计划相结合的还可享受特岗教师的政策待遇。

2004年1月《国务院办公厅转发卫生部等部门〈关于进一步做好新型农村合作医疗试点工作指导意见〉的通知》提出，制定引导医学院校大学毕业生到农村工作锻炼的政策。免费医学生教育计划始于2010年3月《以全科医生为重点的基层医疗卫生队伍建设规划》的出台，该规划提出从2010年秋季起，实行农村订单定向医学生免费教育。2010年6月，国家发展和改革委员会、卫生部等五部门联合印发《关于开展农村订单定向医学生免费培养工作的实施意见》，提出“从2010年起连续三年在高等医学院校开展五年制和三年制的免费医学生培养工作，重点为乡镇卫生院及以下的医疗卫生机构培养从事全科医疗的卫生人才”。[4] 2015年5月，教育部、国家发展和改革委员会等六部门联合印发《关于进一步做好农村订单定向医学生免费培养工作的意见》，要求继续统筹实施农村订单定向医学生免费培养计划。2010～2016年，

---

[1] 通过搜索教育部和各省（市）教育厅网站，实施地方免费师范生教育的省份有：贵州、四川、云南、广西、重庆、西藏、青海、新疆、内蒙古、宁夏、甘肃（与天津职业技术师范大学联合培养中职免费师范生）、陕西、湖南、湖北、河南、河北、江西、安徽、福建、浙江、江苏、上海、北京、山东、山西、黑龙江、吉林、海南。

[2] 《中共中央　国务院关于全面深化新时代教师队伍建设改革的意见》，《中华人民共和国国务院公报》2018年第5号。

[3] 数据来源于《教育部对十二届全国人大四次会议第7953号建议的答复》（教建议〔2016〕第498号）．中华人民共和国教育部，http：//www.moe.gov.cn/jyb_xxgk/xxgk_jyta/jyta_jiaoshisi/201611/t20161107_287924.html。

[4] 《关于印发开展农村订单定向医学生免费培养工作实施意见的通知》（发改社会〔2010〕1198号），国家卫生计生委科技教育司，2010－06－08，http：//www.nhfpc.gov.cn/qjjys/s3593/201006/ab26a8f7a5714af983be817f1a0d1f49.shtml。

中央财政共支持为中西部地区乡镇卫生院招收培养本科层次免费医学生3.6万名，前两届免费医学生约1万人已毕业，大部分已按就业协议到乡镇卫生院工作。[1] 根据政策规定，免费医学生在校学习期间享有免除学费、免缴住宿费并补助生活费的待遇，生活费标准由各省自行决定，但不低于国家助学金标准。

（3）其他基层就业途径及其政策梳理。

① 选调生计划。选调生工作全面开展始于20世纪80年代。1983年8月中共中央组织部印发《关于选调应届优秀大学毕业生到基层培养锻炼的通知》，决定从1983年开始，各省（区、市）每年都要选调一批应届优秀大学毕业生到基层进行重点培养锻炼。2000年1月中共中央组织部印发《关于进一步做好选调应届优秀大学毕业生到基层培养锻炼工作的通知》，要求继续做好选调品学兼优的应届大学毕业生到基层培养锻炼的工作。2005年6月《关于引导和鼓励高校毕业生面向基层就业的意见》强调加大选调应届优秀大学生到基层锻炼的力度，并就选调生工作2～3年后的选拔任用做了规定。目前选调生招聘工作由各省（区、市）委组织部负责，主要形式有三种：一是单独组织统一招考；二是与大学生村官并轨招考；三是从重点高校定向选拔。根据相关政策规定，选调生在基层工作2～3年后，有被选拔任用的机会，可以参加省直机关专门遴选基层选调生的考试；完成规定工作年限、符合学费补偿和助学贷款代偿条件的选调生，可以享受学费补偿和助学贷款代偿。

② 参加基层公务员招录、基层事业单位招聘。通过公务员招录、事业单位招聘到基层工作的大学生，其工作期间享受公务员、事业单位统一工资标准待遇，还可以享受基层其他工作人员的待遇，如艰苦边远地区津贴、乡镇工作补贴等，完成协议规定服务年限且符合学费补偿助学贷款代偿条件的，可以享受学费补偿和助学贷款代偿。

③ 到基层企业就业、基层自主创业。到基层企业就业、符合学费补偿和助学贷款代偿条件的，可以享受学费补偿和助学贷款代偿，其余则没有特殊的政策待遇；虽然基层自主创业属于基层就业的范围，国家层面并没有出台专属于基层自主创业的特殊政策。

④ 参加公益组织的基层扶贫、支教等项目。当前，我国比较有影响的基层涉农、支教项目有黑土麦田“乡村创客”计划、“美丽中国”支教项目等。

---

[1] 《教育部对十二届全国人大四次会议第1702号建议的答复》（教建议〔2016〕第37号），中华人民共和国教育部，http：//www.moe.gov.cn/jyb_xxgk/xxgk_jyta/jyta_gaojiaosi/201611/t20161104_287654.html。

黑土麦田公益组织由“2013 年最美大学生村官”“2016 年度感动中国十大人物”获得者秦玥飞发起创办，其“乡村创客”计划自 2016 年启动，每年招募、选拔、培训、资助一批优秀高校毕业生到国家级贫困县的乡村，以“扶贫专员”的身份定点开展为期两年的产业扶贫和社会服务，通过提供生活补贴、履职支持和服务期满出路保障确保创客“下得去、待得住、干得好、流得动”。截至 2017 年 8 月，黑土麦田扶贫创客人数达 58 人。[1]“美丽中国”支教项目是 2008 年由北京立德未来助学公益基金会成立的公益项目，其愿景是“让所有中国孩子，无论出身，都能获得同等的优质教育”。每年招募、选拔、培训、派遣、资助一批有志于支教的优秀高校毕业生到师资缺乏的农村学校任教，服务期限为 2 年，服务期间提供生活补贴。目前已累计招募 1500 名支教老师，受益学生达 330000 人次。[2] 在实施管理方式上，“美丽中国”支教项目还探索与政府合作，如《2017 ~ 2018 年度广东大学生志愿服务西部（山区）计划实施方案》中的山区计划之“希望乡村教师计划”由广东省项目办与北京立德未来公益助学基金会共同实施和管理，其志愿者享受西部计划志愿者同等政策待遇。[3] 对于黑土麦田“乡村创客”计划和“美丽中国”支教项目的大学生，暂未发现国家政策层面将其列入基层就业补偿对象范围。

5. 主要特点

（1）注重政策的导向性。

“自主择业”大学生就业政策的根本目标是通过完善的就业市场实现大学生人力资源的合理配置，实现大学生的自主择业、充分就业。如何完善就业市场是确保“自主择业”大学生就业政策根本目标实现的关键。然而，当前我国就业市场还不够完善，二元分割现象难以在短期内消除，艰苦边远地区和艰苦行业的基层处于竞争弱势地位。如果只遵循市场资源配置机制，就难以实现其人才需求的目标，因此，需要国家政策进行干预以引导大学生的就业选择。目前，我国政府制定并实施了一系列补偿政策，重视对基层就业大学生的利益补偿，其目的在于通过利益补偿来引导和鼓励大学生服务基层、扎根基层，保

---

[1] 数据来源于《黑土麦田 2018 ~ 2020 届扶贫创客招募》，搜狐网，2017 - 12 - 28，http：//www. sohu. com/a/213374191_200664。

[2] 数据来源于美丽中国网 http：//www. meilizhongguo. org/。

[3] 《关于印发〈2017—2018 年度广东大学生志愿服务西部（山区）计划实施方案》的通知〉（团粤联发〔2017〕33 号），广东共青团，2017 - 06 - 17，http：//www. gdcyl. org/Article/ShowArticle. asp?ArticleID = 223952。

障基层就业大学生的合理利益诉求，满足基层尤其是艰苦边远地区基层的人才需求。从国家基层项目的实施情况来看，补偿政策在激励大学生服务基层上取得了显著效果。

（2）补偿理念的时代性。

为了能清楚地反映补偿理念的时代性，我们以学费补偿和助学贷款代偿政策的发展为例进行论述。1994 年 7 月《国务院关于〈中国教育改革和发展纲要〉的实施意见》要求从 1997 年实行招生并轨改革和学生缴费上学改革。缴费上学不可避免地出现了家庭经济困难学生无力承担学费而上不起学的现象，为应对贫困学生无力承担学费的情况，国家从 1999 年开始试点实施国家助学贷款，2000 年国家助学贷款范围扩大到全国高校；2006 年财政部、教育部出台《高等学校毕业生国家助学贷款代偿资助暂行办法》，建立和启动了国家助学贷款代偿机制，将服务基层与助学贷款代偿有机地融合起来；2009 年财政部教育部出台《高等学校毕业生学费和国家助学贷款代偿暂行办法》，由服务基层的贷款代偿发展为学费补偿和助学贷款代偿；2014 年因学费上涨而上调贷款额度，相应地上调学费补偿和助学贷款代偿标准。由代偿到补偿、代偿，其对象由服务基层的家庭经济困难大学生（即贷款学生）扩大到服务基层的全体大学生，政策对象的变化及补偿代偿标准的提高，既是我国教育政策、资助政策和社会经济发展的必然要求，也反映了国家基层就业补偿理念的调整与转变，即由家庭经济困难学生（即贷款学生）高等教育的成本补偿向所有学生（即符合条件的所有基层就业大学生）高等教育的收益补偿转变，由基于资助家庭经济困难学生的就业补偿向基于国家基层发展战略需要的就业补偿的转变。

（3）收益补偿多元化。

大学生基层就业是政府所倡导和鼓励的一种就业行为，为此政府制定了一系列具有补偿性质的政策，其实质是将基层就业大学生的收益补偿制度化。从教育成本—收益角度来看，教育收益具有多样化的特点，既有直接的经济收益，也有间接的非经济收益；从基层就业大学生的个人需要角度来看，不同个体的需要具有差异性特点，有的大学生可能注重经济收入，有的大学生可能注重发展机会，有的大学生可能注重社会评价与认可。因此，对基层就业大学生的收益补偿应多元化。从现有补偿政策来看，有经济收益上的补偿（如学费补偿助学贷款代偿、艰苦边远地区津贴等），也有非经济收益补偿（如定向招录公务员、研究生考试加分等），这充分表明国家对基层就业大学生的收益补偿具有多元化特征。

第三章　大学生基层就业补偿政策的实践效应

分析大学生基层就业补偿政策的实践效应，其实质是对大学生基层就业补偿政策效果进行评估。对于任何一项政策来说，效果评估能够反映政策运行是否实现预期目标、是否存在需要进一步改进的问题。大学生基层就业补偿政策作为我国政府促进大学生到基层就业的一种政策干预方式，其吸引力如何、满意度怎样需要通过实证调查才能获知。从理论上来说，大数据背景下的实证类研究应该充分利用大数据，对采集到的所有数据进行分析处理，这样产生的结果会更加真实、准确和令人信服。由于主观及客观条件的限制，本课题对在校大学生基层就业意愿及补偿政策知晓度、基层就业大学生的补偿政策知晓度和认可度及就业满意度仍然采用问卷调查的方式进行，运用 SPSS20.0 软件进行数据分析。

一、应届毕业生的基层就业意愿及补偿政策知晓度和认可度

有媒体报道和相关数据显示，基层就业成为大学生就业的一种新趋势，“70%左右的高校毕业生到县及以下机关事业单位、中小微企业等各类基层单位就业”[1]。在这样的背景下，分析在校大学生基层就业的意愿，能帮助我们进一步探寻大学生就业选择倾向的规律性，即大学生选择基层就业是一种主动选择还是出于某些原因的被动选择？学费补偿助学贷款代偿等基层就业补偿政策已实施多年，大学生对它的知晓度和认可度怎么样？它对大学生选择基层就业是否产生影响及影响力如何？出于对这些问题的关注，本书拟从基层就业补偿政策角度去探寻它与大学生基层就业的关系。

（一）调查问卷结构内容及样本概述

为了解应届毕业生的基层就业意愿及补偿政策知晓度和认可度，调查问卷

---

[1] 《如何建立鼓励高校毕业生就业基层长效机制》，《光明日报》2017 年 1 月 25 日第 6 版。

由三个部分组成：一是基本信息情况，包括性别、民族、子女类型、学生干部、政治面貌、专业、学校类型、学习成绩、家庭户籍及地域、父母文化程度及职业、家庭经济状况等变量；二是就业状况，主要包括是否就业、毕业去向、就业形势评价、就业期望等，该部分为第三部分作铺垫；三是基层就业意愿及补偿政策知晓度和认可度，包括是否选择基层就业、了解补偿政策的途径及程度、对补偿政策的认可评价、影响基层就业的因素等变量。

根据课题计划安排，对调查对象的选择采取分层随机抽样的方式。具体来说，在地域上，东、中、西部各选一个省；在学校类型上，每省分别选取一所重点大学（“985”或“211”高校）、普通本科院校、独立学院和高职高专；在专业上，文科类专业和理工类专业都有兼顾。课题组组织调查员于2015年4～5月底对江苏、安徽、贵州的12所高校的应届毕业生（本科大四学生、专科大三学生）进行调查，共发放问卷1200份，回收有效问卷1181份，有效率98.42%。具体样本特征如表3－1所示。

表3－1　样本特征分布情况

变量	变量特征	人数	百分比（%）	变量	变量特征	人数	百分比（%）
性别	男	626	53.01	是否学生干部	是	505	42.76
	女	555	46.99		否	676	57.24
民族	汉族	970	82.13	专业门类	哲学	12	1.02
	少数民族	211	17.87		经济学	181	15.33
政治面貌	中共党员	289	24.47		法学	104	8.81
	共青团员	822	69.60		教育学	46	3.89
	民主党派	2	0.17		文学	52	4.40
	群众	68	5.76		历史学	3	0.25
是否独生子女	是	601	50.89		理学	9	0.76
	否	580	49.11		工学	365	30.91
家庭所属地区	东部地区	246	20.83		管理学	334	28.28
	中部地区	545	46.15		艺术学	59	5.00
	西部地区	390	33.02		其他	16	1.35
家庭所在地	省会城市	193	16.34	学校类型	重点大学	296	25.06
	地级城市	240	20.32		普通本科	289	24.47
	县镇	346	29.30		独立学院	297	25.15
	农村	402	34.04		高职高专	299	25.32

注：高职高专学生专业门类选择上以与本科专业接近为原则，或选择“其他”。

（二）就业现状与就业偏好

选择4～5月底进行问卷调查，是基于大学生的就业规律。每年的该时间段是大学毕业生离校前的应聘、签约高峰期，考研录取工作和专升本报名工作基本结束，因而能较好地了解大学生毕业去向的真实情况及其就业偏好。

1. 就业现状

（1）是否选择就业的影响因素分析。

以“毕业时是否选择就业”来考察样本大学生的毕业选择，全部样本中选择就业的学生有924人，占78.24%；不选择就业的学生有257人，占21.76%。

大学生是否选择就业是一个二元选择的问题，即要么选择就业，要么不选择就业。是否选择就业是个二分虚拟变量，因此采用Logistic回归分析方法来分析大学生的个人特征、家庭背景是如何影响其是否选择就业的概率的。其回归方程为：$\text{Logit}(P)=\text{Ln}[P/(1-P)]=\beta_0+\beta_1X_1+\beta_2X_2\cdots\beta_kX_k+\varepsilon$

其中P表示选择就业的概率，P/（1－P）表示选择就业与不选择就业的概率比即优势比（Odds Ration），解释变量X_1的含义为影响毕业生选择就业的因素，β_1是解释变量X_1的回归系数，表示解释变量X_1对是否选择就业的影响。在Logistic回归中，如果要考虑各自变量在回归方程中的重要性，通常直接比较Wald统计量的大小（或Sig值），Wald统计量大者（或Sig值小者）显著性高，也就更重要。[1]

根据回归方程，对是否选择就业的个人特征和家庭背景因素进行Logistic回归分析，回归结果见表3－2。模型系数的显著性为0.000，其Nagelker R Square为0.205，Hosmer and Lemeshow Test的P值为0.404（大于显著性水平0.01），说明模型在整体上是显著的，模型拟合程度较好、可信度较高。结合Wald值和Sig值，可以看出：成绩排名、学校类型、性别、学生干部、家庭所在地和家庭经济状况对是否选择就业有显著影响，其中影响最大的是成绩排名、学校类型和性别这三个变量。分析结果可能说明：

首先，人力资本差异影响大学生的毕业选择。学习成绩排名、学校类型、是否学生干都能体现人力资本的高低。人力资本较高的学生对未来发展要求更

[1] 宋志刚等：《SPSS16.0实用教程》，人民邮电出版社，2008年，第200页。

高，更倾向于选择继续深造，选择就业的可能性相对较小。从成绩排名情况来看，调查样本中成绩排名为上、中上、中、中下、下的学生选择就业的比例分别为59.62%、78.10%、80.29%、95.15%、93.33%。在现有教育选拔模式下，成绩排名靠前的学生有机会获得专升本、推荐免试攻读硕士研究生的资格，或者是外在客观条件允许的情况下更愿意、更可能接受更高层次的教育。从学校类型角度来看，调查样本中重点大学、普通本科、独立学院、高职高专学生选择就业的比例分别为65.88%、80.97%、81.14%、84.95%。学校类型某种意义上代表学校声誉和教育质量，通常情况下，重点本科院校学生选择读研的比例高于非重点本科院校学生。调查样本中重点本科院校学生选择升学、拟升学和出国（出境）留学的比例为32.09%，而非重点本科院校（包括普通本科院校、独立学院）学生选择升学、拟升学和出国（出境）留学的比例为17.92%，这一结果证实了上述结论。从是否是学生干部角度来看，学生干部经历能锻炼多方面的能力，在其他条件相同的情况下，担任学生干部的学生人力资本相对较高。

其次，性别角色的差异影响男女生的毕业选择。调查样本中男生、女生选择就业的比例分别为82.91%和72.97%。相对而言，男生在就业市场上处于竞争优势，而处于弱势的女生希望通过提升学历获得更好的就业机会和发展前景，相关数据也证实了这一点。《2018年全国研究生招生数据调查报告》显示：女生考取研究生的比例不断提高，由2007年的48%，增长至2016年的55%，女生已逐渐上升成为研究生主流群体。[1]

再次，家庭背景的差异影响大学生的毕业选择。家庭背景中家庭所在地、家庭经济状况对是否选择就业的影响比较显著。调查样本中家庭所在地为省会城市、地级城市、县镇、农村的学生选择就业的比例分别为60.62%、73.15%、79.77%、88.06%；家庭经济状况为上、中上、中、中下、下的学生选择就业的比例分别为38.10%、62.76%、77.74%、90.11%、85.22%。这说明家庭背景较好的学生，他们在家庭的影响下会继续追求更高层次的教育，而家庭背景较差的学生，通过自身努力和家庭聚力支持获得高等教育机会，但其家庭现实决定了他们更倾向于大学毕业后直接就业，以维持自身生存和减轻家庭负担。

---

[1] 《2018年全国研究生招生数据调查报告》，中国教育在线，http：//www.eol.cn/html/ky/2018report/zhaiyao.shtml。

表 3-2　是否选择就业的个人特征、家庭背景因素的 Logistic 回归分析结果

变量	系数	标准误差	Wald 值	Sig 值	优势比
性别	0.599	0.156	14.798	0.000	1.820
民族	-0.257	0.233	1.222	0.269	0.773
子女类型	-0.078	0.177	0.196	0.658	0.925
是否学生干部	-0.487	0.167	8.534	0.003	0.615
政治面貌	0.228	0.130	3.062	0.080	1.256
学校类型	-0.305	0.073	17.658	0.000	0.737
专业门类	-0.007	0.021	0.118	0.732	0.993
成绩排名	-0.433	0.096	20.143	0.000	0.649
家庭所在地	-0.298	0.095	9.788	0.002	0.743
父亲文化程度	0.131	0.123	1.139	0.286	1.140
母亲文化程度	-0.259	0.115	5.097	0.024	0.772
父亲社会阶层	0.042	0.051	0.689	0.406	1.043
母亲社会阶层	-0.050	0.051	0.958	0.328	0.951
家庭经济状况	-0.324	0.119	7.459	0.006	0.723
常数	2.687	0.584	21.191	0.000	14.681

注：显著性水平为 0.01，以下同。

（2）毕业去向。

在毕业去向问题上，借鉴毕业生就业统计的去向分类，主要包括已落实就业单位、自由职业、升学等 11 类。调查发现，大学生毕业去向具有以下两个特点：一是毕业去向多元化，有就业、创业、灵活就业、升学（升本、读研、出国留学）、不就业拟升学、暂不就业等多种形式。这说明大学生对自身的素养志趣、专业就业前景、社会就业形势及社会本身的多元化发展有了一个比较清醒的认识，基本能综合权衡多方因素而选择毕业去向，也说明学校类型的多元化决定学生毕业去向的多元化。二是毕业去向与就业形势密切相关，落实就业单位的比例仅为 33.36%，近四成的学生暂未就业（去向为求职中、不就业拟升学、暂不就业），但自由职业、自主创业、其他灵活就业的比例达 15.16%，将在国内外升学的比例达 12.87%。毕业生去向统计结果如表 3-3 所示。

表 3－3 毕业去向统计

毕业去向	人数	百分比（%）
已落实就业单位	394	33.36
自由职业	76	6.43
自主创业	57	4.83
其他灵活就业	46	3.90
不就业拟升学	84	7.11
求职中	332	28.11
升学（国内）	111	9.40
出国（出境）留学	41	3.47
不就业拟出国	4	0.34
暂不就业	34	2.88
其他	2	0.17
全部样本	1181	100

注："其他"即在调查问卷中选择"其他"，且没有标注具体内容。

（3）对就业形势、就业心理的认知评价。

本部分以社会就业形势、专业就业前景、找到对口工作可能性来反映大学生的就业形势认知情况，以就业压力和就业信心来反映大学生的就业心理认知评价状况。

调查发现：就业形势严峻的认知评价均值（3.9018）显著高于理论中值3，有73.67%的学生认为就业形势严峻，表明大学生对当前社会就业形势的严峻性有一个比较清醒的认识；专业就业前景的认知评价均值（3.4141）略高于理论中值3，表明一半左右的学生认为专业就业前景好；找到对口工作可能性方面，四成左右的学生认为找到对口工作的可能性大，符合相关调查结果"有略多于一半的人所从事职业与所学专业部分相关，剩下一半中，从事职业与所学专业完全对口的占26.83%，不相关的占20.73%"。[1] 从专业就业前景和找到对口工作可能性的认知评价来看，大学生对所学专业的认知评价是比较客观的，对专业的认可度处于一般水平。就业心理认知评价方面，有63.34%的学生认为就业压力大，仅43.69%的学生对自己成功就业有信心。这说明当

[1] 《大学生对口就业有提升空间——我国近年大学生就业专业对口程度及影响调查报告》，《中国教育报》2014年10月27日第5版。

前严峻的就业形势给大学生带来很大的就业压力，对自己成功就业的信心相对不足。总体上来看，大学生对就业形势和就业心理的认知评价，都处于一个可以接受的、相对正常的范围。大学生对就业形势、就业心理的认知评价统计结果如表3－4所示。

表3－4　大学生对就业形势、就业心理的认知评价统计

	均值	百分比（%）				
		非常同意	比较同意	一般同意	不太同意	完全不同意
就业形势严峻	3.9018	18.38	55.29	24.72	1.36	0.25
专业就业前景好	3.4141	7.79	41.49	37.34	11.09	2.29
找到对口工作的可能性大	3.3345	8.89	32.26	43.18	14.73	0.93
就业压力大	3.7087	11.60	51.74	33.02	3.22	0.42
成功就业有信心	3.3946	5.16	38.53	47.75	7.71	0.85

注：非常同意、比较同意、一般同意、不太同意和完全不同意分别赋值为5、4、3、2、1。

2. 就业偏好

大学生的就业偏好是大学生在就业过程中所表现出来的一种倾向、认识或观念，是影响大学生就业行为及其结果的重要因素。对于大学生来说，就业偏好往往通过就业期望和就业现实选择来反映。本书从就业地域及就业单位地点的期望、单位性质的期望、薪酬待遇的期望及就业选择的影响因素等方面进行分析。

（1）就业地域及就业单位地点的期望。

根据我国经济发展水平状况及地域方位，将大学生的就业地区分为东部地区、中部地区和西部地区；根据行政级别，将大学生的就业地点分为省会城市、地级城市、县城和县以下基层。期望就业单位地点为省会城市、地级城市、县城、县以下基层的分别有821人、209人、144人、7人，分别占样本总量的69.52%、17.70%、12.19%和0.59%。从总体趋势上来看，省会城市是大学生最期望的就业地点，而县以下基层是大学生最不期望的就业地点。

生源地是大学生就业时考虑的一个重要因素，在生源地就业不仅能增加大学生的社会资本，而且还能减少大学生的就业成本。本书以家庭所在地及所属地域来表征生源地，着重分析生源地与大学生就业地点和就业地域期望之间的关系。通过表3－5和表3－6，我们可以发现：

表 3 -5 家庭所属地域和就业单位所属地域期望统计 （单位：人）

		期望的就业单位所属地域			样本
		东部地区	中部地区	西部地区	
家庭所属地域	东部地区	224	20	2	246
	中部地区	101	441	3	545
	西部地区	37	10	343	390

表 3 -6 家庭所在地和就业单位所在地期望统计 （单位：人）

		期望的就业单位所在地				样本
		省会城市	地级城市	县城	县以下基层	
家庭所在地	省会城市	181	6	6	0	193
	地级城市	182	51	6	1	240
	县镇	235	58	52	1	346
	农村	223	94	80	5	402

① 家庭所属地域对就业单位所属地域的期望产生比较显著的影响。家庭所属地域为东部的学生倾向于选择东部地区就业；家庭所属地域为中部的学生倾向于选择中部地区就业，家庭所属地域为西部的学生倾向于选择西部地区就业。这反映了他们在生源地就业的期望比较强烈，与已有研究“在控制了地区的经济发展水平和高等教育规模的情况下，毕业生更倾向于选择在生源地就业”❶ 基本一致。

② 家庭所在地对就业单位地点的期望产生比较显著的影响。虽然省会城市是大学生群体最期望的就业地点，县以下基层是大学生最不期望去的就业地点，但相对而言，家庭所在地为省会城市的学生更期望在省会城市就业，而完全不期望到县以下基层就业；家庭所在地为地级城市的学生倾向于期望在省会城市和地级城市就业；家庭所在地为县镇和农村的学生倾向于期望在县城及以上城市就业。概而言之，大学生倾向于到与家庭所在地同级及以上的城市就业。

③ 跨区域异地就业呈现显著差异。有 138 名生源地为中部和西部的学生期望到东部地区就业；有 30 名生源地为东部和西部的学生期望到中部地区就业；仅有 5 名生源地为东部和中部的学生期望到西部地区就业。可见，除了生源地对就业地域

❶ 马莉萍、潘昆峰：《留还是流？——高校毕业生就业地选择与生源地、院校地关系的实证研究》，《清华大学教育研究》2013 年第 5 期。

的选择起着重要影响外，经济发展程度也影响着大学生的就业地域选择。

（2）就业单位性质的期望。

根据单位性质及代码库信息，将就业单位分为党政机关、事业单位、国有企业等九类。总体上来看，大学生对就业单位性质的期望趋于多元化，但期望到国有企业、党政机关和事业单位工作的比例较高，而期望选择社会团体和部队的比例很低。大学生倾向于选择国有企业、党政机关和事业单位，一方面作为传统的优势就业单位，其公开化、程序化的招聘以及稳定的工作环境、收入保障能吸引大学生，另一方面初次就业成功能避免二次就业困难问题的出现。社会团体和部队具有特殊性，也可能与相关政策宣传力度不大而导致大学生对其不够了解有关，因而期望选择的学生较少。在“大众创业、万众创新”的影响下，调查样本中有4.49%的学生期望自主创业（如表3－7所示），与《就业蓝皮书：2016年中国本科生就业报告》中“2015届大学毕业生自主创业比例为3.0%”[1] 的结论是基本吻合的。

表3－7　就业单位性质的期望统计

就业单位性质	人数	百分比（%）
党政机关	277	23.45
科研机构	91	7.71
事业单位	259	21.93
社会团体	14	1.19
国有企业	292	24.72
外资企业	130	11.01
民营企业	60	5.08
部队	5	0.42
自主创业	53	4.49
全部样本	1181	100

（3）薪酬待遇的期望。

以月薪作为薪酬待遇的衡量依据，分为六个层次进行调查。经统计发现：有33.45%的学生期望月薪为5001元及以上，38.86%的学生期望月薪为4001～5000元，20.24%的学生期望月薪为3001～4000元，5.42%的学生期望月薪为2001～3000元，1.44%的学生期望月薪为1001～2000元，0.59%的学生期望

[1] 麦可思研究院：《就业蓝皮书：2016年中国本科生就业报告》，社会科学文献出版社，2016年，第104页。

月薪为1000元及以下。在总体情况上，期望月薪在3001元及以上的人数比例高达92.55%，而期望月薪为3000元及以下的比例仅为7.55%；在期望月薪趋势上，月薪3000元以下的表现为月薪越低则期望比例越小，月薪3001元及以上并不是月薪越高其期望比例越高，而是呈现中间高两头低的特点。这与相关统计数据和研究结果基本一致："截至2016年12月，全国各地的月最低工资标准中，最高为2190元，最低为1000元"❶；"2015届大学生毕业半年后月收入为3726元，毕业半年后月收入3000元以上的比例为78.8%，其中月收入为5000元以上的比例为27.1%，月收入在1500元以下的比例为1.1%"❷。说明被调查大学生能基于当前社会整体工资水平、物价水平及基本生活需要实际而做出的一种相对理性的预期。

（4）就业选择的影响因素。

大学生在就业选择时会受到众多因素的影响，这些因素通常被分为两大类：一是个人内部因素，主要有职业兴趣、职业理想等因素；二是社会外部因素，主要指工资福利、个人发展等因素。本书主要探讨社会外部因素对大学生就业选择的影响，故没有涉及个人内部因素。为了比较各因素对就业选择影响的重要程度，我们对三个因素依次进行加权，选择第一重要的计3分，第二重要的计2分，第三重要的计1分，没有选择计0分，然后利用计算加权平均数的公式[（第一重要因素的比例×3＋第二重要因素的比例×2＋第三重要因素的比例×1）÷6]，最后求出加权平均数。就业选择的影响因素统计结果如表3－8所示。

表3－8　就业选择的影响因素统计

变量	第一影响因素（%）	第二影响因素（%）	第三影响因素（%）	加权平均值（%）	排序
个人发展	59.44	0.17	0.08	29.79	1
工资福利	27.94	41.91	0.17	27.98	2
工作单位所在地	8.72	25.40	14.31	15.21	3
单位类型及规模	1.78	13.55	10.25	7.12	5
父母或他人建议	0.85	7.11	11.69	4.74	7
工作环境	0.42	8.21	25.74	7.24	4

❶ 数据来源于《全国各地区月最低工资标准情况（截至2016年12月）》，中华人民共和国人力资源和社会保障部，2016－12－13，http：//www.mohrss.gov.cn/ldgxs/LDGXqiyegongzi/LDGXzuidigongzibiaozhun/201612/t20161213_261789.html。

❷ 数据来源于麦可思研究院：《就业蓝皮书：2016年中国本科生就业报告》，社会科学文献出版社，2016年，第81～82页。

续表

变量	第一影响因素（%）	第二影响因素（%）	第三影响因素（%）	加权平均值	排序
工作稳定性	0.85	3.30	32.01	6.86	6
政府或国家号召	0	0.34	5.67	1.06	8
其他因素	0	0	0.08	0.01	9

注：选择其他因素的有1人填写“结婚”。

从就业选择影响因素的加权统计分析结果，我们可以看出：

① 个人发展是影响就业选择的第一重要因素。从加权平均值来看，个人发展的加权平均值是九个因素中最高的；且第一影响因素中，个人发展的比例也是最高的。说明大学生在就业选择时首先考虑个人发展。

② 工资福利是影响就业选择的第二重要因素。工资福利的加权平均值位居第二，在第一重要因素中也是位居第二，而在第二重要因素中位居第一。这足以说明工资福利是大学生就业选择时非常看重的因素。

③ 工作单位所在地对就业选择的影响也很大。工作单位所在地的加权平均值位居第三，说明大学生在职业选择时比较看重工作地点。

由上可知，个人发展、工资福利和工作单位所在地是影响大学生就业选择最重要的三个因素。大学生在就业选择上首要考虑的是个人发展，也期望能兼顾工资福利和工作地点，这与就业期望调查结果中大学毕业生倾向于期望到省会城市就业，期望到党政机关、事业单位和国有企业就业，期望月薪较高是基本吻合的。

通过对就业地域及地点的期望、单位性质的期望、薪酬待遇的期望及就业选择的影响因素四个方面的分析，我们发现大学生在就业偏好上的特点：在就业地域选择上，大学生倾向于选择生源地所属地域，如果跨地域异地就业，则倾向于选择东部地区；在就业单位地点上则更倾向于选择省会城市，而不愿意选择县以下基层；在单位性质上倾向于选择国有企业、党政机关和事业单位等传统优势单位，而不愿意选择社会团体、部队等相对艰苦单位；在就业选择时更多考虑个人发展，希望能兼顾经济待遇和工作地点。

3. 就业现实与就业期望比较

为更深入了解大学生就业现实与就业期望之间的关系，以从单位所在地、单位性质、月薪等方面的现实与期望进行比较（如表3－9所示）。问卷要求落实了就业单位的毕业生才能填写相关选项，共有390人填写。❶ 从签约工作与就业期望一致性的主观感受来看，认为完全一致、比较一致、基本一致、不太一致和完全不一致的比例分别为3.59%、37.69%、41.79%、15.90%、1.03%。大部分毕业生认为签约工作与就业期望处于基本一致及以上的水平，或者说大部分毕业生认为签约工作与就业期望之间的差距处于能够接受的范围之内。

表3－9　大学生就业期望与就业现实对比

		期望		签约	
		人数	百分比（%）	人数	百分比（%）
单位地点所属地域	东部地区	179	45.90	173	44.36
	中部地区	181	46.41	182	46.67
	西部地区	30	7.69	35	8.97
单位地点	省会城市	279	71.54	131	33.59
	地级城市	78	20	179	45.90
	县城	32	8.20	71	18.20
	县以下基层	1	0.26	9	2.31
单位性质	党政机关	83	21.28	28	7.18
	科研机构	23	5.90	12	3.08
	事业单位	68	17.43	72	18.46
	社会团体	3	0.77	20	5.13
	国有企业	132	33.85	60	15.38
	外资企业	39	10	34	8.72
	民营企业	32	8.21	164	42.05
	部队	2	0.51	0	0
	自主创业	8	2.05	0	0
月薪	1000元以下	1	0.26	2	0.51
	1001～2000元	2	0.51	1	0.26
	2001～3000元	16	4.10	64	16.41
	3001～4000元	29	7.44	113	28.97
	4001～5000元	181	46.41	173	44.36
	5001元以上	161	41.28	37	9.49

❶ 说明：毕业去向统计到已落实就业单位394人，而填写就业单位所在地、单位性质、月薪等选项的只有390人，有4人未填写，作缺失处理。

就单位所属地域而言，实际签约单位所属地域跟期望的单位所属地域没有显著差异，这说明大学生在就业地域选择上定位比较准确、清晰；就单位地点而言，实际签约的单位地点与期望的单位地点存在显著差异：期望到省会城市就业的毕业生中有一半以上不能如愿，因而实际上到地级城市、县城和县以下基层就业的毕业生是期望的两倍及以上，签约基层的比例很少，可能与基层项目招募、公务员招考刚开始或还没开始有关。由此可以作一个不完全准确的推断：在就业单位地点上，一半左右的毕业生难以实现其期望。

在单位性质上，大学生实际签约的单位性质与期望的单位性质存在一定的差异。大学生最期望去的就业单位为国有企业、党政机关和事业单位，而实际上签约单位比例最高的前三位为民营企业、事业单位和国有企业。具体说来，期望与实际签约比例基本一致的为事业单位，比例差异上最为突出的是党政机关、国有企业和民营企业，期望到党政机关、国有企业就业的毕业生有一半以上不能实现其期望，签约民营企业就业的人数高达期望人数的五倍以上，印证了“中小企业是大学生就业的主要渠道”这一观点。党政机关签约比例显著低于期望比例，一方面与国家公务员和省级公务员招录结果尚未最终公布有关，另一方面也与大学生倾向于选择党政机关的就业偏好有关。

在月薪上，大学生签约单位承诺的月薪与期望的月薪之间存在一定差距。大学生期望的月薪主要集中在4001元以上（占比87.69%），而签约单位承诺的月薪在4000元以下（占比46.15%）。这说明与期望的月薪相比，签约单位承诺的月薪整体上偏低。值得注意的是，月薪为4001~5000元的期望比例与签约比例基本相当，说明这部分大学生基本能实现其月薪上的期望。

综上，无论是就业单位所在地还是就业单位性质、月薪方面，大学生的就业现实与就业期望之间存在较大差距。“理想很丰满、现实很骨感”，这一方面反映了大学生的就业期望相对偏高，这种偏高可能与大学生对就业市场信息掌握不够充分有关，也可能与大学生期望自己投入的高等教育成本能够获得收益最大化有关，另一方面反映了当前就业形势严峻，劳动力挤压现象比较严重。由于大学生能基于当前就业形势对就业现实与就业期望之间的差距进行理性分析和认识，故大部分学生认为签约工作与就业期望处于基本一致及以上水平。

（三）基层就业意愿及其影响因素

为了解大学生基层就业意愿的总体情况，从“你是否选择基层就业”的主动选择意愿和“如果你一直没有找到合适满意的工作，你是否会选择基层就业”的被动选择意愿两方面进行调查。全部样本中，主动选择基层就业的有429人，占36.33%；不选择基层就业的有752人，占63.67%；在没有找到合适满意工作后，选择基层就业的有570人，占48.26%；不愿意选择基层就业的有611人，占51.74%。这些数据说明大学毕业生的基层就业意愿不是很强，即使在没有找到合适满意工作后，仍有超过一半的学生不愿意选择基层就业。

1. 是否选择基层就业的影响因素

在是否选择基层就业问题上，会受到多种因素的影响，但最终的可能性只有两个，要么选择基层就业，要么不选择基层就业。可见，大学生的基层就业决策也是一个二元选择问题，据此我们建构了“是否选择基层就业”这个二元因变量，将“是”定义为1，“否”定义为0，运用Logistic回归分析方法来分析大学生的个体特征、家庭背景是如何影响其是否选择基层就业的概率的。

根据回归方程，对是否选择基层就业的个人特征和家庭背景因素进行Logistic回归分析，回归结果见表3-10。模型系数的综合检验结果表明，模型的显著性为0.000，模型在整体上是显著的；Nagelker R Square为0.312，Hosmer and Lemeshow Test的P值为0.266（大于显著性水平0.01），说明模型拟合程度较好、可信度较高。结合Wald值和Sig值，可以看出：学校所属地域、家庭所属地域、民族和父亲社会阶层这四个变量对是否选择基层就业产生非常显著的影响。可见，在是否选择基层就业这个二元决策问题上，既受到个体特征因素的影响，也受到家庭背景因素的影响，其中学校所属地域、家庭所属地域、民族和父亲社会阶层是大学生是否去基层就业的最重要的影响因素。

表3-10 是否选择基层就业的个人特征及家庭背景的Logistic回归分析结果

变量	系数	标准误差	Wald值	Sig值	优势比
性别	-0.288	0.141	4.155	0.042	0.750
民族	-0.926	0.183	25.652	0.000	0.396
子女类型	-0.292	0.156	3.528	0.060	0.747
学生干部	0.319	0.149	4.552	0.033	1.375
政治面貌	-0.106	0.110	0.917	0.338	0.900
学校所属地域	1.037	0.156	44.330	0.000	2.821
学校类型	-0.074	0.064	1.323	0.250	0.929
专业门类	0.002	0.020	0.015	0.904	1.002
成绩排名	-0.205	0.086	5.735	0.017	0.815

续表

变量	系数	标准误差	Wald 值	Sig 值	优势比
家庭所在地	-0.045	0.088	0.255	0.613	0.956
家庭所属地域	1.011	0.172	33.278	0.000	2.364
父亲文化程度	-0.095	0.109	0.758	0.384	0.910
母亲文化程度	-0.268	0.106	6.428	0.011	0.765
父亲社会阶层	-0.196	0.050	15.623	0.000	0.822
母亲社会阶层	0.004	0.053	0.007	0.935	1.004
家庭经济状况	0.054	0.105	0.262	0.609	1.055
常项	5.260	0.560	88.085	0.000	192.540

产生上述结果的原因可能有：我国高考招生实行属地管理原则，各省份高校主要面向本行政区域生源招生，样本学生的学校所属区域和家庭所属区域大部分一致，因而出现西部地区高校、西部地区家庭的学生选择基层就业意愿都高的结论。在民族上，总样本中的 211 名少数民族学生中有 150 人（占比 71.09%）来自西部地区，有 105 人（占比 50%）来自农村，他们大部分愿意选择基层就业，既与他们能吃苦、愿吃苦的精神有关，也可能与他们不敢、不能承担“毕业即失业”的风险，合理避开城市就业的激烈竞争有关。父亲社会阶层一定程度上决定了家庭经济能力和社会资本网络，而表征为经济能力和社会资本等的家庭背景对大学生基层就业影响的“马太效应”十分显著，即家庭背景越好的学生选择基层就业的意愿越低，家庭背景相对处于弱势的学生选择基层就业的意愿相对较高。

2. 对国家和社会倡导基层就业的态度

为进一步了解大学生基层就业的意愿，也为了解大学生对国家社会倡导基层就业的态度，以“你对‘到西部去！到基层去！到祖国需要的地方去！’这一宣传标语的态度”进行调查，结果显示：全部样本中有 9.74% 的学生选择响应号召，到西部到基层到祖国需要的地方去工作；有 21.08% 的学生认为想去却顾虑重重；有 26.84% 的学生认为有相关补偿政策则可以考虑；有 30.31% 的学生认为没什么，仅仅是一句标语而已；还有 12.02% 的学生表示不屑一顾，不考虑到西部到基层到祖国需要的地方去工作。“到西部去！到基层去！到祖国需要的地方去！”是西部计划招募时的宣传标语，也是国家引导大学生就业选择的根本方向。上述结果反映了三个方面的问题：第一，大学生主动选择到基层就业的意愿不是很强烈；第二，大学生选择基层就业会考虑很多因素，其选择是权衡多种因素后的结果，如何消除重重顾虑是国家和政府需要着力解决的问题；第三，补偿政策是吸引大学生选择基层就业的一个重要因素。

3. 是否愿意选择基层就业的原因分析

（1）愿意选择基层就业的原因。

“如果你愿意选择基层就业，其重要原因是什么（限选三项，按照重要程度填写）”，由前面主动愿意选择基层就业的429名学生作答。从表3-11可以得知愿意选择基层就业大学生的原因，主要有：

表3-11　选择基层就业的原因

	第一重要原因（%）	第二重要原因（%）	第三重要原因（%）	加权平均值（%）	排序
多一个就业选择	60.14	0.47	0.23	30.26	1
基层就业政策的支持	22.14	50.35	1.17	28.05	2
职业兴趣和理想适合基层	11.66	20.28	23.08	16.44	3
基层发展空间大	3.03	20.98	37.06	14.69	4
家人朋友的支持	2.80	6.29	36.13	9.52	5
其他	0.23	1.63	2.33	1.05	6

注：选择“其他”的有1人填写照顾家人，其余没有标注具体内容。

①“多一个就业选择”是选择基层就业的关键原因所在。从加权平均值来看，“多一个就业选择”的加权平均值位列第一；从第一重要原因来看，“多一个就业选择”的比例最高。对于多数大学生来说，即使是在自愿主动选择的情况下，基层也仅仅是一个“退而求其次”的保底选择，最终去不去基层取决于是否找到更好的工作。

②“国家基层就业政策的支持”是选择基层就业的第二关键原因。国家政策支持的加权平均值位居第二，在第一重要原因中也是位居第二，而在第二重要原因中位居第一。说明国家基层就业政策所提供的各种保障和补偿是支持大学生到基层就业的非常重要的因素。

③“职业兴趣和理想适合基层”是选择基层就业的第三关键原因。“职业兴趣和理想适合基层”无论是加权平均值还是第一、第二、第三重要原因都是位居第三，这说明愿意选择基层就业的大学生拥有胸怀天下苍

生的情怀，能将个人利益与国家利益有机地结合起来，认为基层不仅仅是自己获得谋生手段的地方，而且能够通过基层这个平台来实现自己的人生价值和人生理想。

除了上述三个非常重要的原因外，愿意选择基层就业大学生还看重基层的发展空间，认为基层广阔天地可以大有作为。当然选择基层就业也离不开家人朋友的支持。“多一个就业选择”“国家基层就业政策的支持”“职业兴趣和理想适合基层”是愿意选择基层就业大学生的三个最重要的“愿意”原因。

（2）不愿意选择基层就业的原因。

“如果你不愿意选择基层就业，其重要原因是什么（限选三项，按照重要程度填写）”，由前面选择不愿意去基层就业的752名学生作答。通过表3－12的结果，可以分析不愿意选择基层就业大学生的原因：

表3－12　不选择基层就业的原因

	第一重要原因（%）	第二重要原因（%）	第三重要原因（%）	加权平均值（%）	排序
基层就业政策支持不够	40.03	0.27	0.13	20.13	2
工资待遇低	24.73	22.47	0.13	19.88	3
职业兴趣和理想不适合基层	21.14	23.94	7.71	19.84	4
二次就业难	5.59	18.09	10.11	10.51	5
基层发展空间有限	7.58	27.39	44.28	20.30	1
家人朋友的不支持	0.93	7.85	37.63	9.35	6

①“基层发展空间有限”是不愿意选择基层就业的根本原因。“基层发展空间有限”在加权平均值、第二重要原因和第三重要原因中都位列第一。说明大学生在就业时非常看重发展空间，如果认为基层发展空间明显小于预期，就不会选择。政府应继续加大基层人才制度改革的力度，落实《高校毕业生基层成长计划》，大力拓展大学生的基层发展空间。

②“国家基层就业政策支持不够”是不愿意选择基层就业的第二根本原因。“国家基层就业政策支持不够”在加权平均值上位列第二，在第一重要原因上位列第一。基层就业政策支持到位，能提高大学生基层就业的积极性；如果基层就业政策支持不到位，就会影响大学生基层就业的积极性，甚至于不选择基层就业。

③“工资待遇低”“职业兴趣和理想不适合基层”也是不选择基层就业的重要原因。“工资待遇低”在加权平均值上位列第三，在第一重要原因和第二重要原因分别位列第二和第三；“职业兴趣和理想不适合基层”在加权平均值上位列第四，在第一重要原因和第二重要原因分别位列第三和第二。这说明基层工资待遇低似乎已成为不少大学生心中的刻板印象，正是在这种认识误区的引导下，大学生不愿意选择基层就业；职业兴趣和理想也是大学生就业选择时比较看重的因素，他们自然会在职业兴趣和理想与基层就业现实之间进行权衡，如果发现两者之间契合度低，就不会选择基层就业。

总之，对于不愿意选择基层就业的大学生来说，基层发展空间有限、国家基层就业政策支持不够、工资待遇低、职业兴趣和理想不适合基层是其不愿意选择的主要原因，还有二次就业难、家人朋友的不支持也是不可忽略的因素。

4. 基层就业期望

以主动愿意选择基层就业的429名学生为样本，从能接受的基层工作时间、所属地域、薪酬待遇、单位性质及职业类型等方面来了解他们的基层就业期望。

（1）能接受的基层工作时间方面，有13.05%的学生选择一年，38.93%的学生选择两年，36.60%的学生选择三年，6.53%的学生选择五年，还有4.90%的学生选择五年以上。可见，九成左右的学生能接受的基层工作时间为三年及三年以下。说明大学生到基层就业是一种短期行为或一次性行为，其原因可能有：一是“人往高处走”的社会心理及发展趋势，促使大学生在基层工作一段时间后选择升学、公务员考试、调动等途径离开基层；二是当前基层就业补偿政策为大学生“往高处走”提供了机会和条件，比如公务员招录的2年基层工作经历导向，一定程度上也刺激了大学生把基层当成跳板的心理。

（2）基层所属地域的期望方面，有12.12%的学生选择东部地区，13.75%的学生选择中部地区，19.58%的学生选择西部地区，54.55%的学生选择家庭所在地附近。具体说来，愿意选择基层就业、家庭所属地域为东部地区的41名学生中，选择东部地区和家庭所在地附近的比例高达87.80%，选择中部地区和西部地区的比例分别为7.32%和4.88%；愿意选择基层就业、家庭所属地域为中部地区的111名学生中，选择中部和家庭所在地附近的比例为70.27%，选择东部地区和西部地区的比例分别为17.12%和12.61%；愿意选择基层就业、家庭所属地域为西部地区的277名学生中，选择西部地区和家庭所在地附近的比例为81.23%，选择东部地区和中部地区的比例分别为7.94%

和10.83%。这说明在基层就业的地域选择上，大学生也倾向于到生源地的基层就业。

（3）基层就业的月薪期望方面，有14.45%的学生期望月薪在5001元及以上，19.81%的学生期望月薪为4001～5000元，43.36%的学生期望月薪为3001～4000元，18.41%的学生期望月薪为2001～3000元，3.73%学生期望月薪为1001～2000元，还有0.23%的学生期望月薪为1000元及以下。可见，有77.62%的学生期望月薪在3001元及以上。说明大学生即使到基层就业，对工资待遇的期望标准并没有因此降低，这是因为：一方面大学生渴望基层工作的收入能够使其获得经济上的独立，保障其基层生活质量；另一方面，如果基层就业的收入没有低于非基层就业的收入，能为他们带来一种经济上、心理上的满足感。

（4）基层单位性质的期望方面，有38.00%的学生选择基层党政机关，27.97%的学生选择事业单位，15.15%的学生选择国有企业，3.26%的学生选择民营企业，2.33%的学生选择自主创业，13.29%的学生选择村委会等群众组织。表明大学生基层就业的首选单位依然是党政机关、事业单位。值得注意的是，选择村委会的比例较高，可能因为大学生村官的工作生活补贴和考核管理参照当地乡镇机关新录用公务员，服务期满可以参与定向公务员招录，既有生活保障又有发展机会。

（5）期望从事的职业方面，有11.89%的学生选择特岗教师，14.69%的学生选择大学生村官，8.62%的学生选择西部计划志愿者，38.00%的学生选择乡镇公务员，3.62%的学生选择自主创业人员，2.56%的学生选择特岗农技人员，3.03%的学生选择“三支一扶”志愿者，10.06%的学生选择事业单位办事人员，7.53%的学生选择企业工作人员。说明乡镇公务员是大学生基层就业的首选；四成左右的大学生期望参加大学生村官计划等基层项目，这反映了基层项目在引导和鼓励大学生基层就业上起着重要的作用。

（四）基层就业补偿政策的知晓度和认可度

《关于引导和鼓励高校毕业生面向基层就业的意见》出台至今已有十余年，在该文件的指导下，教育部、人力资源和社会保障部等中央部门通过各种形式来介绍大学生基层就业优惠政策。尤其值得一提的是，自2009年《国家促进普通高校毕业生就业政策百问》首次系统地介绍了大学生基层就业的优惠政策后，《高校毕业生就业政策百问》（2012版、2014版）和《高校毕业生就业创业政策百问》（2015版、2016版、2017版）中对大学生基层就业优惠政策的介绍越来越详细具体。国家层面如此重视，高校也积极宣传，那么大学生们对基层就业补偿政策的知晓度到底如何？

1. 基层就业补偿政策知晓度

对大学生的基层就业补偿政策知晓度的分析，从大学生对基层就业补偿政策知晓度总体情况、主动了解基层就业补偿政策及其途径、最了解和最满意的基层就业补偿政策三个方面来展开。

（1）基层就业补偿政策知晓度总体情况。

在大学生对基层就业补偿政策的了解程度上，根据表3－13，其均值为3.0957，仅微弱高于理论中值3；有9.91%的学生认为非常了解，16.68%的学生认为比较了解，47.59%的学生认为一般了解，24.72%的学生认为不太了解，1.10%的学生认为完全不了解。说明大学生对基层就业补偿政策的了解程度处于一般水平。

在大学生就业政策尤其是基层就业政策的宣传上，高校应该承担且必须承担主要责任。既然如此，那么不同区域高校、不同类型高校学生在基层就业补偿政策了解程度上是否存在差异？分析结果显示：在学校所属区域上，不同区域学校的学生在基层就业补偿政策的了解程度上呈现显著差异（卡方检验的相伴概率均为0.000，小于给定值0.01），西部地区高校的学生对基层就业补偿政策非常了解和比较了解的比例明显高于东部和中部，而其不太了解和完全不了解的比例明显低于东部和中部，这与西部地区高校学生主动选择基层就业的比例高有关。在学校类型方面，不同类型高校的学生在基层就业补偿政策了解程度上没有显著差异（卡方检验的相伴概率均大于给定值0.01）。

表3－13　学校所属区域、学校类型和基层就业补偿政策了解程度统计

	均值	百分比（%）					样本
		非常了解	比较了解	一般	不太了解	完全不了解	
东部地区	2.8170	3.26	14.54	44.11	36.84	1.25	399
中部地区	3.0893	8.42	16.84	51.27	22.19	1.28	392
西部地区	3.3872	18.20	18.72	47.44	14.87	0.77	390
重点大学	3.0304	10.47	12.84	47.64	27.36	1.69	296
普通本科	3.1488	10.38	19.03	47.41	21.45	1.73	289
独立学院	3.0370	7.74	14.14	52.53	25.25	0.34	297
高职高专	3.1672	11.04	20.74	42.81	24.75	0.67	299

（2）了解基层就业补偿政策的主动性及途径。

以“你是否查阅过大学生基层就业补偿政策的文件”来考察大学生是否主动了解基层就业补偿政策。调查结果显示：全部样本中查阅过的学生仅有340人（占28.79%），没有查阅过的学生有841人（占71.21%）。总体而言，大学生了解基层就业补偿政策的主动性不够强。

在了解基层就业补偿政策最重要的途径上，按比例从高到低依次为老师同学朋友间的交流（372人，占31.50%）、学校就业信息网（263人，占22.27%）、报纸杂志（213人，占18.04%）、学校举办的政策宣讲会（153人，占12.95%）、教育部等中央部门网站（145人，占12.28%）、其他（35人，占2.96%）。调查结果一定程度上印证了大学生了解基层就业补偿政策的主动性不够强的结论。

在大学生基层就业意愿的影响因素分析中，我们发现个体特征、家庭背景对其产生不同程度的影响。除此之外，大学生对基层就业补偿政策的知晓度是否也影响其基层就业意愿呢？从卡方检验结果来看，其相伴概率均为0.000，小于给定值0.01，我们可以认为大学生对基层就业补偿政策的了解程度、是否查阅基层就业补偿政策文件、了解基层就业补偿政策的最重要途径对其是否选择基层就业产生重要影响。从表3－14可以看出：大学生对基层就业补偿政策越了解，其选择基层就业的可能性越大；主动查阅过基层就业补偿政策文件的学生选择基层就业的比例相对较高；通过教育部等中央部门网站和学校就业信息网等了解基层就业补偿政策的学生选择基层就业的比例相对较高，而通过老师、同学、朋友了解基层就业补偿政策的学生选择基层就业的比例相对较低。

表3－14　基层就业补偿政策了解情况与是否选择基层就业统计

		选择基层就业		不选择基层就业		样本
		人数	百分比（%）	人数	百分比（%）	
对基层就业补偿政策的了解程度	非常了解	79	67.52	38	32.48	117
	比较了解	97	49.24	100	50.76	197
	一般	193	34.34	369	65.66	562
	不太了解	57	19.52	235	80.48	292
	完全不了解	3	23.08	10	76.92	13
是否查阅政策文件	是	211	62.06	129	37.94	340
	否	218	25.92	623	74.08	841

续表

		选择基层就业		不选择基层就业		样本
		人数	百分比（%）	人数	百分比（%）	
了解基层就业补偿政策最重要途径	教育部等中央部门网站	86	59.31	59	40.69	145
	学校就业信息网	147	55.89	116	44.11	263
	报纸杂志	78	36.62	135	63.38	213
	学校举办的政策宣讲会	37	24.18	116	75.82	153
	老师同学朋友之间的交流	74	19.89	298	80.11	372
	其他途径	7	20	28	80	35

（3）最了解和最满意的基层就业补偿政策。

在“最了解的基层就业补偿政策”中，选择学费补偿助学贷款代偿政策的人数最多、比例最高（470人，占39.80%），然后依次为艰苦边远地区津贴等补贴政策（436人，占36.92%）、升学与公务员事业单位招录政策（205人，占17.36%）、职称评审条件放宽政策（70人，占5.93%）；在“最满意的基层就业补偿政策”中，选择升学与公务员事业单位招录政策的人数最多、比例最高（429人，占36.33%），然后依次为学费补偿助学贷款代偿政策（279人，占23.62%）、艰苦边远地区津贴等补贴政策（271人，占22.95%）、职称评审条件放宽政策（202人，占17.10%）。可见，样本学生对学费补偿助学贷款代偿政策最为了解，对升学、公务员事业单位招录政策最为满意。

2. 基层就业补偿政策的认可度

在校大学生对基层就业补偿政策的认知评价主要体现在政策是否符合大学生的需要、宣传力度、执行情况、促进基层就业的效果等方面。

（1）基层就业补偿政策是否符合大学生的需要方面，全部样本的评价均值为3.2981（东部、中部、西部高校毕业生的评价均值分别为3.2632、3.0153、3.6179），认为非常符合、比较符合、一般符合、不太符合和完全不符合的比例分别4.49%、32.26%、52.07%、10.92%和0.25%。说明基层就业补偿政策基本符合大学生的需要，但符合度不太高。

（2）基层就业补偿政策的宣传力度方面，全部样本的评价均值为2.8950（东部、中部、西部高校毕业生的评价均值分别为2.7594、2.7883、3.1410），认为宣传力度非常大、比较大、一般、不太大和完全不大的比例分别为

1.69%、13.21%、59.70%、23.71%和1.69%。这从侧面反映了政府、高校在基层就业补偿政策的宣传上不够到位或宣传效果不佳，应在宣传方式、途径等方面多下功夫。

（3）基层就业补偿政策的执行情况方面，全部样本的评价均值为2.9924（东部、中部、西部高校毕业生的评价均值分别为2.9248、2.8214、3.2339），认为执行情况非常好、比较好、一般、不太好和完全不好的比例分别为2.03%、16.26%、61.81%、18.88%和1.02%。说明大学生对政策执行情况的认可度较低。

（4）基层就业补偿政策对促进基层就业的效果方面，全部样本的评价均值为3.0839（东部、中部、西部高校毕业生的评价均值分别为2.9073、2.9209、3.2923），认为政策对自己选择基层就业的影响非常大、比较大、一般、不太大和完全没影响的比例分别为4.49%、20.58%、57.15%、14.56%和3.22%。说明基层就业补偿政策对个人选择基层就业发挥着一定的作用，但是作用效力有限。

3. 影响基层就业补偿政策发挥作用的因素

在影响基层就业补偿政策发挥作用的因素方面，要求全部样本在给出的六个因素中选择最重要的三项并排序。表3－15加权统计结果显示：

表3－15　影响基层就业补偿政策发挥作用的因素

变量	第一重要因素（%）	第二重要因素（%）	第三重要因素（%）	加权平均值	排序
政策执行落实情况	60.12	0.25	0.17	30.17	1
政府学校等方面宣传力度	11.77	31.67	0.25	16.48	3
政策本身是否完善	17.02	27.86	38.10	24.15	2
学生对政策是否关心	9.06	16.26	27.52	14.54	4
相关配套政策是否完善	1.78	21.68	21.59	11.72	5
政策实施效果评估	0.25	2.29	12.36	2.95	6

（1）政策执行落实情况是决定政策发挥作用的关键因素。政策执行落实情况在加权平均值和第一重要因素上都位列第一。说明政策执行落实不到位是影响政策发挥作用的关键因素。大学生基层就业补偿政策的理想目标转化成现实目标，必须通过政策执行才能实现，而能否执行到位直接影响着政策目标的实现程度。

（2）政策本身是否完善是影响政策发挥作用的重要因素。政策本身是否完善在加权平均值上位列第二，第一、第二重要因素上位列第二，第三重要因素位列第一。说明政策完善程度对政策发挥作用的影响之大，政府必须在完善政策上下功夫，不断出台契合大学生需求、避免政策漏洞的补偿政策。

（3）政策宣传力度也影响政策发挥作用。政府学校等方面宣传力度在加权平均值位列第三，第二重要因素上位列第一。说明政策宣传力度也直接影响着政策作用的发挥，政府和高校应从宣传方式、宣传途径着手，加大政策宣传力度。

总之，大学生基层就业补偿政策的执行、制定和宣传情况是影响其发挥作用的三个最重要的因素，而学生对政策是否关心、相关配套政策是否完善也是影响其发挥作用的不可忽视的因素。

（五）主要结论

根据问卷调查结果，应届毕业生在就业现状与就业偏好、基层就业意愿、基层就业补偿政策的知晓度和认可度等方面反映的调查结论，主要有：

（1）应届毕业生是否选择就业与个体特征和家庭背景有关，成绩排名、学校类型、性别、学生干部、家庭所在地和家庭经济状况对是否选择就业有显著影响，其中成绩排名、学校类型和性别的影响最大。

（2）应届毕业生的毕业去向呈多元化特点，就业偏好表现为倾向于选择生源地附近的城市尤其是省会城市，倾向于选择国有企业、党政机关和事业单位等传统优势单位，在就业选择时首先考虑个人发展，也希望能兼顾经济待遇和工作地点。大学生的就业现实与就业期望之间存在较大差距，但他们对就业现实与就业期望之间的差距能有一个比较理性的认识，大部分学生认为签约工作与就业期望处于基本一致及以上水平。

（3）应届毕业生整体基层就业意愿不强，即使在没有找到合适满意工作后，仍有超过一半的学生不愿意选择基层就业；是否选择基层就业这个二元决策是个体特征和家庭背景共同影响的结果，其中学校所属地域、家庭所属地域、民族和父亲社会阶层是影响基层就业决策的最重要因素。

（4）应届毕业生将基层就业视为一种短期行为，在愿意主动选择基层就业的学生中，有88.58%的学生认为能接受的基层工作时间为三年及以下。愿意主动选择基层就业的大学生认为“多一个就业选择”“国家基层就业政策的支持”“职业兴趣和理想适合基层”是其愿意选择基层的最重要的三个原因，而不愿意主动选择基层就业的大学生认为“基层发展空间有限”“国家基层就业政策支持不够”“工资待遇低”是其不愿意选择基层的最重要的三个原因。

（5）应届毕业生对基层就业补偿政策的知晓度总体不高，西部高校的学生对补偿政策的了解程度相对较高；了解基层就业补偿政策的途径多样化，但主动性不强，日常人际交流是了解政策的主要途径；最了解的政策是学费补偿助学贷款代偿政策，最满意的政策是升学和公务员招录政策；大学生对基层就业补偿政策的了解程度与其基层就业意愿之间呈正相关关系。

（6）应届毕业生对基层就业补偿政策的认可度总体不高，认为基层就业补偿政策内容基本符合大学生需要，对自己选择基层就业产生一定影响，但影响力一般，对政策宣传力度和执行情况的认可度较低。认为“政策执行落实情况”“政策本身是否完善”“政策宣传力度”是影响政策发挥作用的最重要的三个因素。

二、基层就业大学生的补偿政策知晓度和认可度及就业满意度

引导和鼓励大学生到基层就业是促进大学生充分就业的主要途径，为此政府部门要做到双管齐下：一方面组织实施专门的基层项目，另一方面对基层就业大学生予以政策倾斜。据不完全统计，截至2016年年底，至少有168万余人参加了五个基层项目。[1] 当然，大学生到基层就业还包括通过各类招考到县以下党政机关、企事业单位工作，可见基层就业大学生是一个非常庞大的群体。目前无论是政府还是学界关注的问题主要集中在如何引导和鼓励大学生到基层就业，关注对象主要集中于在校大学生及离校未就业群体，对已在基层就业的大学生关注相对不足。面对基层就业大学生这个庞大群体，他们对现有的基层就业补偿政策的评价如何？他们对自己所从事的基层工作满意度如何？又有哪些因素影响他们基层工作的满意度？本部分将通过问卷调查和个案访谈以尝试对上述问题进行探析。

（一）调查问卷结构内容及样本概述

基层就业大学生的补偿政策知晓度和认可度及就业满意度问卷由三个部分组成：一是基本信息情况，包括性别、民族、子女类型、是否学生干部、政治面貌、专业、学校类型、学习成绩、家庭所在地及所属地域、父母文化程度及职业、家庭经济状况、基层工作的时间及从事的职业类型等；二是基层就业补

---

[1] 数据根据教育部、中组部、共青团中央、农业部等中央部门的统计数据计算所得。

偿政策的知晓度与认可度、选择基层的原因及基层职业规划等；三是基层就业满意度，主要从工作环境、薪酬待遇、发展机会、补偿政策、人际关系等方面进行评价。

本课题研究对象是大学生基层就业补偿政策，考虑到政策实施的典型性及调查实践操作的可行性，故在地域上只选择了贵州，与课题最初的研究计划安排稍有不一致。大学生基层就业补偿政策中比较具有典型性的政策是学费补偿助学贷款代偿政策，考虑到《贵州省高等学校毕业生学费补偿国家助学贷款代偿暂行办法》是2009年10月印发执行的，故问卷调查对象为2009年及以后通过参加西部计划等基层项目和各类招考招聘而在县以下基层党政机关、企事业单位工作的本科生和专科生（由于县以下基层就业的硕士生、博士生相对较少，故未被列入调查对象范围），也包括在县以下基层自主创业的本科生和专科生。此次调查时间为2015年1月至3月，共发放问卷500份，回收有效问卷420份，有效率84%。在此期间，为了更深入了解基层就业大学生对补偿政策的满意度及基层就业满意度情况，访谈了在贵州基层工作的20名同学，但论述过程中只选取了极少部分个案。在基层就业的大学生到底是一个怎样的群体呢？这需要详细了解样本的具体特征。

1. 人口统计学特征

从性别来看，男生和女生的比例分别为51.90%和48.10%；从民族来看，汉族占比58.81%，少数民族占比41.19%；从是否独生子女来看，独生子女占比11.19%，非独生子女占比88.81%。

2. 人力资本特征

如表3－16所示，从学历层次来看，样本中87.62%为本科学历，12.38%为专科学历；从学习成绩来看，排名中上和中的比例高达84.76%，而排名为上、中下和下的比例很小；从担任学生干部情况来看，在校期间担任过学生干部的学生比例远远高于未担任过学生干部的学生；从在校期间政治面貌来看，中共党员和共青团员的比例较高；从专业门类角度来看，基层就业大学生中文科类专业的比重相对较高，而理工类、医学类、艺术类专业比重相对较低。可见，被调查的基层就业大学生的人力资本相对较高，可能与当前“逢进必考”的招考制度等有关。

表 3－16　基层就业大学生的人力资本特征

变量	变量特征	人数	百分比（%）	变量	变量特征	人数	百分比（%）
学历	本科	368	87.62	专业门类	哲学	18	4.29
	专科	52	12.38		经济学	47	11.19
在校期间学习成绩	上	40	9.52		法学	55	13.10
	中上	182	43.33		教育学	80	19.05
	中	174	41.43		文学	29	6.90
	中下	22	5.24		历史学	18	4.29
	下	2	0.48		理学	24	5.71
是否学生干部	是	260	61.90		工学	21	5
	否	160	38.10		农学	15	3.57
在校期间政治面貌	中共党员	135	32.14		医学	30	7.14
	共青团员	244	58.10		管理学	52	12.38
	民主党派	0	0		艺术学	10	2.38
	群众	41	9.76		其他	21	5

3. 家庭背景特征

如表 3－17 所示，从家庭所在地和家庭所属地域来看，被调查的大部分基层就业大学生来自西部地区的农村；从家庭经济状况来看，有近九成的基层就业大学生的家庭经济状况处于当地中等及以下水平；从父母的文化程度来看，有 72.86% 的基层就业大学生的父亲文化程度为初中及以下，有 88.09% 的基层就业大学生的母亲文化程度为初中及以下；从父母的社会阶层来看，父亲从事个体工商户、商业服务业员工、产业工人、农业劳动者和城乡无业、失业、半失业者等非管理、非技术类职业的比例高达 87.62%，母亲从事非管理、非技术类职业的比例则高达 92.39%。可见，被调查的基层就业大学生主要是来自西部农村、家庭经济状况相对不好、父母文化程度和社会阶层相对较低的家庭，即家庭背景处于弱势地位的家庭。

4. 学校背景特征

表 3－18 统计结果显示：从学校类型来看，被调查的基层就业大学生主要来自普通本科院校，而来自重点院校、独立学院和高职高专的相对较少；从学校所属地域来看，被调查的基层就业大学生主要来自西部地区高校，而来自东部地区高校和中部地区高校的较少。可见，被调查的基层就业大学生主要来自

于西部地区的普通本科院校。

表 3－17　基层就业大学生的家庭背景特征

变量	变量特征	百分比（%）	变量	变量特征	百分比（%）
家庭所在地	省会城市	0.71	父亲社会阶层	国家与社会管理者阶层	2.38
	地级城市	6.90		经理人阶层	0.71
	县城	23.10		私营企业主阶层	2.62
	农村	69.29		专业技术人员阶层	2.86
家庭所属地域	东部地区	2.62		办事人员阶层	3.81
	中部地区	4.29		个体工商户阶层	10
	西部地区	93.09		商业服务业员工阶层	0.71
家庭经济状况在当地的水平	上	1.19		产业工人阶层	9.29
	中上	9.76		农业劳动者阶层	62.14
	中	44.76		城乡无业、失业、半失业者阶层	5.48
	中下	30.24	母亲社会阶层	国家与社会管理者阶层	0.71
	下	14.05		经理人阶层	0.48
父亲文化程度	本科及以上	1.90		私营企业主阶层	1.67
	专科	3.10		专业技术人员阶层	0.71
	高中或中专	22.14		办事人员阶层	2.38
	初中	45		个体工商户阶层	10.24
	小学及以下	27.86		商业服务业员工阶层	1.67
母亲文化程度	本科及以上	0.71		产业工人阶层	3.10
	专科	1.19		农业劳动者阶层	66.90
	高中或中专	8.57		城乡无业、失业、半失业者阶层	12.14
	初中	29.52			
	小学及以下	60			

表 3－18　基层就业大学生的学校背景特征

变量	变量特征	人数	百分比（%）
学校类型	重点大学（“985”“211”大学）	67	15.95
	普通本科	257	61.19
	独立学院	44	10.48
	高职高专	52	12.38

续表

变量	变量特征	人数	百分比（%）
学校所属地域	东部地区	29	6.90
	中部地区	39	9.29
	西部地区	352	83.81

5. 基层工作时间与工作类型特征

如表3-19所示，从基层工作时间来看，样本中85.24%为工作三年以下的大学生，而在基层工作三年及以上的大学生相对较少，这与问卷对调查对象的工作时间有限定要求有关。从工作类型来看，85.71%的大学生在乡镇机关、事业单位和基层就业项目工作，而在基层企业、自主创业的比例相对较小。

表3-19　基层就业大学生的工作情况

变量	变量特征	人数	百分比（%）
基层工作时间	一年以下	114	27.14
	一年至两年	162	38.57
	两年至三年	82	19.52
	三年及以上	62	14.76
基层职业类型	特岗教师	107	25.48
	大学生村官	35	8.33
	“三支一扶”志愿者	18	4.29
	西部计划志愿者	17	4.05
	乡镇公务员	88	20.95
	事业单位工作人员	95	22.62
	企业工作人员	35	8.33
	自主创业者	25	5.95

综上可见，被调查的基层就业大学生主要为非独生子女、西部普通高校毕业生，主要来自农村、家庭经济状况相对不好、父母文化程度和社会阶层相对较低的家庭。这与相关研究“选择基层就业的大学生大多为家庭背景、学校背景等方面处于弱势地位的大学生”[1] 的结论是基本一致的。

---

[1] 王友航、文东茅：《高校毕业生基层就业的特征与影响因素》，《教育发展研究》2012年第21期。

（二）基层就业补偿政策的知晓度和认可度

本章第一节已就应届毕业生对基层就业补偿政策的知晓度与认可度做了分析，本小节将分析基层就业大学生的补偿政策知晓度及认可度，期望在两者之间进行比较，以发现政策促进大学生基层就业的现实效果及存在的问题。

1. 基层就业补偿政策的知晓度

在补偿政策的总体了解程度上，全部样本的评价均值为3.2881，与本章第一节西部地区高校应届毕业生对补偿政策的了解程度（均值为3.3872）基本一致。全部样本中有12.62%的学生认为非常了解，22.38%的学生认为比较了解，46.43%的学生认为一般了解，还有18.33%的学生认为不太了解，0.24%的学生认为完全不了解。说明被调查的基层就业大学生对基层就业补偿政策有一定了解，但了解程度不是很高。

从了解基层就业补偿政策的时间与途径来看，被调查的基层就业大学生在了解政策上具有如下两个特点：

（1）主动了解政策的意识不是很强，选择基层就业可能存在一定的盲目性。从了解基层就业补偿政策的时间来看，被调查的基层就业大学生选择在校时间和基层工作时间的比例分别为58.57%和41.43%。说明大学生主动了解基层就业补偿政策的意识不是很强，其选择基层就业的准备工作不是很充分，选择基层就业可能存在一定的盲目性，也从侧面反映了高校在基层就业补偿政策方面的宣传教育还需加强，应把政策宣传教育贯穿于整个培养过程。

（2）了解基层就业补偿政策的途径具有多样性，但日常人际交流成为了解基层就业补偿政策的主要途径。全部样本中，了解基层就业补偿政策的主要途径为中央部门网站及学校网站、学校举办的政策宣讲会、老师同学朋友之间的交流、工作单位、工作单位所在地政府部门的比例分别为23.57%、17.62%、36.43%、12.38%、10.00%。在校期间了解基层就业补偿政策的样本，他们了解政策的主要途径按比例高低分别为老师同学朋友之间的交流（43.09%）、中央部门及学校网站（31.71%）、学校举办的政策宣讲会（25.20%）。基层工作期间了解基层就业补偿政策的样本，他们了解政策的主要途径按比例高低分别为工作单位（29.31%）、老师同学朋友之间的交流（27.59%）、工作单位所在地政府部门（24.14%）、中央部门及学校网站（18.97%）。基层就业大学生了解政策渠道的多样性及人际交流的主渠道既反映了政策宣传方式的多样性，也反映了老师及同辈群体对其了解政策和选择基层的影响。

2. 基层就业补偿政策的认可度

被调查的基层就业大学生对基层就业补偿政策的认可度，主要从基层就业补偿政策是否符合大学生的需要、宣传力度、执行情况、促进基层就业的效果等方面进行考察。

（1）基层就业补偿政策是否符合大学生的需要评价方面，全部样本的评价均值为3.2214，略低于西部高校应届毕业生的评价均值（3.6179）。认为非常符合、比较符合、一般符合、不太符合和完全不符合的比例分别为3.10%、28.33%、57.86%、9.05%和1.67%。可见，被调查的基层就业大学生认为基层就业补偿政策基本符合大学生的需要，但符合度一般。

（2）基层就业补偿政策的宣传力度评价方面，全部样本的评价均值为3.0643，与西部高校应届毕业生的评价（均值为3.1410）基本一致。认为宣传力度非常大、比较大、一般、不太大和完全不大的比例分别为4.52%、20.96%、52.86%、19.76%和1.90%。说明基层就业补偿政策的宣传力度处于一般水平。

（3）基层就业补偿政策的执行情况评价方面，全部样本的评价均值3.2786与西部高校毕业生的评价（均值为3.2339）基本一致。认为政策执行情况非常好、比较好、一般、不太好和完全不好的比例分别为2.38%、35%、51.67%、10.00%、0.95%。说明被调查的基层就业大学生对补偿政策的执行情况基本满意。

（4）基层就业补偿政策对促进基层就业的效果评价方面，全部样本的评价均值为3.2262，与西部高校应届毕业生的评价（均值为3.2923）基本一致。认为政策对自己选择基层就业的影响非常大、比较大、一般、不太大和完全不大的比例分别为2.86%、37.38%、42.38%、14.29%和3.10%。被调查的基层就业大学生认为补偿政策对他们选择基层就业具有一定影响，但影响力一般。

由上述统计结果可知，被调查的基层就业大学生与西部高校应届毕业生对补偿政策的认可度基本一致。从访谈情况来看，基层就业大学生对补偿政策的认可评价因是否享受了补偿政策以及职业类型的不同而呈现出截然不同的态度：享受了补偿政策的基层就业大学生对政策的认可度相对较高，没有享受补偿政策的基层就业大学生对政策的认可度相对较低。

个案1（女，2012年本科毕业，乡镇信用社柜员）：在毕业前老师说过，去基层工作有学费补偿助学贷款代偿，当时还挺没当回事儿的，一心想着要是能找到好工作，谁还在乎那点儿学费补偿呢？后来就发现不是这么回事儿了。和我同一地方工作的同学，他们当特岗教师、当乡镇公务员每月都有边补（注：艰苦边远地区津贴），三年服务期满后，就回学校办理了退学费退贷款，大学四年的学费、贷款全部退回来了。我也是在基层工作，当时也打电话问过学校资助中心，回复说信用社工作没有被列入学费补偿助学贷款代偿对象范围。当时心里还是有点不舒服的，为什么同样在基层工作，政策待遇就不一样呢？

个案2（男，2010年本科毕业，曾为大学生村官，现为乡镇公务员）：我找工作不是很顺，毕业时省考进了面试，结果面试时没发挥好，就被刷了下来。没办法，为了工作，只要有招考我都去报名，一心想的是找个工作，完全没去想什么政策待遇……后来就考上了大学生村官，然后三年服务期满后考上了定向公务员。对于国家基层就业政策，我个人还是挺满意的，考上了公务员，上学期间的贷款也退还回来了。

3. 影响基层就业补偿政策发挥作用的因素

表3-20显示：基层就业大学生认为影响基层就业补偿政策发挥作用的最重要的三个因素为政策执行落实情况、政府学校等方面的宣传力度、相关配套政策是否完善。本章第一节调查结果显示：应届毕业生认为影响基层就业补偿政策发挥作用的最重要的三个因素为政策执行落实情况、政策本身是否完善、政府学校等方面的宣传力度。这说明基层就业大学生与应届毕业生对影响基层就业补偿政策发挥作用的因素的认知评价基本一致，也说明政策执行落实情况是影响政策发挥作用的第一关键因素。

“政策的关键在于落实”已成为大家的共识，也就是说，政策执行是决定公共政策是否成功的关键所在。正如美国学者艾利森认为：“在实现政策目标的过程中，方案拟定的作用只占10%，而其余90%取决于有效执行。”[1] 当然，政策执行过程离不开政策宣传，因为政策宣传是“一种推动政策执行的工具和方法，是影响人们行动的技巧”，具有“政策信息传播功能、政策行动

[1] 陈振明：《公共政策学——政策分析理论、方法和技术》，中国人民大学出版社，2004年，第244～245页。

引导功能、政策行为劝诫功能”。[1] 政策执行及宣传情况直接影响大学生对政策的认可程度，访谈情况也证实了这一点。

个案3（男，2014年本科毕业，西部计划志愿者）：在参加西部计划志愿者招募时，我认真看过相关的政策文件，对相关政策算是有一点了解吧，文件上明确规定要为志愿者提供必要的生活条件。由于我服务的单位暂时没有条件提供住宿，所以只能租房，房租由单位支付，还包一顿中餐，其余日常生活均由自己负责解决，可我同学的服务单位则是包吃包住包水电费，日常生活完全不用自己操心。对于国家政策，怎么说呢，感觉政策好是好，就是落实上还需要下功夫。我现在最希望的是，自己两年服务期满了后能考上定向招考四项目人员的公务员。

表3－20　影响基层就业补偿政策发挥作用的因素

变量	第一重要因素（%）	第二重要因素（%）	第三重要因素（%）	加权平均值（%）	排序
政策执行落实情况	60.95	0.24	0.48	30.63	1
政府学校等方面的宣传力度	19.05	39.76	0.24	22.82	2
政策本身是否完善	5.00	7.62	19.05	8.22	5
学生对政策是否关心	7.14	19.76	28.57	14.92	4
相关配套政策是否完善	6.67	27.38	35.00	18.30	3
政策实施效果评估	1.19	5.24	16.67	5.126	6

4. 享受基层就业补偿政策情况

为进一步了解基层就业政策的执行情况，以“是否享受基层就业补偿政策”及“所享受的基层就业补偿政策有哪些”进行考察。经统计，全部样本中享受了基层就业补偿政策的有155人，占总样本的36.90%。其中享受艰苦边远地区津贴等补贴政策的有132人，占总样本的31.43%；享受学费补偿助学贷款代偿政策的有36人，占总样本的8.57%；享受升学、公务员事业单位招录政策的有14人，占总样本的3.33%；享受职称评审条件放宽政策的有29人，占总样本的6.90%；享受两项以上政策的有47人，占总样本的11.90%。这数据可能说明：享受艰苦边远地区津贴等补贴政策的比例较高，与调查地贵

[1] 钱再见：《论政策执行中的政策宣传及其创新——基于政策工具视角的学理分析》，《甘肃行政学院学报》2010年第1期。

州的艰苦边远地区范围大有关系；享受学费补偿助学贷款代偿的人数也较多（相较于基层工作三年及以上的人数而言），应是符合政策规定的党政机关、事业单位工作人员、服务基层项目人员及艰苦行业国有单位生产一线人员都享受了学费补偿助学贷款代偿；享受升学、公务员事业单位招录政策的人数相对较少，这可能与基层项目人员在服务期间不能享受这些政策有关，也可能与通过升学、公务员事业单位招录优惠政策离开原来工作岗位甚至离开基层有关；享受职称评审条件放宽政策的人数较少，可能与只有专业技术人员才能参与职称评审有关。

从基层职业类型角度来看，符合政策规定的基层就业人员均可享受基层就业补偿的相关政策，如前面列举的个案2，基层自主创业人员没有享受到这四项补偿政策，访谈情况也证实了这一点。

个案4（女，2013年本科毕业，服装店店主）：我大四就开始做服装生意了，对服装这块感觉比较懂吧，所以毕业后没有像其他同学一样找工作，因为我家在镇上，所以就直接在我家镇上开服装店了。镇里有一所高中和一所初中，学生比较多，我主要卖学生、年轻人流行服装，生意还不错。毕业前，辅导员说过基层就业、自主创业等方面的政策，还发过一本关于政策的小册子（补充：小册子为《高校毕业生就业政策百问》），知道大学生自主创业可以减免税费，好像不超过8000元吧。当时我想着去办可能麻烦，就没有去申请了。其余的政策待遇，好像跟我没有关系，我也懒得去关心。

（三）基层就业满意度及其影响因素

在引导和鼓励大学生面向基层就业的背景下，我们不仅要关注大学生到基层就业的量（基层就业的数量及比例），还要关注大学生基层就业的质（基层就业质量，以及基层就业政策实施效果）。如何关注、了解大学生的基层就业质量呢？现有关于就业质量的实证研究，主要采用“满意度”这一指标对其进行衡量，因此本书也采用“满意度”来了解大学生的基层就业质量。基层就业大学生的就业满意度是指基层就业大学生这一特定群体对与基层工作相关的因素（如基层工作的环境与条件、薪酬待遇、发展机会、人际关系、基层就业补偿政策等）是否有愉悦感受的一种心理状态。

1. 基层就业满意度的评价指标构成

关于大学生就业满意度的研究，国内学者主要是从影响满意度的因素、满意度的构成体系角度进行研究。岳昌君将影响满意度的因素分为工作因素和非工作因素两大类。工作因素包括月收入、就业地点、就业所在地区、单位性质、就业行业、岗位类型、学用匹配状况、雇佣形式；非工作因素包括毕业生的人口学特征、人力资本特征、社会资本特征、学校特征、求职状况等。[1] 邢朝霞等用内在匹配度和外在满意度两方面因素来衡量大学生的就业满意度。内在匹配度评价包括个人知识、能力和技能与所选工作的匹配度，个人性格与所选工作的匹配度，专业与所选工作的匹配度；外在满意度评价包括对工资、福利的满意度，对工作物理环境的满意度，对职业发展前景的满意度。[2] 祝军等用“对发展性措施和机会方面的满意度”和“对保障性措施和环境方面的满意度”两个层面来衡量大学生的基层就业项目满意度。前者体现为工作任务、能力展示机会、发展空间和人际关系的满意度；后者体现为政策落实情况、项目保障（国家关于基层就业项目的后续支持和保障）、工作环境和工作待遇的满意度。[3]

本书主要从工作因素来探讨基层就业大学生的就业满意度，在参考已有研究的基础上，从工作岗位满意度、工作回报满意度和工作群体关系满意度三个维度进行分析。具体体现为基层工作条件与环境、人职匹配情况、单位管理考核、薪酬待遇、认可评价、个人发展、补偿政策、人际关系、领导风格和自我关系等十个方面。具体指标构成见表 3－21。

表 3－21　大学生基层就业满意度评价指标

总指标	一级评价指标	二级评价指标	具体指标内涵	项目编码
基层就业满意度	工作岗位满意度	工作条件与环境满意度	工作条件（设备、资料等）	C6
			工作环境（照明、卫生等）	C16
			单位的食宿条件	C9
			单位交通情况	C47
			同质工作的条件、环境比较	C31
		人职匹配满意度	职业兴趣与岗位匹配情况	C45
			知识、能力的适用性	C12、C43
			工作的挑战性	C21
			工作的自主权	C38

[1] 岳昌君：《中国高校毕业生就业满意度的影响因素分析》，《北京大学教育评论》2013 年第 2 期。

[2] 邢朝霞、何艺宁：《大学毕业生就业满意度与其影响因素的相关性分析》，《教育学术月刊》2013 年第 12 期。

[3] 祝军、杨平：《大学生基层就业项目：参与意愿和满意度》，《北京大学教育评论》2015 年第 2 期。

续表

总指标	一级评价指标	二级评价指标	具体指标内涵	项目编码
基层就业满意度	工作岗位满意度	单位管理考核满意度	任务分配的合理性	C18
			工作纪律执行情况	C29
			评价考核的公平性	C30
			重大决策的科学性、民主性	C39
			竞聘的公开性	C44
	工作回报满意度	薪酬待遇满意度	薪酬的数量	C7
			薪酬的合理性	C15、C40
			薪酬的公平性	C10
			保障性福利	C24
		认可评价满意度	领导、同事的认可评价	C17、C34
			家人的认可评价	C19
			同辈群体的认可评价	C41
			自我认可评价	C32
		个人发展满意度	学习培训的机会	C35
			重用、晋升的可能性	C5
			职业资源的有利性	C25
			职业发展前景	C20
		补偿政策满意度	补偿政策本身	C11
			补偿政策的需求性	C48
			补偿政策的支持、鼓励作用	C23、C28
			补偿政策的执行情况	C37
	工作群体关系满意度	人际关系满意度	与领导关系	C50
			与同事关系	C13
			单位整体人际关系氛围	C27
			单位人际间帮助的主动性	C22、C33
		领导风格满意度	对下属的关心度	C8
			管理能力	C14
			管理理念	C26、C42
			人格魅力	C36
		自我关系满意度	基层工作状态	C46
			工作与生活的协调情况	C51
			情绪状态	C49

2. 基层就业满意度问卷的信度、效度分析

信度和效度是检验调查问卷是否合格的重要标准，因此进行信度和效度分析是做好调查分析的前提和基础。

信度分析是指测量工具（即问卷、量表）能否比较可靠地、稳定地测量到各变量所反映出来的特征。态度、意见式问卷的信度分析方法主要有克朗巴哈 α 系数法、折半信度法等。信度的大小通常用信度系数来表示，信度系数越大，表明测量的可靠程度、可信程度越高。通常情况下，分量表 α 系数达到 0.6 以上、总量表 α 系数达到 0.8 以上表明信度是可以接受的。

从表 3－22 可以看出：各分量表的克朗巴哈 α 系数均在 0.7 以上，且总量表的 α 系数达到 0.930；各分量表的折半信度系数也均在 0.7 以上，总量表折半信度系数达 0.901，说明两种信度分析结果基本一致，也说明问卷的信度水平较高，问卷测量结果是可靠的、可信的。

表 3－22　信度分析统计结果

分析指标	克朗巴哈 α 系数法		折半信度法			
	项数	α 系数	第一部分 α 系数	第二部分 α 系数	相关系数	信度系数
总体满意度	47	0.930	0.858	0.890	0.819	0.901
工作岗位满意度	15	0.840	0.713	0.742	0.713	0.833
工作回报满意度	19	0.848	0.745	0.744	0.712	0.832
工作群体关系满意度	13	0.779	0.662	0.602	0.649	0.788

效度是指问卷或量表的有效性，是问卷或量表的评价指标体系能否正确反映评价要求和目的的一个衡量标准，也是问卷或量表的评价指标分类或维度构建是否合理的衡量标准。通常情况下，效度分析采用因子分析法。因子分析的主要目的是从量表的所有变量中提取一些公因子，这些公因子能够反映量表中大部分变量的信息，说明这些公因子与某一些变量高度相关，也说明这些公因子体现了量表的基本结构。在因子分析中，常用累积贡献率、共同度、因子载荷来反映量表的结构效度。

对大学生基层就业满意度的 47 个评价指标进行因子分析，KMO 检验结果为 0.929，Bartlett 球形检验的显著性水平为 0.000，说明非常适合做因子分析。提取特征值大于 1 的 10 个因子，这 10 个因子的累积方差贡献率为 55.946%，有研究者认为社会科学类研究的因子方差累计解释率达到 50%～60% 是可以

接受的,❶ 因此问卷的累计方差贡献率处于一个可以接受的范围。从各评价项目的共同度（见表3－23）来看，它们的共同度均大于0.4，说明各评价项目对大学生基层就业满意度的影响是比较显著的。从因子载荷情况（见表3－24）来看，因子载荷在0.404～0.799之间，变量的归类分组与问卷指标的构建基本一致。可见，无论是因子的累积贡献率、因子载荷，还是评价项目的共同度，都显示问卷结构是比较合理的。

表3－23　大学生基层就业满意度评价指标共同度

项目编码	初始值	共同度	项目编码	初始值	共同度
C5	1.000	0.706	C29	1.000	0.513
C6	1.000	0.479	C30	1.000	0.546
C7	1.000	0.518	C31	1.000	0.531
C8	1.000	0.576	C32	1.000	0.562
C9	1.000	0.502	C33	1.000	0.536
C10	1.000	0.665	C34	1.000	0.496
C11	1.000	0.474	C35	1.000	0.549
C12	1.000	0.448	C36	1.000	0.632
C13	1.000	0.588	C37	1.000	0.613
C14	1.000	0.523	C38	1.000	0.500
C15	1.000	0.509	C39	1.000	0.532
C16	1.000	0.515	C40	1.000	0.605
C17	1.000	0.632	C41	1.000	0.611
C18	1.000	0.532	C42	1.000	0.528
C19	1.000	0.586	C43	1.000	0.537
C20	1.000	0.555	C44	1.000	0.512
C21	1.000	0.577	C45	1.000	0.546
C22	1.000	0.521	C46	1.000	0.523
C23	1.000	0.761	C47	1.000	0.572
C24	1.000	0.457	C48	1.000	0.578
C25	1.000	0.612	C49	1.000	0.676
C26	1.000	0.508	C50	1.000	0.589
C27	1.000	0.622	C51	1.000	0.519
C28	1.000	0.622			

❶ Marjorie A. Pett, Nancy R. Lackey, John J. Sullivan. Making Sense of Factor Analysis: The Use of Factor Analysis for Instrument Development in Health Care Research. California: Sage Publications Inc, 2003, P118.

表 3－24 旋转后各因子的变量构成及载荷

因子	变量及载荷						
因子 1	变量	C7	C10	C15	C24	C32	C40
	载荷	0.637	0.554	0.597	0.448	0.546	0.552
因子 2	变量	C17	C19	C22	C34	C41	C50
	载荷	0.604	0.445	0.515	0.501	0.522	0.618
因子 3	变量	C5	C20	C25	C35		
	载荷	0.799	0.528	0.666	0.620		
因子 4	变量	C18	C29	C30	C39	C44	C51
	载荷	0.471	0.527	0.578	0.481	0.515	0.496
因子 5	变量	C6	C9	C16	C31	C47	
	载荷	0.430	0.626	0.423	0.506	0.686	
因子 6	变量	C11	C23	C28	C37	C48	
	载荷	0.404	0.469	0.678	0.585	0.580	
因子 7	变量	C12	C21	C38	C43	C45	
	载荷	0.408	0.546	0.454	0.456	0.492	
因子 8	变量	C13	C26	C27	C33		
	载荷	0.496	0.672	0.468	0.537		
因子 9	变量	C8	C14	C36	C42		
	载荷	0.529	0.407	0.657	0.483		
因子 10	变量	C46	C49				
	载荷	0.414	0.736				

注：根据因子载荷情况，这 10 个因子基本上分别反映了薪酬待遇、认可评价、个人发展、管理考核、工作条件与环境、补偿政策、人职匹配、人际关系、领导风格和自我关系。

为进一步考察基层就业满意度问卷的结构效度，我们采用各维度之间的相关系数矩阵进行分析。通常认为，一份具有良好结构效度的问卷，各维度与问卷总分的相关应在 0.3～0.8 之间，各维度之间的相关应该在 0.1～0.6 之间，且各维度与问卷总分的相关要明显大于各维度之间的相关。从表 3－25 可以看出，各维度与问卷总分的相关系数为 0.515～0.814，呈较高程度的相关，各维度之间的相关系数大部分在 0.6 以下，呈中等程度的相关，明显小于各维度与问卷总分之间的相关。这说明各维度较好地反映了问卷要测量的内容，问卷结构比较合理，也就是说问卷具有较好的结构效度。

表 3－25　各维度之间及各维度与问卷总分之间的相关系数

	工作条件与环境	人职匹配	管理考核	薪酬待遇	认可评价	个人发展	补偿政策	人际关系	领导风格	自我关系	问卷总分
工作条件与环境	1.000										
人职匹配	0.473**	1.000									
管理考核	0.488**	0.545**	1.000								
薪酬待遇	0.556**	0.408**	0.537**	1.000							
认可评价	0.554**	0.584**	0.560**	0.598**	1.000						
个人发展	0.383**	0.500**	0.450**	0.445**	0.523**	1.000					
补偿政策	0.424**	0.449**	0.515**	0.580**	0.452**	0.396**	1.000				
人际关系	0.510**	0.611**	0.584**	0.438**	0.600**	0.478**	0.405**	1.000			
领导风格	0.500**	0.503**	0.600**	0.537**	0.594**	0.453**	0.466**	0.622**	1.000		
自我关系	0.446**	0.530**	0.419**	0.373**	0.523**	0.446**	0.313**	0.524**	0.443**	1.000	
问卷总分	0.721**	0.741**	0.805**	0.753**	0.804**	0.659**	0.686**	0.773**	0.814**	0.515**	1.000

注：* 表示统计检验的相伴概率值 $P \leq 0.05$，** 表示统计检验的相伴概率值 $P \leq 0.01$。

3. 基层就业满意度结果分析

（1）基层就业满意度总体情况。

从总体上来看（见表 3－26），被调查的基层就业大学生的总体满意度（C1）、工作岗位满意度（C2）、工作回报满意度（C3）和工作群体关系满意度（C4）均值均高于理论中值 3，说明大学生对基层就业是满意的，但满意程度不高。相对而言，对工作回报的满意度较低，且其标准差最大，说明基层的不同行业、单位、岗位之间的回报存在较大差异，也反映了被调查的基层就业大学生对提高工作回报的愿望比较强烈。

表 3－26　大学生基层就业满意度评价指标均值及标准差

项目编码	均值	标准差	项目编码	均值	标准差
C1	3.4190	0.77375	C27	3.5262	0.82142
C2	3.3143	0.82113	C28	3.2595	0.85558
C3	3.1452	0.82639	C29	3.2310	0.87745
C4	3.4333	0.79247	C30	3.3690	0.90583
C5	3.2619	0.85903	C31	3.3095	0.83160
C6	3.1857	0.86225	C32	3.2071	0.78314
C7	2.8690	0.88719	C33	3.4048	0.81629

续表

项目编码	均值	标准差	项目编码	均值	标准差
C8	3.0881	0.86808	C34	3.3833	0.79269
C9	3.2595	0.96812	C35	3.6381	0.81307
C10	3.2238	0.86148	C36	3.1643	0.85690
C11	3.2524	0.85632	C37	3.2095	0.82265
C12	3.1714	0.90827	C38	3.5429	0.81780
C13	3.8143	0.80795	C39	3.1500	0.96915
C14	3.3548	0.85478	C40	3.0024	0.86153
C15	3.0738	0.88842	C41	3.1905	0.83303
C16	3.2976	0.88450	C42	3.1857	0.83697
C17	3.3857	0.81383	C43	3.6238	0.83846
C18	3.1833	0.88596	C44	3.3333	0.98356
C19	3.3167	0.97570	C45	3.0905	0.96794
C20	3.0095	0.86563	C46	3.3810	0.87534
C21	3.2881	0.85478	C47	3.1140	0.94040
C22	3.2524	0.85073	C48	2.9595	0.85502
C23	3.2643	1.76120	C49	3.3071	1.00283
C24	3.1762	0.88337	C50	3.3071	0.76214
C25	3.5452	0.82927	C51	3.4952	0.82182
C26	3.3381	1.69373			

注：“非常同意”赋值为5，“比较同意”赋值为4，“一般”赋值为3，“不太同意”赋值为2，“完全不同意”赋值为1。理论均值为3，越接近于5表明认同度越高，即满意度越高；越接近于1表明认同度越低，即满意度越低。

从工作岗位满意度来看，基层工作环境与条件的评价指标中C31（同质工作环境与条件的比较）的均值相对较高，而C47（单位交通情况）的均值相对较低，说明大学生既能认识到所在基层单位工作环境与条件的相对有利性，也能看到基层工作环境与条件的客观不利性；人职匹配情况的评价指标中C43（能力的适用性）的均值相对较高，而C45（职业兴趣与岗位匹配）的均值相对较低，表明大学生的职业兴趣、职业预期与基层岗位现实之间存在一定差距，但既已选择基层，还是能尽力发挥自己的才能和特长；单位管理考核机制的评价指标中C30（评价考核的公平性）的均值相对较高，而C39（重大决策的科学性、民主性）相对较低，也就是说基层就业大学生对单位的评价考核的公平性满意度相对较高，而对单位重大决策的科学性、民主性满意度相对较低。

从工作回报满意度来看，薪酬待遇的评价指标中C10（回报的公正性）的均值相对较高，C7（薪酬待遇的数量）的均值较低，说明基层就业大学生对回报的公正性相对较满意，而对薪酬待遇的数量不太满意；认可评价中C17、C34（领导、同事的认可）的均值较高，而C41（同辈群体的认可）的均值较低，说明大学生在基层单位比较受欢迎，认可度较高，同辈群体对选择基层的认可度较低；个人发展评价指标中C35（学习、培训的机会）的均值较高，C20（职业发展前景）的均值较低，这可能反映了基层就业大学生提升业务能力的机会相对较多，但由于各种因素的限制而导致职业发展前景不是很乐观；补偿政策的评价指标中C23（政策的支持与鼓励）的均值较高，而C48（政策的需求性）的均值较低，这说明现有的补偿政策对鼓励和支持大学生到基层就业起到一定的作用，但补偿政策与大学生的需求之间存在一定差异，也就是说，现有政策难以满足基层就业大学生的需求。

从工作群体关系满意度来看，所有评价指标的均值均高于理论中值3，人际关系的评价指标中C13（与同事关系）的均值相对显著较高，而C22、C23（单位人际间帮助的主动性）的均值相对较低，说明大学生能比较合理地处理好人际关系，但单位人际间的主动帮助、合作意识还不够强；领导风格评价指标中C14（领导工作能力）的均值相对较高，而C8（领导对下属的关心度）的均值相对较低，说明基层单位领导的工作能力较强，但由于事务繁杂，对大学生关心不够；自我关系评价指标中C51（协调工作与生活的关系）的均值相对较高，C49（基层现实生活而产生的焦虑情绪）的均值相对较低。这说明被调查的基层就业大学生在基层工作生活中偶尔会产生焦虑情绪，但能比较合理地协调各种工作关系、调整工作生活状态。

（2）基层就业满意度的影响因素。

对基层就业大学生的就业满意度进行调查与分析，其根本的、最终的目的是探寻影响其满意度的因素，然后针对这些因素提出改进建议和措施，以提升基层就业满意度，鼓励越来越多的大学生选择基层就业。

根据因子分析旋转后因子载荷情况（见表3－24），我们可以看出影响大学生基层就业满意度最重要的三个因素依次分别为薪酬待遇、认可评价和个人发展；根据前面描述统计分析的结果，我们也可以看出基层就业大学生对工作回报的满意度相对较低。由此我们可以作一个推断：薪酬待遇、认可评价和个人发展等工作回报是影响大学生基层就业满意度的关键因素。分析其原因，可能如下：

首先，被调查的基层大学生有渴望丰厚薪酬待遇的现实需求和补偿心理。从现实需求的角度来看，被调查的基层就业大学生中近七成来自农村、八成以上来自于家庭经济在当地处于中等及以下的家庭，他们非常渴望基层的这份工作不仅能保障自身的生活问题，而且能为家庭分担部分经济责任。同时基层就业大学生可能会有这样一种心理：既然选择了基层，必然意味着在某些方面付出了代价，就会寄希望于物质上能有所弥补。当基层工作的待遇现实难以满足其渴望需求时，就会影响他们的基层就业满意度。

其次，就基层就业的认可评价而言，当前社会包括大学生在内对基层和基层工作形成了一种刻板印象，总体认可度相对较低，尤其是父母对孩子的高期望与对基层的低认可形成鲜明对比，同辈群体之间的各种显性和隐性的比较，这些认可、评价和比较都会直接影响大学生的基层就业满意度。

最后，在个人发展方面，虽然基层是一个能够得到锻炼的大舞台，能从基层这本百科全书学到很多实用的知识和技能，锻炼能力的机会也很多，但也因此工作任务琐碎繁重、工作压力大，且与此相对应的是基层上升空间和渠道有限，面临着可能长期待在基层的困境，因此发展前景是基层就业大学生非常关注的现实问题，也是影响其基层就业满意度的关键因素之一。

为了检验这一推断，对构成基层就业满意度的工作岗位满意度、工作回报满意度和工作群体关系满意度这三个一级评价指标进行判别分析，以期能找到影响大学生基层就业满意度的关键评价指标。从表3－27的判别函数显著性检验结果来看，三个判别函数中只有第一个判别函数达到显著性水平（即相伴概率0.000小于给定值0.01），具有统计学意义。表3－28显示：在有统计意义的第一个判别函数中，与基层就业满意度的关系密切程度按从高到低依次为工作回报满意度、工作岗位满意度和工作群体关系满意度，也就是说工作回报满意度是大学生评价其基层就业满意度的最关键评价指标，其次为工作岗位满意度，而工作群体关系满意度则不是评价其是否满意的关键指标。

表3－27　组内平方和与总平方和之比

函数测试	组内平方和与总平方和之比	卡方	自由度	差异性显著的检验值
判别函数1	0.761	113.488	12	0.000
判别函数2	0.981	8.014	6	0.237
判别函数3	0.997	1.256	2	0.534

表 3-28　标准化的典型判别函数系数

	函数		
	1	2	3
工作岗位满意度	0.506	-0.025	-0.938
工作回报满意度	0.657	-0.596	0.568
工作群体关系满意度	0.185	0.984	0.394

由上述分析可知，大学生对基层就业是基本满意的，但满意程度不高；工作回报是影响大学生基层就业满意度的最关键因素，其中薪酬待遇、认可评价和个人发展是影响大学生基层就业满意度的最重要的三个指标。根据访谈情况，我们发现基层大学生在就业满意度上因个人是否获得相应的回报而呈现出不同的态度：工作单位相对较好、享受了补偿政策、发展得好的大学生，或者满足基层工作生活状态的大学生，他的基层就业满意度就高；工作单位较差、没有享受补偿政策或者享受了补偿政策但发展不好的大学生，以及不甘于在基层工作、生活的大学生，他的基层就业满意度就低。

个案5（男，2011年本科毕业，初入职为乡镇公务员，现为市直机关公务员）：毕业时我选择考公务员，幸运的是我家所在的镇政府有招考，也就很幸运地考上了。当时选择这个乡镇公务员，有两个重要原因，第一个是家里父母年纪大、身体不好，回去可以照顾父母；第二个呢，可能有点功利主义吧，我个人觉得基层就业政策比较好，听老师说过，可以学费补偿助学贷款代偿，能为家里减轻经济压力。到了单位工作后，我还了解到服务期满后可以继续考公务员……我个人觉得去基层工作挺好的，在镇政府工作时大部分时间是在驻村，学到了不少基层工作知识，服务期满后申请到了助学贷款代偿，现在我又考到了市直机关做公务员。我觉得我挺幸运的，也很幸福，说句心里话，可能有点俗气吧，真心感谢政府、感谢学校！

个案6（男，2011年本科毕业，乡镇事业单位办事人员）：在基层工作三年多了，跟其他同学一样享受了学费补偿，相关补贴也是按政策规定发给我了，工作单位交通比较方便，离家也近，按理说对这份工作应该比较满意了……可是看到周围的同学有考公务员的，有考研的，离开了原来的工作单位，而自己一直待在这个单位，事业上没有什么起色，也去考过县里的公务员，没考上，感觉更加看不到前途了，好担心一辈子待在乡下。

（四）选择基层就业的原因、态度及未来职业规划

本章第一节的调查结果显示：愿意主动选择基层就业的429名应届毕业生，他们愿意选择基层就业最重要的三个原因是“多一个就业选择”“国家政策支持”“职业兴趣和理想适合基层”；他们将基层就业视为一种短期行为，有88.58%的大学生认为能接受的基层工作时间为三年及以下。那么对于已在基层就业的大学生来说，他们选择基层就业的原因又是什么？去了基层后是否后悔自己当初的选择？对个人未来职业发展有何规划？

1. 选择基层就业的原因

“为什么选择基层”是大学生在作选择时不能不考虑的问题，也是研究者在研究过程中比较关心的问题，期望通过对“为什么选择基层”的调查来探寻大学生基层就业行为背后的真实动机。以“你选择目前这个工作岗位的原因是……”来考察基层就业大学生选择基层的原因，从表3－29加权统计的结果可以看出：

（1）“就业压力大，作为暂缓之计”是选择基层就业的关键原因。“就业压力大，作为暂缓之计”在加权平均值和第一重要原因上位列第一。说明基层不是基层就业大学生的第一选择或理想选择，而是迫于就业压力大的无奈选择，比如前述个案2，与应届毕业生选择基层的关键原因为“多一个就业选择”是一致的。这也从侧面反映了一个现实问题，虽然国家实施了一系列基层就业政策，但基层的吸引力还是相对有限。如何增强基层的吸引力，是实现大学生“迫不得已选择基层”转化为“我乐意选择基层”的根本关键。

（2）“积累工作经验”是选择基层就业的第二大重要原因。“积累工作经验”在加权平均值和第一重要原因上位列第二，在第二重要原因上位列第一。说明基层就业大学生非常重视在基层积累工作经验。为什么大学生重视在基层积累工作经验呢？分析其原因，可能有：从大学生角度来看，他们在进入基层之前往往过的是“从家到学校、从学校到家”的简单生活，缺乏处理社会事务的能力，迫切需要在实践中锻炼能力，而基层能为大学生提供锻炼能力的平台和机会，满足大学生锻炼能力的需求；从国家角度来看，基层工作经历已成为省级以上机关录用公务员的必要条件，这种招考制度对激励大学生到基层就业发挥着不可忽视的作用，也为基层就业大学生提供了发展上升渠道。

（3）亲友的建议和支持对选择基层就业产生重要影响。“亲友的建议和支持”在加权平均值上位列第三，在第三重要原因上位列第一，在第二重要原

因上位列第二。说明大学生的基层就业选择一定程度上会受到父母、朋友、老师等亲友建议的影响。具体说来，如果亲友极力支持基层就业，则大学生选择基层就业的可能性相对较大；如果亲友不支持甚至反对基层就业，则大学生选择基层就业的可能性相对较小。

由上可见，基层就业大学生选择基层是基于获得就业机会、积累工作经验以及亲友的建议和支持而作出的决策，选择基层是因为个人就业及发展的需要，也就是说大学生的基层选择行为主要受外部因素的影响。

表 3－29　选择基层就业的原因

变量	第一重要原因（%）	第二重要原因（%）	第三重要原因（%）	加权平均值（%）	排序
就业压力大，作为暂缓之计	55.71	4.52	0.24	29.40	1
积累工作经验	27.86	43.33	0.24	28.41	2
基层就业政策的支持	2.62	15.48	24.05	10.48	4
职业兴趣和理想适合基层	7.14	1.67	20.95	7.62	5
基层发展空间大	1.43	11.19	18.58	7.54	6
亲友的建议和支持	4.76	23.57	35.71	16.18	3
其他原因	0.48	0.24	0.24	0.36	7

注：选择“其他”标注为“家离工作单位很近”“对象在同一工作单位”。

2. 选择基层就业后的态度及关心的问题

组织行为学认为，个人的工作态度往往对其工作行为产生影响。具体而言，个人的积极工作态度会对其工作行为产生正向的影响，消极工作态度会对其工作行为产生负向的影响。因此，有必要了解基层就业大学生对选择基层后的态度。由选择基层就业的原因分析可知，获得就业机会、积累工作经验是基层就业大学生选择基层的主要原因，那么他们到了基层后是否后悔当初的选择？调查结果显示：有 36.19% 的人表示不后悔，5.71% 的人表示后悔，还有 58.10% 的人认为偶尔有后悔情绪。这说明基层就业大学生总体上兑现了“选择基层我不后悔”的誓言，对自己选择基层的立场是比较坚定的，但超过一半的基层就业大学生偶尔产生后悔情绪，可能反映了基层就业大学生受外部因素的影响而产生心理上的矛盾。

在基层工作期间，大学生最关心的问题按比例从高到低分别为能否发挥自己的才能和特长（占比 37.62%）、补偿政策能否落实（占比 22.62%）、服务期满的去向（22. 38%）、离开目前工作岗位的重新适应问题（占比 15. 71%）、其他（标注为“日常生活”“找对象”等问题，占比 1. 67%）。说明大学生在基层工作时，首先重视的是个人才能和特长的发挥，希望将所学知识和个人才能运用到工作实践中，为基层的建设和发展贡献力量，也期望能够在工作岗位上不断提升自我、实现自己的人生价值。其次比较关心的是补偿政策能否落实和服务期满的去向，补偿政策能否落实关系到基层就业大学生的权益能否得到保障和对基层的奉献能否得到认可，服务期满的去向关系到基层就业大学生未来的职业发展。因此，基层单位要为大学生提供锻炼、学习机会，充分发挥大学生的才能和特长，政府要重视基层就业补偿政策的落实，畅通流动渠道，引导服务期满大学生合理流动。

3. 关于未来职业发展规划

上述关于“选择基层就业的原因”的分析结果显示，“就业压力大，作为暂缓之计”是大学生选择基层就业的关键原因，这可能决定了大学生在基层“待不住”。以“你对服务期满后的职业发展是如何规划的?”进行考察，发现全部样本中有 21. 67% 的大学生选择继续留在该岗位上工作，14. 76% 的大学生选择报考研究生，18. 57% 的大学生选择自主创业，20. 71% 的大学生选择报考公务员，7. 86% 的大学生选择在基层其他岗位工作，15. 71% 的大学生选择直接离开基层，还有 0. 71% 的大学生选择其他（备注为“结婚生子”）。可见，服务期满后选择继续留在基层工作的比例偏低，仅为 29. 53%；而七成左右的大学生选择通过考研、考公务员或直接离开等方式逃离基层。

为了进一步分析大学生基层就业是否具有稳定性，以“如果可以离开基层，你是否愿意离开?”进行考察，全部样本中选择愿意离开基层的有 328 人，占比 78. 10%，选择不愿意离开基层的有 92 人，占比 21. 90%；以“如果可以离开基层，你希望离开的时间期限是……”进行考察，全部样本中选择马上和服务期满离开基层的比例分别为 30. 49% 和 69. 51%，说明即使在可以离开基层的情况下，近七成的基层就业大学生希望在完成服务期后再离开基层，与“大学生在基层工作期间比较关心服务期满的去向”这一结论是基本吻合的。

服务期满后的职业规划和可以离开基层这一假设前提条件下的考察结果，都表明基层就业大学生职业规划的理想与现实基本一致，大部分大学生选择在服务期满后离开基层，这反映了大学生到基层就业的暂时性、过渡性。

4. 是否离开基层的原因分析

（1）离开基层的原因。

如表3-30所示，在选择离开基层的328名大学生看来，他们选择离开基层的三个重要原因依次为：工资待遇低、生活压力大，个人发展机会有限，才能特长得不到发挥。

表3-30　选择离开基层的原因

变量	第一重要原因（%）	第二重要原因（%）	第三重要原因（%）	加权平均值（%）	排序
基层就业政策支持不够	16.77	0.61	0.30	8.64	4
工作压力大	10.67	5.49	0.30	7.22	5
工资待遇低，生活压力大	44.51	24.09	12.50	32.37	1
亲友不支持	4.27	7.32	7.93	5.90	7
个人发展机会有限	14.94	39.02	27.13	25.00	2
才能特长得不到发挥	5.18	17.07	33.84	13.92	3
已经有更好的就业选择	3.66	6.40	17.99	6.96	6

① 工资待遇低、生活压力大是基层就业大学生离开基层的关键原因。无论是在第一重要原因还是加权平均值上，工资待遇低、生活压力大均位列第一，足以说明其影响之大、之深，与前述基层就业满意度第一影响因素为“薪酬待遇”的结论是一致的。这可能反映了两个方面的问题：一是基层的工资待遇相对偏低、生活压力相对偏大是客观存在的事实；二是基层就业的大学生对生活质量的追求和提高经济待遇的愿望比较强烈。样本中大部分大学生来自家庭经济状况相对不好的农村家庭，特别渴望通过提高工作收入来减轻家庭负担。基层相对较低的收入难以满足他们的需求，适度提高基层就业大学生的经济待遇，是鼓励基层就业大学生“留得住”的重要途径之一。

② 个人发展机会有限是基层就业大学生离开基层的第二大原因。个人发展机会有限在第一重要原因中位居第三，在第二、第三重要原因及加权平均值上都位列第二。根据马斯洛需要层次理论，当低层次的需要得到满足后，会追求高层次的需要。对于基层就业的大学生来说，当基层工作满足了基本的生存需求后，就会考虑、谋划未来的职业发展。在如何促进基层就业大学生的个人发展上，国家出台了考研、公务员和事业单位招录等一系列政策，但能抓住机会享受到这些补偿政策的大学生仅仅是其中的小部分，因而对于大部分基层就业大学生来说，发展机会仍然非常有限。

③ 才能特长得不到发挥也是影响基层就业大学生离开基层的重要原因。才能特长得不到发挥在第二、第三重要原因及加权平均值上均位列第三。这印

证了“能否发挥才能特长是基层就业期间最关心的问题”这一结论。从个人理想的角度来看，大学生既已选择基层就业，就期望运用自己的知识、才能和特长为基层服务；从现实的角度来看，如果才能特长得不到发挥，难免会产生“学无所用、用无所值”的感觉，逐渐丧失服务基层的热情。刘焕性等人认为基层就业大学生所从事的工作与大学所学专业相关程度偏低，[1]“所用非所学、所学非所用”的现象比较普遍，成为大学生离开基层的重要原因。

（2）不离开基层的原因。

如表 3－31 所示，对于选择不离开基层的 92 名大学生来说，他们选择不离开基层的三个重要原因分别为基层就业政策的支持、基层发展空间大和基层工作压力小。

表 3－31　选择不离开基层的原因

变量	第一重要原因（%）	第二重要原因（%）	第三重要原因（%）	加权平均值（%）	排序
基层就业政策的支持	53.26	3.26	1.09	27.90	1
基层发展空间大	19.57	21.74	1.09	17.21	2
与工作单位有很深的感情	7.61	18.48	7.61	11.23	5
基层工作压力小	10.87	18.48	21.74	15.22	3
能发挥才能特长	5.43	15.22	19.56	11.05	4
目前没有更好的选择	2.17	16.30	19.56	9.79	6
亲友的支持	1.09	6.52	29.35	7.61	7

① 基层就业政策的支持是大学生选择不离开基层的关键原因。无论是在第一重要原因还是加权平均值上，基层就业政策的支持均位列第一，说明政策支持对大学生选择留在基层的影响较大。目前，国家出台了一系列基层就业政策，并坚持以问题为导向来落实好各项政策，既为大学生搭好服务基层的广大舞台，也一定程度上解除了服务基层的后顾之忧。建立和拓展大学生扎根基层的职业发展通道，建立和完善相关的待遇机制和社会保障，是促使大学生全心全意服务基层、扎根基层的坚强后盾。

② 基层发展空间大是大学生选择不离开基层的第二大原因。基层发展空间大在第一重要原因和加权平均值上位列第二，在第二重要原因位列第一。对

[1] 刘焕性、蒋承、李笑秋：《对基层就业大学生职业发展的实证分析》，《中国高教研究》2016 年第 11 期。

于愿意扎根基层的大学生来说，“基层是一个广阔的天地，在那里是可以大有作为的”已成为共识。从我国社会发展的现实角度来看，基层在发展上确实存在巨大的空间，这些发展空间能激励基层就业大学生不断提升服务群众的能力、处理实际问题的能力和应对繁杂事务的能力，逐渐成长为基层建设和发展的中坚力量。

③ 基层工作压力小也是大学生选择不离开基层的重要原因。关于基层工作压力问题，可谓仁者见仁、智者见智。相关报道显示基层公务员普遍感觉工作压力大，但从前面关于选择离开基层的原因来看，工作压力大并不是基层就业大学生离开基层的重要原因，与愿意留在基层的大学生认为工作压力小是基本一致的。

美国学者弗雷德里克·赫茨伯格的激励—保健因素理论认为，激发人们工作积极性的因素主要有激励因素和保健因素，以工作本身的吸引力、认可肯定及工作成就为核心的激励因素能够带来满意感；以工作环境与条件、工资待遇、社会保障等为核心的保健因素只能消除人们的不满，而不会带来满意感。对于基层就业的大学生来说，激励因素主要是才能特长的发挥、发展机会和发展空间等，保健因素主要是基层工作环境、工资待遇等。基于上述关于离开基层和不离开基层的原因分析结果，国家应继续出台和完善基层就业政策，既要增强“保健因素”，提高基层就业大学生的工资待遇，建立补贴机制，又要增强“激励因素”，为大学生提供锻炼和学习的机会，畅通职业发展通道。

（五）主要结论

根据问卷调查结果和访谈情况，基层大学生在就业补偿政策知晓度与认可度、基层就业满意度及选择基层的原因、态度与未来职业规划等方面反映的调查结论，主要有：

（1）基层就业大学生对基层就业补偿政策有一定了解，但了解程度不是很高，与西部高校应届毕业生对基层就业补偿政策的了解程度基本一致；了解基层就业补偿政策的时间与途径表明，基层就业大学生主动了解政策的意识不是很强，了解政策的途径具有多样性，但日常人际交流是了解政策的主要途径。

（2）基层就业大学生对补偿政策内容与大学生需要之间的符合度、补偿政策的宣传力度、执行情况、促进基层就业的效果等四个方面的认可度处于一般水平，但与西部高校应届毕业生的补偿政策认可度基本一致。

（3）基层就业大学生认为影响基层就业补偿政策发挥作用的最重要的三个因素是“政策执行落实情况”“政府学校等方面的宣传力度”“相关配套政

策是否完善”，与应届毕业生的评价结论基本一致，都认为“政策执行落实情况”是影响政策发挥作用的最为关键的因素。

（4）大学生对基层就业是满意的，但满意程度一般；工作回报是影响基层就业满意度的最关键因素，其中薪酬待遇、认可评价和个人发展是影响基层就业满意度最重要的三个指标，表明大学生希望基层工作既能满足他们物质上的需要，也能获得他人的肯定与认可、能有美好的发展前景。

（5）整体上看，被调查的基层就业大学生认为选择基层就业的第一原因是“就业压力大，作为暂缓之计”，与应届毕业生选择基层就业的第一原因“多一个就业选择”是一致的；选择基层就业后仅有少部分人表示后悔，但有一半多的大学生偶尔产生后悔情绪；大学生在基层工作期间最关心的问题是能否发挥自己的才能和特长，也比较关心补偿政策能否落实和服务期满的去向。

（6）在未来职业规划上，被调查的基层就业大学生中，只有三成左右愿意留在基层，七成左右的大学生选择服务期满后通过考研、考公务员、直接离开等方式离开基层；选择留在基层的大学生认为“基层就业政策的支持”“基层发展空间大”“工作压力小”是其选择留下的三个重要原因；选择离开基层的大学生认为“工资待遇低、生活压力大”“个人发展机会有限”“才能特长得不到发挥”是其选择离开的三个重要原因。

三、当前大学生基层就业补偿政策的价值分析

大学生基层就业补偿政策是国家和政府制定的、用以调整就业领域利益关系的一项公共政策，必然承载着特定的价值取向。公共政策的分析研究中，价值分析具有核心地位，因此对大学生基层就业补偿政策的研究，有必要进行价值分析。如何进行价值分析呢？刘复兴认为，价值分析是对公共政策活动中的价值问题进行确认和研究的一种政策研究方法和方法论，其研究的中心内容是公共政策活动中的“价值选择”及其“合法性”“有效性”等问题。[1] 基于此，本书从价值选择、合法性和有效性三个维度对大学生基层就业补偿政策进行价值分析。

（一）价值选择

公共政策价值选择的实质是政策制定者在一定价值判断和价值取向基础上所作出的一种集体性选择。“价值选择既包括观念中的选择，又包括实践活动

[1] 刘复兴：《教育政策的价值分析》，教育科学出版社，2003 年，第 77 页。

中的选择。观念中的选择是政策价值目标的确定，实践活动中的选择是政策过程中的创价活动，即价值目标的实现和获得。”❶ 属于公共政策范畴的大学生基层就业补偿政策，是政府在一定的价值判断和价值取向基础上制定的，它体现或确立了怎样的价值目标呢？

从价值目标确立的角度来看，我国大学生基层就业补偿政策具有三重目标：

1. 鼓励大学生服务基层、扎根基层，促进基层发展

历史事实和现实经验均表明，大学生在促进基层各项事业的发展上发挥着重要作用，是促进基层发展的重要力量。然而“基层专业技术人才队伍建设基础还比较薄弱，与基层经济社会发展的需求相比还有一定差距，基层一线和艰苦边远地区人才匮乏、整体素质不高、职业发展空间有限、基层对人才吸引力不足等问题较为突出”。❷无论是大学生促进基层发展的作用还是基层人才需求状况，都需要大量的大学生服务基层、扎根基层。引导和鼓励大学生服务基层、扎根基层，促进基层发展，成为政府制定基层就业补偿政策的首要价值目标。

2. 解决大学生结构性就业难

大学生就业市场按照“双向选择、自主择业”的就业机制对大学毕业生人力资源进行配置，在供给与需求关系上不可避免地出现结构性矛盾，出现大城市、发达地区、高薪行业“有人无岗”和边远艰苦地区、艰苦行业的基层“有岗无人”现象。政府制定大学生基层就业补偿政策，希望通过政策性补偿来引导和鼓励大学生到基层就业，缓解大学生就业结构性难问题。

3. 满足大学生成长发展的合理利益诉求

本章第二节的调查结果表明，影响基层大学生就业满意度的最重要因素是薪酬待遇、认可评价和个人发展，大学生在基层工作期间最关心的问题是能否发挥自己的才能和特长，也比较关心政策能否落实、服务期满的去向。可见，无论是自主愿意选择基层还是被动选择基层的大学生，都期望在基层能生存下去，在基层能有施展才华、锻炼能力、成长发展的机会。当前大学生基层就业补偿政策从政策上保障大学生成长发展的合理利益诉求，主要有：一是规定工

---

❶ 刘复兴：《教育政策价值分析的三维模式》，《教育研究》2002 年第 4 期。

❷ 《以人才优先发展引领支撑基层发展——人社部专业技术人员管理司负责同志就〈关于加强基层专业技术人才队伍建设的意见〉答记者问》，《中国组织人事报》2016 年 7 月 8 日第 1 版。

资待遇或工作生活补贴标准及学费补偿助学贷款代偿等，保障大学生基本生活的需要；二是颁发基层服务证书、表彰先进个人，对大学生服务基层的奉献行为予以肯定和认可；三是为大学生的成长发展给予倾斜性关照，比如考研加分、公务员定向招录等，畅通大学生流动渠道。

从价值目标确立的角度来看，上述三重价值目标中“鼓励大学生服务基层、扎根基层”是基层就业补偿政策的首要价值目标。从政策实践的角度来看，在政策实践初期，作为政策制定和执行主体的中央及地方政府，为应对高校扩招及金融危机导致的大学生就业难问题而出台的政策性基层就业计划，具有明显的“应急型”特点，这时政策的首要价值目标表现为解决大学生就业难问题；随着政策实践不断深入，具有补偿性质的政策也逐渐丰富起来，尤其是《关于进一步引导和鼓励高校毕业生到基层工作的意见》和《高校毕业生基层成长计划》的出台实施，政策性基层就业计划由“应急型”逐步向“发展型”转变，长效的、稳定的基层就业补偿政策与补偿机制正在形成，补偿政策的首要价值目标又逐渐回归到“鼓励大学生服务基层、扎根基层”。

从政策的受益主体来看，本章第一节和第二节的调查结果表明，大学生普遍认为选择基层是因为“多一个就业选择”或“就业压力大，作为暂缓之计”，他们关注的是基层工作经历与基层就业补偿政策对自己职业发展的有利性。这样，政府关于“服务基层、扎根基层”的政策首要目标与大学生关于“个人成长展机会”的首要目标之间存在一定价值利益上的冲突。面对基层就业补偿政策具有多重价值目标这一问题，政府如何敏感地认识到不同目标之间的矛盾性，如何妥善协调不同主体之间的价值利益冲突，设计出契合度高的政策措施，是政府通过基层就业补偿政策实现“鼓励大学生服务基层、扎根基层”的客观要求。

（二）合法性

公共政策的合法性是指其“价值选择符合某些普遍性的规则、规范，如法律、社会价值观、意识形态、传统典范乃至社会习惯等，并由此在社会范围内被承认、接受和遵守。……本质是价值选择的合目的性，也就是价值选择符合人们的需要、价值理想和追求。”[1]通常情况下，政策的合法性既包括内容合法性也包括形式合法性。前者指的是政策内容能被人们所认可和接受，

---

[1] 刘复兴：《教育政策价值分析的三维模式》，《教育研究》2002 年第 4 期。

能体现社会公共利益；后者指的是政策制定与实施程序符合社会普遍性规则和规范。

1. 大学生基层就业补偿政策的内容合法性分析

大学生基层就业补偿政策遵循就业公平的原则、强调对基层就业大学生的补偿，符合基层就业大学生的利益需求，说明大学生基层就业补偿政策的内容具有较高的合法性。其内容合法性具体表现为以下两个方面：

（1）遵循就业公平的原则。在保障大学生就业公平上，《教育部办公厅关于加强高校毕业生就业信息服务工作的通知》明确提出三个严禁，即“严禁发布含有限定“985”高校、“211”高校等字样的招聘信息，严禁发布违反国家规定的有关性别、户籍、学历等歧视性条款的需求信息，严禁发布虚假和欺诈等非法就业信息，坚决反对任何形式的就业歧视”。❶《国务院办公厅关于做好2013年全国普通高等学校毕业生就业工作的通知》强调：“大力促进就业公平，不得以毕业院校、年龄、户籍等作为限制性要求，国有单位招聘要做到信息公开、过程公开、结果公开。”❷ 以服务基层项目为例，政府在积极拓宽大学生就业渠道、增加大学生就业机会的同时，把促进就业公平放到更加突出的位置，具体表现为三个方面：一是就业机会上，基层岗位的限制性条件少，大学生拥有均等的基层就业机会；二是就业过程上，从信息发布到结果公示的过程公开化、透明化，大学生在相同规则下公平竞争；三是就业结果上，明确规定基层工资待遇或工作生活补贴标准，职业发展机会面向所有人开放，确保就业结果公平。

（2）强调对基层就业大学生的补偿。由于基层客观环境和条件的限制，基层就业大学生的直接经济收益和间接非经济收益相对较少，在职场上处于弱势地位，成为罗尔斯所说的“最少受惠者”。根据罗尔斯的正义原则，政府应通过对“最少受惠者”的补偿，使在不同地域、不同行业就业的大学生都处于一种结果平等的地位。目前大学生基层就业补偿政策中的学费补偿助学贷款代偿、艰苦边远地区津贴、公务员定向招录等，一定程度上弥补了基层就业大学生的不利处境带来的影响，符合基层就业大学生的利益需求，客观上增强了

❶ 《教育部办公厅关于加强高校毕业生就业信息服务工作的通知》（教学厅〔2013〕5号），中华人民共和国教育部，2013－04－17，http：//www. moe. gov. cn/srcsite/A15/s3265/201304/t20130417_150998. html。

❷ 《国务院办公厅关于做好2013年全国普通高等学校毕业生就业工作的通知》，《中华人民共和国国务院公报》2013年第15号。

政策的合法性。

2. 大学生基层就业补偿政策的形式合法性分析

（1）政策主体具有较高的合法性。通常情况下，公共政策主体应包括决策主体、参议主体和参与主体，但对政策主体的合法性考察主要是对决策主体的合法性进行考察。政策主体的合法性要求决策主体具有权威性，即政策决策主体具有进行决策的法定权限和专业知识能力。大学生基层就业补偿是一个系统性问题，需要党和政府相关部门协力共同解决，因此大学生基层就补偿政策的决策主体自然地要涉及多个部门机构。从法定权限的角度来看，涉及大学生基层就业补偿政策的相关部门，中央层面主要有中共中央办公厅、国务院办公厅、教育部、人力资源和社会保障部、农业部、中组部、财政部、共青团中央等，省级层面主要有省（区、市）委办公厅、省（区、市）人民政府办公厅及其相关机构（如教育厅、财政厅、人力资源和社会保障厅等），这些部门机构是中国共产党领导下的直属机构、行政机构和群众组织，在各自系统内具有决策的法定权限；从专业知识能力的角度来看，上述部门机构是各自领域内的行家里手，能针对各自领域的基层现实情况和其他部门共同研讨分析，进而制定出合理的补偿政策，多个部门联合印发的服务基层项目的政策文件就是很好的例证。

（2）政策程序的合法性需进一步提升。政策程序的合法性要以程序的合理性、科学性为前提，要求政策制定按照法定或规范的程序，尊重相关主体的参与权和表达权。就大学生基层就业补偿政策而言，至少要保证政策对象（即基层就业大学生）参与政策制定过程，要建立科学合理机制保证大学生能表达利益诉求。有调查显示：大学生参加大学生就业政策制定过程的愿望很强烈，但是普遍缺乏参与大学生就业政策制定过程的渠道，大学生群体在大学生就业政策过程中的参与是相当缺乏的。[1] 基层就业大学生很少参与或没有参与基层就业补偿政策的制定过程，政策的程序合法性也就大打折扣了。

（三）有效性

公共政策的有效性是指公共政策实施过程中所获得的具有最大化正向价值的政策结果。因此，衡量公共政策有效性的标准在于公共政策的政策目标是否有效地转化为政策结果，即政策目标与政策结果之间是否具有高度一致性。公共政策的有效性贯穿于政策的全过程，既包括政策制定的有效性（即政策制

[1] 吴庆：《大学生就业政策过程与大学生参与》，《教育与职业》2008 年第 8 期。

定的科学性和民主性），也包括政策实施的有效性。

1. 政策制定的有效性有待提升

从政策制定的科学性角度来看，目前我国大学生基层就业补偿政策由中共中央办公厅、国务院办公厅、中组部、教育部、人力资源和社会保障部、农业部、财政部、共青团中央等部门联合或单独制定。前述的合法性分析表明，这些部门具有政策决策的法定权限和专业知识能力，能比较科学地制定合理的大学生基层就业补偿政策。从政策制定的民主性角度来看，目前大学生基层就业补偿政策的制定和决策主体为政府，而作为政策对象的大学生没有参与其中。大学生在补偿政策制定中的缺位一定程度上影响了政策制定的有效性，应建立专门渠道让大学生参与补偿政策的制定。

2. 政策实施的有效性需要进一步提升

政策实施的有效性从大学生基层就业补偿政策的现实效果（即大学生选择基层就业的情况、基层就业大学生的满意度两方面）进行考察。从大学生选择基层就业的情况来看，第二章第三节对基层项目作了详细论述。相关数据显示越来越多的大学生参与了基层项目，表明政策实施取得了一定的效果。从基层就业大学生的政策满意度来看，相关研究主要集中于基层公务员、大学生村官这两个群体的工作满意度。研究结果显示，基层公务员、大学生村官的工作满意度不高；本章第一节和第二节的调查结果显示，基层就业补偿政策对大学生选择基层就业的影响一般，无论是在校大学生还是基层就业大学生都认为政策执行落实情况是影响政策发挥作用的关键因素。上述结果反映了基层就业补偿政策实施过程中可能存在一些不到位的情况，也反映了政策目标与政策结果之间存在一定的偏差，即基层就业补偿政策的有效性有待提升。

综上所述，我国大学生基层就业补偿政策体现了政府鼓励大学生服务基层、扎根基层，解决大学生结构性就业难，满足基层就业大学生成长发展需求的价值选择，但政策实践过程中存在三重价值目标之间的矛盾性、决策主体与受益主体之间的价值目标冲突；遵循就业公平的原则、强调对基层就业大学生的补偿，表明大学生基层就业补偿政策内容具有较高的合法性；大学生基层就业补偿政策主体的决策权威和专业知识能力，决定了政策主体具有较高的合法性，但政策程序的合法性有待提升；政策制定和政策实施的有效性现状表明大学生基层就业补偿政策的有效性需要进一步提升。

第四章　大学生就业补偿政策与制度的国际镜鉴

大学生就业的结构性难题是一个世界性难题，几乎任何国家都难以完全依靠市场机制来解决此问题，需要国家和政府政策的强力介入。当前不少国家通过有效的政策鼓励大学生到特定地区、特定行业就业，对大学生的高等教育投资收益差距进行制度化的合理补偿，已取得明显的成效。从世界范围看，美国、英国、法国、德国、俄罗斯、墨西哥、澳大利亚、日本、印度等国家在高校毕业生就业方面具有典型的代表性，做毕业生就业专题研究的人，研究范围不外乎这些国家。[1] 因此本课题选取其中几个国家，研究、学习和借鉴他们的大学生就业补偿政策与制度，以期为我国大学生基层就业补偿政策的制度化提供经验依据，从而更有效地引导和鼓励大学生面向基层就业。

一、发达国家的大学生就业补偿政策与制度

（一）美国：奖励补助、减免贷款

为鼓励大学生到政府、军队、教育等特殊行业就业，民间组织和美国联邦政府设立或支持设立一些教育或培训项目。比较典型的是“为美国而教”项目和“预备军官训练营”项目。2009 年 4 月 21 日，美国时任总统奥巴马签署了《爱德华·甘尼迪服务美国法案》（Edward M. Kennedy Serve America Act），该法案不仅要求继续推行“为美国而教”“预备军官训练营”等项目，而且新增了清洁能源志愿队、教育志愿队、健康未来志愿队、机会服务志愿队、退伍军人服务志愿队等 5 种志愿者团队。[2] 法案还规范了志愿服务项目的管理和拨款机制，为促进大学生就业发挥了非常重要的作用。除专门项目外，美国联邦

---

[1] 荆德刚：《5 种模式　推进力量各不相同》，《中国教育报》2010 年 3 月 24 日第 7 版。

[2] Edward M. Kennedy Serve America Act. https：//en. wikipedia. org/wiki/Edward_M. _Kennedy_Serve_America_Act.

政府对在特定地区、特定行业就业的大学生进行就业补偿，其补偿方式主要为贷款偿还减免。这样既能吸引大学生到特定地区、特定行业就业以解决人才短缺问题，又能减轻大学生的债务负担。

1. “为美国而教”项目

“为美国而教”（Teach for America，简称 TFA）项目创始人温迪·卡普（Wendy Kopp）一直致力于为美国欠发达地区学校和城市地区师资薄弱学校招募、培训、输送教师。1989 年温迪·卡普在普林斯顿大学读大学四年级时，在毕业论文中提出“为美国而教”的构想，即招募全国一流大学的优秀毕业生，经过系统培训后将他们安排在欠发达地区学校和城市地区师资薄弱学校，从事为期两年的教学工作，以保障所有学生获得平等的受教育机会。1990 年“为美国而教”项目正式启动，来自 100 所大学的 2500 名毕业生应征申请加入，经过严格挑选的近 500 名优秀毕业生组成该项目的第一支教师队伍，在 5 个州的 6 个地区从事教学工作；截至 2016 年，该项目拥有 5 万多名支教教师，在 36 个州的 52 个地区从事教学工作，多达一千万学生从中获益。[1]“为美国而教”有两个改革理念：从短期来讲，把精力旺盛、聪明而又有责任心的年轻人送到薄弱校；而立足长远的一个理念是，这些在薄弱校积累了宝贵经验的支教者，他们将来会领导更大的变革，这就是为什么“为美国而教”花大力气挑选具有领导才能的人的原因。[2] 截至 2016 年，参与过“为美国而教”项目的大学生中，有 1010 人成为学校领导，280 人成为学校系统领导，95 人成为被选举产生的官员，325 人成为政策、组织的领导者，125 人成为工会领导。[3]

“为美国而教”项目在 20 多年时间里不断发展壮大并取得举世瞩目的成绩，不仅符合美国社会促进教育均衡发展和呼吁教育公平的趋势，而且通过实施招募、选拔、培训、职业支持等一系列策略，吸引大量大学生参与其中，缓解了美国大学生就业压力，还通过建立广泛合作关系获得社会资助，为项目实施及支教大学生提供了物质保障。“为美国而教”项目成员享受的待遇主要有：一是分配到各个地区并被聘为全职教师的项目成员，当地学区给予他们与当地其他新任专职教师同样的薪水和福利，消除了项目成员经济上的后顾之

[1] 数据来源于“为美国而教”官网 https：//www. teach for america. org/about – us/annual – report。

[2] 李茂：《“为美国而教”的真正价值》，《中国教师报》2008 年 4 月 30 日第 A04 版。

[3] 数据来源于“为美国而教”官网 https：//www. teach for america. org/about – us/annual – report。

忧，使他们能够比较安心地工作和生活；二是项目机构以无息贷款或津贴的形式提供过渡时期的经济支持，帮助项目成员解决考试认证和搬家等方面的费用；三是“为美国而教”项目隶属于“美国服务队”（American Corps），其成员可以享受“美国服务队”提供的待遇，即津贴、贷款延期偿还甚至完成服务期后可免除贷款及贷款利息减免等；四是享受研究生院提供的特殊待遇，如豁免申请费用、提供奖学金、延期入学等。

2. “预备军官训练营”项目

“预备军官训练营”（Reserve Officers' Training Corps，简称 ROTC）概念在《莫里尔法案》（Morrill Act）首次被提出，在 1916 年美国《国防法》被正式确立下来，且规定“各军种部长遵照总统颁布的规章，可以在任何民间教育机构制定并维持高级后备军官训练员计划”。❶ 目前每个州的州立大学都开设有军事课程，每年从优秀中学毕业生或大学生中选拔“预备军官训练营”成员。被选拔出来的学生选修预备军官训练营的课程均可获得一定的奖学金以及书费和津贴补助，这对于承受高昂学费的美国大学生来说具有很大的吸引力。课程分基础课程和高级课程，基础课程主要培养学生的基本军事知识、社会责任感和国家安全意识；如果学生选修并通过高级课程且获得学位，则被授予少尉军衔并要求服役一定期限。美国预备军官训练营制度吸引大学生投身国防，培养了大量的国防人才，“以美国陆军为例，将级或校级的高中层军官超过 50%，尉官阶级高达 75%”，❷ 同时又解决了大学生的就业问题。

3. 联邦家庭教育贷款与联邦直接贷款计划

联邦家庭教育贷款（Federal Family Education Loan，简称 FFEL）是在 1965 年美国《高等教育法》授权设立的“担保学生贷款”（Guaranteed Student Loans，简称 GSL）基础上发展起来的。“担保学生贷款”是商业银行或其他信贷机构提供贷款资金，联邦政府或其他机构担保，并由联邦政府补偿借贷机构因学生贷款而造成的损失，其目的是使中低收入家庭能够获得接受高等教育机会。FFEL 主要形式有斯泰福德贷款（FSL）、学生家长贷款（PLUS）以及联

---

❶ 美国国会众议院法律修订咨议局：《美国法典（United States Code）：军事法卷》，中国社会科学出版社，1994 年，第 219 ~ 222 页。

❷ 王晓阳、方军：《美国联邦政府对高校毕业生就业市场的培育与引导》，《世界教育信息》2009 年第 1 期。

邦整合贷款（FCL）。[1] FFEL 偿还方面，除了借款者死亡、永久性和完全残疾等原因可以免除贷款外，对于全职从事特殊学科（如数学、科学等）教学工作或从事经济处境不利学生教学服务工作的大学生，以及参加和平服务队、VISTA 志愿者、全职护士或医疗技术人员等工作的大学生可以享受贷款减免的政策。[2] 为了鼓励大学生从事教师职业，1998 年修订的《高等教育法》则明确规定：FFEL 项目的学生借款人在指定的公立或非营利性私立中小学连续完成 5 年教学工作任务，将免除他们五年工作后未还贷款总额中的 5000 美元。[3] 2008 年《高等教育机会法》规定：在国家需要的行业，比如早期儿童教育、护士、外国语言专家、图书管理员、儿童福利机构等行业从事全职工作的大学生，可以享受减免贷款的政策。[4] 2009 年 9 月 17 日众议院教育和劳工委员会通过了《学生资助和财政责任法案》（The Student Aid and Fiscal Responsibility Act of 2009，简称 SAFRA），[5] 从 2010 年 6 月 30 日起，FFEL 项目被终止，取而代之的是联邦直接学生贷款项目。

联邦直接学生贷款（Federal Direct Student Loan，简称 FDSL）是 1994 年开始实施的一项助学贷款。1993 年 8 月国会通过的《学生贷款改革法》规定，从 1994 年 7 月开始实行由联邦教育部直接负责发放、管理和回收的联邦直接学生贷款计划。[6] 从 2010 年 7 月 1 日起，FDSL 成为大学生唯一的政府贷款项目。在 FDSL 项目中，联邦政府本质上相当于银行，拥有贷款债权，由学校将联邦政府的资金直接发给借款大学生，没有担保机构和借贷机构介入，能更好地资助中低收入家庭的学生接受高等教育。FDSL 的偿还实行有条件的减免，如在符合规定的教育服务机构从事全职教师的大学生可以免除贷款。[7]

---

[1] Schenet, Margot A. The Federal Family Education Loan Programs. CRS Report for Congress. Updated. 1994 - Dec - 2, P11, http://eric. ed. gov/? q = FFEL&pg = 2&id = ED378878.

[2] Schenet, Margot A. The Federal Family Education Loan Programs. CRS Report for Congress. Updated. 1994 - Dec - 2, P40 - 41, http://eric. ed. gov/? q = FFEL&pg = 2&id = ED378878.

[3] 1998 Amendments to the Higher Education Act of 1965, http//www2. ed. gov/policy/highered/leg/hea98/sec424. html.

[4] Higher Education Opportunity Act - 2008, P161 - 166, Public Law 110 - 315, 110th Congress, Aug. 14, 2008.

[5] 孙章伟：《美国高等教育资助制度改革及启示》，《高教探索》2011 年第 1 期。

[6] U. S Congress. Student Loan Act Reform of 1993 (H. R. 2055). www. congress. gov/bill/103rd - congress/house - bill/2055.

[7] Higher Education Opportunity Act - 2008, P189, Public Law 110 - 315, 110th Congress, Aug. 14, 2008.

4. 联邦帕金斯贷款计划

联邦帕金斯贷款（Federal Perkins Loan，简称 FPL）是在 1958 年美国《国防教育法》（National Defense Education Act）确定设立的“国防助学贷款”的基础上发展起来的。FPL 偿还减免的就业条件有：在指定的、低收入家庭孩子数量超过 30% 的中小学（包括在公立中小学或非营利的私立中小学）从事全职教师；全职从事政府监管的幼儿保健项目服务工作；为当地或政府服务的全职执法人员、狱警和律师；全职消防人员；民族学院或大学的全职教员；具有图书馆管理硕士学位且在指定中小学从事全职工作的图书管理员；具有硕士学位且在指定中小学全职从事干预矫正工作的语言语音病理学家。在符合上述条件、完成规定服务年限的前提下，大学生最高可以免除 100% 的贷款。❶

（二）德国：给予补贴、减免税收

1969 年《就业促进法》颁布实施以来，德国政府高度重视从法律的角度保障和促进大学生就业，针对大学生等青年群体的就业而颁布了一系列法律，如《培训岗位促进法》《职业教育促进法》等。德国政府不仅将促进充分就业作为立法目的，而且还通过政府行为、公共服务等途径来促进就业。“德国联邦和州政府对高校毕业生就业管理特点是统一的社会化和法制化管理，即把高校毕业生作为社会就业的普通一员，与其他社会就业人员一样享受相应的就业政策和服务，依法进行统一的社会就业管理，而不是将高校毕业生作为特定就业对象，制定特别的就业政策。”❷ 但为了促进包括大学生在内的青年群体充分就业，对在特定行业的就业者进行补偿，主要有：

一是“美因茨模式”。所谓“美因茨模式”是通过实施补助补贴来吸引人们从事低报酬工作以促进就业的方式，因在美因茨（德国地名）实施且取得成功而得名。为了降低失业率和解决低报酬工作没人愿意干的问题（即“有业不就”的问题），德国政府不仅在《就业促进法》里规定，“无论要领取失业保险金还是失业救济金，有正常劳动能力的失业者必须以准备接受劳动部门安排的工作为条件”❸，同时凡是愿意从事如清洁工之类低报酬工作的就业者，

---

❶ Higher Education Opportunity Act - 2008, P191 - 193, Public Law 110 - 315, 110th Congress, Aug. 14, 2008.

❷ 闫瑾：《德国高校毕业生就业的管理与服务》，《世界教育信息》2008 年第 10 期。

❸ 金涛：《德国〈就业促进法〉特点及经验》，《人民论坛》2011 年第 35 期。

政府将每月为其提供额外的社会保险补贴及儿童补贴（有子女的就业者），但受助年限最高为三年。

二是出台优惠及补偿政策支持大学生从事农业。德国政府为了发展农业，不仅重视农业专业的大学生实践能力和实践经验的培养，而且通过政策优惠及补偿鼓励大学生到农村就业创业。在农村就业创业的大学生可以享受的政策有："有权买地或租地，申请建立自己的农业企业和经营农场；除了缴纳每英亩 30 欧元的保险费外，其他的养老、医疗、护理和事故等社会保险均由国家投保；可申请政府资助及低息贷款；创办农场的第一年，可以得到政府的资助和补贴，头 6 年可以减免税收等。"❶ 正因为如此，农业成为德国大学生最热门的专业。

（三）英国：提供资助、减免贷款

1942 年出版的《贝弗里奇报告》被视为福利国家的奠基石，明确提出社会福利是国家的责任。此后英国逐步成为福利国家。由于国内经济发展状况欠佳，福利国家制度的弊端也不断显现出来，居高不下的失业率和巨额的财政负担困扰着英国政府。为了减轻政府财政负担和提高社会就业率，英国政府从 1997 年起进行福利改革，实施"福利到工作"（Welfare to Work）政策。"福利到工作"的实质是个人必须通过工作才能享受国家提供的福利，国家帮助失业者提高就业能力使其能顺利地找到工作，改变过去消极的、带来严重财政负担的失业福利政策。

"福利到工作"政策中的典型和核心项目是"青年新政"（New Deal for Young People，简称 NDYP）。"青年新政"主要针对领取失业救济金 6 个月以上的 18～24 岁的青年实施，具有强制性（即符合条件的青年必须参加培训和就业才能具备申领失业救济金的资格）。❷"青年新政"的核心理念是提升青年的就业能力。具体说来，政府投资对失业青年进行教育和技能培训，使其获得相应的技能和动力以找到工作并具备长期持续就业的能力。虽然"青年新政"的核心是提升青年的就业能力，但是对从事特殊工作的青年也进行一定补偿，如参与志愿组织工作（Voluntary Sector Option，简称 VSO）或环保工作（Environmental Task Force，简称 ETF）项目期间（为期 6 个月），"可以获得相当于

---

❶ 杜丽华：《国外促进大学生到农村就业、创业的经验及启示》，《世界农业》2009 年第 11 期。

❷ Edward A. Fieldhouse, Virinder S. Kalra and Saima Alam. A New Deal for Young People from Minority Ethnic Communities in the UK. Journal of Ethnic and Migration Studies Vol. 28, No. 3: 499－513, July 2002.

求职者补助的补贴以及额外400英镑的支持”。[1]“青年新政”没有明确提出大学毕业生这一群体，但处于失业状态的大学毕业生可以享受同样的政策待遇。

在实施“青年新政”的同时，英国政府启动实施了一系列大学生就业促进计划和措施，如国家实习计划、启动创业项目等，其中重要的一项就是通过助学金、减免贷款等方式吸引和鼓励学生从事教师和医疗职业，进而实现提升整个社会的基础教育质量和医疗质量的目标。愿意从事教师职业、参加职前教师培训和学校为中心的职前教师培训的本科生，愿意从事教师职业、参加职前教师培训和学校为中心的职前教师培训及研究生学位教育的研究生，均可获得一定的资助。[2] 但是值得注意的是，资助是浮动的，资助金额与申请人的学位等级及所教学科有关，学位等级越高、学科师资越紧缺，申请人所获得的资助就越高。“在2016~2017学年从事中学物理或数学教学且符合其他相关规定的本科实习教师，可以获得9000英镑的助学金；从事小学物理或数学教学且符合其他相关规定的实习教师可以获得6000英镑的助学金；其余学科诸如语言、历史、体育、音乐等实习教师也享受不同金额的助学金。”[3] 同样地，愿意从事医疗相关职业的大学生也享受政策优待，“2012年9月1日后开始学习国民健康服务（National Health Service，简称NHS）课程的全日制学生，可以申请助学金、1000英镑奖学金及生活费贷款减免，NHS机构给符合助学金条件的学生提供标准学费；2012年9月1日后开始学习国民健康服务课程的非全日制学生，也可以申请助学金及奖学金，但其金额多少与课程学习时间长短有关”。[4] 同时，为鼓励大学生从事“社会回报高、个人回报少”或者低报酬低收入的工作，英国政府还设定了偿还学费和生活费贷款的最低收入标准：“2012年9月1日之前入学的大学生，毕业后还贷的年收入标准为17495英镑；2012年9月1日后入学的大学生，毕业后还贷的年收入标准为21000英镑；如果大学生毕业后的收入没有达到规定的标准，则当年不需还贷。”[5]

（四）日本：提供补贴、免还贷款

日本大学生的就业问题是由政府统一监管的，主要由文部科学省和厚生劳

---

[1] 罗恩立：《英国青年就业新政的政策路径、制度设计及对我国的启示——以提升可雇佣能力为导向》，《兰州学刊》2010年第1期。

[2] Teacher Training Funding. https：//www. gov. uk/teacher – training – funding.

[3] Funding：Initial Teacher Training（ITT），Academic year 2016 to 17. https：//www. gov. uk/guidance/funding – initial – teacher – training – itt – academic – year – 2016 – to – 17.

[4] NHS Bursaries. https：//www. gov. uk/nhs – bursaries/what – youll – get.

[5] Repaying Your Student Loan. https：//www. gov. uk/repaying – your – student – loan.

动省负责。文部科学省是总管日本全国教育、文化、学术等工作的管理机构，在大学生就业方面主要负责制定大学生就业的相关政策，总体部署和指导大学生就业工作；厚生劳动省是总管日本全国劳动就业、社会保障、医疗卫生等工作的管理机构，直接具体负责大学生就业工作。由于政府重视，日本实行全员参与的统一就业制度，即厚生劳动省和文部科学省全程指导、高校直至院系重点服务、企业和行业协会积极参与、毕业生提前主动就业。❶

在大学生就业供给促进方面，日本政府实行的措施主要有：一是多途径提升大学生就业能力。厚生劳动省于 2004 年 7 月起实行“青年就业基础能力支援项目”（Youth Employability Support Program），通过培训、考试等方式提升大学生的就业基础能力，即“职业人意识、沟通能力、商务礼仪、基础学力和资格取得能力”❷ 等 5 个方面的能力；日本政府于 2010 年 6 月开始实施“新成长战略”，战略内容之一就是就业，提出要增加就业机会，着力提高青年人的就业率，且确保所有工作都是“体面的工作”。二是改进特定地区就业形势的补贴，通过激励政策鼓励大学生从事特定的职业。日本政府 2002 年编制了一项专门用于扩大就业机会的预算，其中包括“紧急增加雇佣计划”，对政府认定的“经济和就业形势严峻地区”，提高“稳定雇佣补助金”数额，增加扩大就业计划的资金。厚生劳动省 2014 年设置了“就业促进稳定补贴”，其目的是解决大学毕业生就职后频繁跳槽问题，规定“自 4 月 1 日起再次就业的人如在半年时间内工资一直低于上一份工作的工资水平，在个人提出申请、政府进行资格审核后可以为其提供补贴”。❸ 日本中小企业厅 2010 年 2 月推出“应届大学毕业生就业支援项目”，政府拿出 108 亿日元专项资金，给予符合条件的实习生每天 7000 日元的技能学习补助。❹ 为解决医疗、护理和福利机构人才缺乏问题，厚生劳动省推出“紧急人才培养・就业支援基金”项目，就业者在接受职业培训期间每人每月可得到 10 万～12 万日元的生活补贴。❺三是实行免还、缓还贷款政策。日本高等教育实行缴费上学，同时实行以贷学金为主的学生资助制度，学生贷款分无息贷款和有息贷款两种。凡是无息贷款的申

❶ 荆德刚：《国外高校毕业生就业模式研究》，《教育研究》2009 年第 8 期。

❷ 董亮、罗明明、钱晓：《日本促进大学生就业的经验及其启示》，《教育探索》2012 年第 9 期。

❸ 冀勇：《日本多举措促大学生就业》，《法制日报》2014 年 8 月 19 日第 10 版。

❹《日本实施多项政策促进大学生就业》，新华网，2010－06－29，http：//news. xinhuanet. com/employment/2010－06/29/c_12276941_2. htm。

❺ 蒋丰：《日本大学生就业率上升不只是环境的变化》，日本新华侨报网，2013－08－19，http：//www. jnocnews. jp/news/show. aspx？ id＝67118。

请者，毕业后自愿从事教育或研究工作的，经申请认定满足条件后，可以免除偿还义务；而毕业生毕业后因为失业等原因暂时无力偿还贷款的，经过申请和认定，可以给予一定的延缓期。❶

二、发展中国家的大学生就业补偿政策

（一）印度：给予信贷补贴

不少学者认为，大学生就业难问题是印度发达的高等教育体系与其不太发达的经济事实矛盾之间的必然产物。印度就业市场无法为大学毕业生提供足够的、合适的工作机会，大学生毕业即失业、从事低技术含量工作的现象比比皆是。2014年印度劳工部发布的《青年就业与失业状况报告（2013～2014）》显示，采用Usual Principal Status（UPS）方法统计，被调查样本中18～29岁青年的失业率为12.9%，采用Usual Principal and Subsidiary Status（UPSS）方法统计，被调查样本中18～29岁青年的失业率为9.4%。❷ 据环球网报道，印度著名的求职平台QuikrJobs于2016年9月所收集的数据显示：在“蓝领”职位中，办公室助理、司机、调酒师、女佣、机修工的求职者中有40%为应届大学毕业生。❸ 在大学生就业模式及管理上，印度政府实行计划和市场双重管理，具体表现为“等级高的岗位由宪法规定设立的专门机构通过有计划的竞争考试和面试选拔，其他岗位通过市场化自我就业”。❹

印度的就业促进及补偿性措施主要表现在两大方面：一是着力提升就业者的就业能力，如2012年出台的《国家技能发展方案》（National Policy on Skill Development）致力于促进所有劳动者尤其是初次进入就业市场的青年的技能提升和发展，以实现劳动者顺利就业和满足国家对技术人力的需求，到2022年实现培训5亿劳动者的目标。❺ 二是基于国情实施农村就业计划，为就业者到农村就业创造条件。1997年开始的“九五”计划中印度政府实施“农村服

---

❶ 李发昇等：《国内外高等教育资助制度比较研究》，《教育财会研究》2011年第6期。

❷ Government of India Ministry of Labour & Employment Labour Bureau Chandigarh. Youth Employment and Unemployment Scenario（Volume II）（2013～2014）. https://labour.gov.in/sites/default/files/Report%20Vol%202%20final.pdf.

❸ 《印度毕业生面临严峻就业形势　部分大学生应聘女佣》，环球网，2016－11－04，http://world.huanqiu.com/exclusive/2016－11/9634644.html.

❹ 荆德刚：《国外高校毕业生就业模式研究》，《教育研究》2009年第8期。

❺ Ministry of Labour & Employment. National Policy on Skill Development. http://labour.nic.in/policies/national－policy－skill－development.

务中心计划""农村工程计划"等，这些计划主要是向失业的大学毕业生和文凭持有者自谋就业提供援助，鼓励他们在农村建立车间，从事农业机械的安装、维修、设备和零部件供应等技术服务工作，并提供就业的财政支持。❶2008年开始实施的"总理就业创造计划"（Prime Minister's Employment Generation Programme，简称PMEGP），它将原来农村就业计划的两个项目合并，通过信贷补贴方式帮助18岁以上青年等群体实现自主创业、就业及增加收入，项目受益人将享受15%～35%的保证金补贴。据《经济时报》2015年8月10日的报道，"总理就业创造计划"已增加了近41000份工作，一般类别的受益人在农村和城市分别获得25%和15%的保证金补贴，特殊类别的受益人如军人、残疾人等在农村和城市分别获得35%和25%的保证金补贴。❷

印度公立高校收费低廉，但部分私立高校的部分专业（如医学、计算机等）收费较高。印度政府为攻读医学、计算机等专业且无力承担学费的部分学生提供助学贷款。相对而言，贷款上大学的学生较少，故印度政府没有像美国等发达国家一样实施大学生到特定地区、特定行业就业的贷款减免政策。

（二）巴西：提供培训补贴

巴西是世界上失业率相对较高的国家之一。据国际劳工组织2017年1月12日发布的《世界就业和社会前景：2017年趋势》显示，2017年巴西的失业率预计将达到12.4%，高于2016年11.5%的失业率近1个百分点。❸而青年失业率往往高于整个社会的失业率。巴西政府对大学生就业没有制定和实施专门的政策，大学生与其他青年一样，按照劳动力市场运行的法则来自我解决就业问题。

为解决包括大学生在内的青年就业问题，巴西政府采取了一些具有一定补偿性的就业促进措施，主要有：一是实施国家初次就业促进计划（National Program for the Promotion of the First Job），该计划于2003年开始实施，着重解决16～24岁、初入劳动力市场或没有正规部门工作经验的低学历或弱势青年

---

❶ 万晓玲、吴松、邵松林：《印度高校毕业生就业状况评估及启示》，《比较教育研究》2006年第2期。

❷ Nearly 41,000 Jobs Created under Prime Minister's Employment Generation Programme. http://economictimes.indiatimes.com/jobs/nearly-41000-jobs-created-under-prime-ministers-employment-generation-programme/articleshow/48425487.cms.

❸ ILO. World Employment and Social Outlook: Trends 2017, P21. http://www.ilo.org/global/research/global-reports/weso/2017/WCMS_541211/lang--en/index.htm.

的就业问题。[1] 该计划通过部分减免税收和发放补贴的方式鼓励企业雇佣没有工作经验的青年劳动者，且要求享受政府税收减免或补贴资助的企业必须保证在规定时间内不解雇青年劳动者，否则将被处以罚款。二是职业见习计划（Professional Apprentice Programme），巴西政府要求参与招聘雇佣年轻实习生的大中型企业，至少要雇佣企业员工总人数5%以上的实习生；政府资助培训费用，企业依据任务分配安排对实习生进行相应的培训，实习生享有正式员工一样的劳动权利和社会保障。[2] 三是青少年劳工计划（Projoven Trabajador），该计划由劳动部实施，其目的是支持18～29岁的弱势青年参加6个月的技能培训，且政府每月提供50美元的补贴，培训结束后从市到州的相关部门必须保证接受30%以上的培训对象参与就业。[3]

（三）墨西哥：实施补偿性就业项目

国际劳工组织2016年5月发布的《拉美和加勒比海地区的就业形势》显示：所调查的15个国家的25岁以下青年的失业率是25岁以上群体失业率的两倍或三倍以上；墨西哥的城市青年失业率高于农村、受教育程度高的青年失业率高于受教育程度低的青年失业率。[4] 墨西哥蒙特雷技术及高级研究院教授、研究员埃内斯托·佩拉尔塔通过对国家人口统计局和社会保障局的相关数据进行估算，得出人口增长的就业需求难以得到满足的结论，且预测如果经济可持续性地年增长7%，到2030年才有可能实现全面就业。[5] 在大学生就业问题上，埃内斯托·佩拉尔塔还认为："从当前的毕业生的就业到即将出生的一代的未来就业，他们还不知道或不清楚如何找到一份能过上体面生活的工作。"[6]

基于这些就业事实，墨西哥政府虽然没有制定和实施专门的大学生就业政

---

[1] ILO. Working with Youth：Addressing the Youth Employment Challenge. P34. http：//www. ilo. org/global/meetings－and－events/events/youth－employment－forum/WCMS_181907/lang－－en/index. htm.

[2] ILC. Report of the Committee on Youth Employment. 14 June 2012，P23. http：//www. ilo. org/ilc/ILCSessions/101stSession/reports/provisional－records/WCMS_183323/lang－－en/index. htm.

[3] ILC. Report of the Committee on Youth Employment. 14 June 2012，P23. http：//www. ilo. org/ilc/ILCSessions/101stSession/reports/provisional－records/WCMS_183323/lang－－en/index. htm.

[4] ILO. Employment Situation in Latin America and the Caribbean. United Nations Publication，May 2016，P20－21.

[5] 埃内斯托·佩拉尔塔：《墨西哥就业前景：2008～2030年》，赵丽红译，《拉丁美洲研究》2012年第1期。

[6] 埃内斯托·佩拉尔塔：《墨西哥就业前景：2008～2030年》，赵丽红译，《拉丁美洲研究》2012年第1期。

策，但是采取了一些社会就业促进及补偿措施：一是通过实施培训计划来提升劳动者获得工作的能力。2005 年开始实施“奖学金资助计划”，该计划源于并整合于 1984 年的“失业人员培训计划”和 2002 年“就业培训体系”，资助城市 16 岁以上的失业或不完全就业的劳动者及边远地区的劳动者参加技能培训、联合培训和实践培训，以增强其获得工作的可能性，资助费用主要包括交通费、材料费和意外险。[1] 二是实施具有一定补偿性的就业项目。2009 年启动延长临时就业项目（Extended Temporary Employment Programme），该项目旨在通过临时性支持帮助 16 岁以上因结构性失业、紧急情况或生产周期变化而导致收入减少等群体，以吸引他们参与社区健康服务、教育、环境保护等公益工程；[2] 2008 年 1 月开始实施工作保护计划（Job Preservation Programme），其目的是给企业提供适当的补贴来补偿企业因经济形势而临时调整工人工作时间缩短所造成的损失，以避免企业裁员而造成工人失业，在墨西哥社会安全研究所登记的电器设备之外的机械设备、零部件的制造、组装和修理等企业，以及上述部门的一级供应商均能享受补贴。[3] 虽然工作保护计划是对企业进行补偿，但工人因此而不会失业，实际上也是受益者。

三、国外大学生就业补偿政策与制度的典型经验

从上述国家关于大学生特定地区、特定行业就业的补偿政策及制度可以看出，无论是发达国家还是发展中国家在高等教育大众化或普及化阶段，都面临着如何解决大学生结构性就业难问题。相比较而言，美国等发达国家比较重视对特殊地区、特殊行业就业大学生的补偿，印度等发展中国家则重视不够。虽然各国的具体政策因国情不同而各有侧重，但对我国大学生基层就业补偿的理论研究和政策实践具有重要的镜鉴作用。其典型经验主要表现在以下三个方面：

（一）补偿主体：政府为主、民间组织为辅

上述列举的七个国家都实行市场经济，由市场这只“看不见的手”对资源进行配置，就业领域也是如此，大学生需要在劳动力市场中实现自我就业。

---

[1] 丁波文：《墨西哥劳动力市场与政府就业促进政策研究》，北京外国语大学博士学位论文，2015 年。

[2] Regina Galhardi. Mexico：Extend Temporary Employment Programme. http：//www. ilo. org/americas/publicaciones/observatorio – de – la – crisis/WCMS_LIMD3_9_EN/lang – – en/index. htm.

[3] Regina Galhardi. Mexico：Job Preservation Programme. http：//www. ilo. org/americas/publicaciones/observatorio – de – la – crisis/WCMS_LIMD3_9_EN/lang – – en/index. htm.

无论是发达国家还是发展中国家，都存在一个不能忽视的事实：劳动力市场存在主次之分，即供过于求的主要劳动力市场，如中心城市、高薪行业；供不应求的次要劳动力市场，如农村地区、低报酬行业等。劳动力市场机制的特点决定了它仅靠自身调节很难实现市场的内部均衡，需要政府这只“看得见的手”的干预，特定地区、特定行业补偿政策正是政府干预的表现。实施特定地区、特定行业补偿政策，其实质是政府通过实施补偿政策来鼓励大学生到特定地区、特定行业就业，以调节劳动力资源的合理配置、缓解社会就业压力和解决大学生结构性就业难问题。上述论及的国家中，政府无一例外都成为大学生特定地区、特定行业就业的最重要的补偿主体，贷款减免、提供补贴、给予奖励等都由政府出资实施。

但是，政府并不是唯一的补偿主体，这以美国最为典型。参与“为美国而教”项目的大学生，不仅政府为其提供教育奖金、贷款减免等补偿性政策，而且“为美国而教”项目机构通过募集资金支付其假期补贴、无息贷款等各种费用，重视支教大学生教学能力和领导能力的培养，充分利用社会资源和建立合作关系为支教大学生的职业发展提供帮助。

（二）补偿形式：以减免贷款和提供补贴为主

以美国为典型代表的国家，对大学生特定地区、特定行业就业的主要补偿形式是减免贷款。为什么减免贷款成为大学生特定地区、特定行业就业补偿的主要形式呢？首先，通过助学贷款来接受和完成高等教育是青年学生的一种普遍选择。根据美国大学理事会 2016 年度报告显示，美国大学学费近年来一直在不断上涨，排除通货膨胀因素，公立四年制大学 2016～2017 学年的学费较 2015～2016 学年增长 2.4%，私立非营利的四年制大学则上涨 3.6%。[1] 在缴费上大学、学费不断上涨且涨幅远远高于家庭收入增幅的背景下，中低收入家庭无力承担学费等相关费用，需要通过助学贷款来解决入学问题。有相关报道显示：2012 年超过 70% 的美国大学生申请了助学贷款；[2] 超过一半的日本大学

[1] The College Board Trends in Higher Education Reports Find Continuing Declines in Student Borrowing, Moderate Increases in Published Prices, and Ongoing Increases in the Net Prices Students Pay for College, 2016－10－26, https://www.collegeboard.org/releases/2016/trends－higher－education－reports－declines－student－borrowing－increases－prices.

[2] 《美国逾七成大学生申请助学贷款》，《中国教育报》2013 年 12 月 11 日第 3 版。

生需要助学贷款❶。其次，助学贷款给青年学生带来沉重的债务负担。根据英国萨顿基金会公布的数据显示：英国大学毕业生如今人均背负4.4万英镑（约合人民币41.5万元）助学贷款，成为全球最高；2015年美国大学毕业生人均贷款额为2万到2.9万英镑（约合人民币18.8万到27.4万元）。❷ 青年学生所背负的债务负担，会严重影响他们毕业后的工作、生活决策，进而一定程度上会影响社会稳定和经济发展。从本质上来说，减免贷款是一项大学生就业促进政策，通过减免贷款的方式来鼓励大学生到特定地区和特定行业就业，既减轻了贷款大学生的债务压力，又有效缓解了大学生结构性就业难问题和满足特定地区特定行业发展的人才需要，实现大学生和政府的双赢互惠。

对大学生特定地区、特定行业就业的补偿除了贷款减免之外，还以提供补贴的形式进行补偿。美国服务队为“为美国而教”项目成员提供的数额较大的津贴，美国军队在高校设立奖学金，为“预备军官团”项目人员提供数额不等的奖学金的津贴补助；德国“美因茨模式”为低报酬工作人员提供社会保险补贴和儿童补贴；英国对愿意从事教师和健康服务职业的大学生提供助学金和培训补贴；日本“紧急人才培养·就业支援基金”项目为医疗、护理和福利机构就业者提供培训期间的生活补贴；印度“总理就业创造计划”为项目负责人提供保证金补贴。这些补贴虽然是有条件的、甚至是临时性的，但在大学生到特定地区、特定行业就业上起着“下得去”和“留得住”的作用，因而其补偿作用是不能忽视的。

（三）补偿对象：特定地区、特定行业就业的大学生

从上述各国的大学生就业补偿政策可以看出，补偿对象范围是有限定的，即只有在特定地区或特定行业就业的大学生才能享受政府所提供的补偿。特定地区、特定行业所涉及的范围有哪些呢？

从地区的角度来看，政府实施就业补偿政策的对象为经济欠发达地区就业的大学生，如日本针对“经济和就业形势严峻地区”提高“稳定雇佣补助金”数额，印度为农村就业的青年提供保证金补贴。国外虽然没有基层这一说法，但农村、边远地区的经济相对处于欠发达状态，其市场竞争力和吸引力相对较

---

❶ 《家庭储蓄减少　日本诸多大学生被迫背负大量贷款》，环球网，2016－12－23，http：//world.huanqiu.com/exclusive/2016－12/9851182.html。

❷ 《还贷压力大！人均背负41万助学贷款　英国学生最悲催》，新华网，2016－04－29，http：//news.xinhuanet.com/world/2016－04/29/c_128941930.htm。

弱。实施特定地区补偿政策，鼓励大学生到农村、欠发达地区等特定地区就业，一定程度上解决了农村、欠发达地区人才供不应求的问题，继而打破这些地区经济发展的恶性循环怪圈，促进这些地区的良性发展。

从行业的角度来看，各国都存在大学生不太愿意选择的工作行业，比如特殊教育教师、儿童护理、志愿服务、清洁工、农业工作等，但这些行业具有社会收益高、受益面广、未来影响深远等特点，同时也具有个人回报少的特点，即个人所得到的报酬相对其付出较少。因此，美国等发达国家实施就业补偿政策的对象为从事教育、医疗健康、志愿服务、农业等行业的大学生，通过减免贷款、提供补贴或资助等方式对这些特定行业就业的大学生进行补偿，为大学生提供了物质保障或消除了经济上的后顾之忧，使他们能够比较安心地工作，进而促进这些行业能够继续良性运转和健康发展。

第五章　大学生基层就业补偿制度建设：政策制度化

从第二章和第三章关于大学生基层就业补偿政策的历史发展和实践效应分析可知，目前我国大学生基层就业补偿政策体系基本形成，在鼓励大学生服务基层上取得了一些成效，但大学生服务基层、扎根基层的意愿还不是很强，对基层就业补偿政策的满意度还不是很高，基层就业补偿政策的合法性、有效性有待进一步提升。根据我国高等教育发展趋势，大学生基层就业既是必然趋势也将是长期存在的问题，针对大学生基层就业这个长期性问题的基层就业补偿也将是长期的。基于这些现实问题，进行大学生基层就业补偿制度建设显得十分必要且重要。如何进行大学生基层就业补偿制度建设呢？这需要明确一个问题，大学生基层就业补偿制度建设是在现有大学生基层就业补偿政策的基础上进行的制度建设，其建设方案应为大学生基层就业补偿政策的制度化。大学生基层就业补偿政策是国家为鼓励大学生服务基层、扎根基层而制定和实施的具有权威性的行动准则和行动策略，包括鼓励大学生服务基层、扎根基层这个政策目标和为实现这个政策目标而运用的一系列政策手段。大学生基层就业补偿政策制度化是在大学生基层就业补偿政策的制定和实施过程中，通过建立程序化、规范化的制度或机制，将政策内容明确化、稳定化和长期化，以构成明确的、相对稳定的、可持续的基层就业大学生的利益秩序，实现鼓励大学生服务基层、扎根基层的政策理想目标，体现基于国家基层发展战略需要而对基层就业大学生的高等教育收益进行补偿的价值取向。

一、大学生基层就业补偿政策制度化建设的内容

“基层兴则国家兴，基层强则国家强。”基层发展的关键在于聚天下英才而用之，聚天下英才需要国家出台实施“鼓励引导人才向边远贫困地区、边

疆民族地区、革命老区和基层一线流动”❶ 的政策，让基层就业大学生和其他基层工作者有更多的获得感，这就决定了基于国家基层发展战略需要而建立基层就业补偿制度的必要性。对于大学生来说，因就业市场分割而产生的分割性收益差距，既有直接经济收益的差距，也有间接非经济收益的差距，故基于教育成本—收益理论的大学生基层就业补偿应是多方面的补偿，既有经济上的补偿，也有发展机会上的支持，还应有精神认可和表彰，确保基层就业大学生经济上得实惠、精神上受表彰、发展上有前景。目前，我国大学生基层就业补偿初步形成了经济收益补偿、精神荣誉补偿和发展机会补偿的三维补偿模式，但基层就业补偿政策本身及其执行还存在一些需要完善的地方，需要在政策制度化建设过程中进行完善。

（一）经济收益补偿

马克思指出：“人们为之奋斗的一切，都同他们的利益有关。”❷ 就个人而言，利益追求是其行为选择与取舍的重要依据，大学生是否选择基层就业也往往与利益追求有关。由于就业市场分割而产生的分割性收益差距首先表现为经济收益差距，因此，基于国家基层发展战略需要的大学生基层就业补偿必须首先考虑经济收益补偿。经济收益补偿是指大学生基层就业的受益者对大学生因为基层就业而导致经济收益减少所作出的补偿。它实质上是一种利益平衡方式，既能较好地协调分割性收益差距而产生的不公平问题，也能对大学生服务基层、扎根基层起到激励作用。要实现大学生基层就业经济收益补偿政策的制度化，应明确经济收益补偿的要素，完善现有经济收益补偿政策，使经济收益补偿政策更加明确化、稳定化和长期化。

1. 明确经济收益补偿的要素

对基层就业大学生进行经济收益补偿，必须首先确定谁来补偿、补偿谁、怎么补偿以及资金来源等问题。这几个方面构成了经济收益补偿的要素，即经济收益补偿的主体、对象、基本原则、资金来源及支付方式。

（1）补偿原则。

大学生基层就业的经济收益补偿所依据的原则主要有“谁受益谁补偿”原则、有差别的平等补偿原则及有限补偿原则。

---

❶ 本书编写组：《党的十九大报告辅导读本》，人民出版社，2017 年，第 64 页。

❷ 中共中央马克思恩格斯列宁斯大林著作编译局编译：《马克思恩格斯全集》（第 1 卷），人民出版社，1995 年，第 187 页。

①“谁受益谁补偿”原则。《关于印发〈2016～2017年度大学生志愿服务西部计划实施方案〉的通知》和《关于印发〈2017～2018年度大学生志愿服务西部计划实施方案〉的通知》要求对西部计划志愿者的工作生活保障实行“谁用人、谁受益、谁负责”的原则。《关于健全生态保护补偿机制的意见》明确规定我国生态保护经济补偿的一条重要原则是“谁受益谁补偿”。[1]“谁受益谁补偿”原则运用到大学生基层就业的经济收益补偿上，也是比较合适的。“谁受益谁补偿”原则，它非常明确地指出了权利和义务的关系，非常明确地指出了受益者即为补偿主体、付出者即为补偿对象。大学生到基层就业对谁有好处（无论是直接的好处还是间接的好处），谁就应该承担补偿的责任。

② 合理差别的平等补偿原则。在现实社会生活中，差别是一种客观存在，平等则是相对的。如何将这种客观存在的差别逐步实现事实上的平等，这就需要根据实际情况进行合理区别。为什么要进行合理区别或合理的差别对待呢？罗尔斯《正义论》的正义原则对此作了明确要求，即要求在机会平等的原则基础上实行差别原则，其目的在于弥补基于平等原则而不作区别对待可能造成的事实上的不平等。当然，合理差别的合理性需要多维度进行衡量。在大学生基层就业的经济收益补偿上，其合理差别应至少考虑以下两个因素：一是合理差别补偿的对象必须合理，主要考虑补偿对象是否处于一种事实不利的状态以及不利的程度如何，相同情况相同对待，不同情况不同对待；二是合理差别补偿的限度必须合理，即差别补偿应该在一个可以接受的合理范围内，这限度的合理不仅要考虑政府的实际支付能力，更应考虑不损害其他基层就业大学生的利益。

③ 有限补偿原则。有限补偿原则至少包含以下两个方面：一是补偿对象的有限性，只有符合补偿条件规定的基层就业大学生才能获得经济补偿，即补偿的有条件性；二是补偿标准的有限性，笔者认为，虽然大学生基层就业与非基层就业之间可能存在一定的经济收益差距，但是经济收益差距很难计算出一个精确的数值，即使能计算出精确的经济收益差距，无限制地予以经济收益差距的补偿也是不具备可操作性的，而且政府的财政能力也是有限的，因此必须在补偿标准上作出明确的限定。

---

[1] 《国务院办公厅关于健全生态保护补偿机制的意见》，《中华人民共和国国务院公报》2016年第15号。

（2）补偿主体。

根据“谁受益谁补偿”原则，对基层就业大学生进行经济收益补偿的主体在理论上应是大学生基层就业所产出的社会收益的受益者，应该包括中央政府、基层就业单位所在的地方政府和基层就业单位。

① 中央政府。大学生到基层就业，解决了基层人才需求和大学生就业难的结构性矛盾，国家理所当然成为受益者，也理所当然成为补偿主体，而且是最重要的补偿主体，这是由其具有承担经济补偿的必要性和可能性决定的。

一是国家的职能责任。“治天下也，必先公，公则天下平矣。”❶ 如何促进社会公平、让广大人民有公平感是我们党和政府孜孜不倦的追求和奋斗目标。国家作为维护社会公平的主体，是通过制定和实施一系列的法律法规、政策制度来促进和实现社会公平的。对基层就业大学生进行经济收益补偿，是国家调节基层就业大学生和非基层就业大学生之间经济收益差距的一种有效方式，是促进社会公平、让基层就业大学生拥有公平感的有效途径之一。

二是国家的基层人才战略。为补齐基层发展的短板，促进基层的同步发展，我们党和政府长期以来高度重视基层人才的培养和输送。统包统分时期，就业政策导向是大学生面向工农生产一线（即面向基层就业），政府通过行政分配方式保证了艰苦边远地区、艰苦行业的人才需求。双向选择时期，政府一方面倡导大学生到基层就业并适当给予优惠待遇，另一方面采取定向招生定向就业的办法，以满足艰苦边远地区、艰苦行业的人才需求。自主择业时期，主要由市场对大学生人力资源进行配置，市场配置的结果是发达地区、大中城市、高薪行业的门庭若市和艰苦边远地区基层和艰苦行业生产一线的门可罗雀。要解决自主择业时期的基层人才需求问题，需要国家通过经济补偿等方式进行干预和激励。

三是国家的财政实力。对基层就业大学生进行经济收益补偿，需要政府具备比较雄厚的财政实力。仅以基层就业学费补偿、助学贷款代偿为例，2007年至2016年的十年间，共有36.74万人获得了39.76亿元的补偿或代偿。❷ 根据文件规定，中央财政承担到中西部地区和艰苦边远地区基层就业的部属高校毕业生学费补偿助学贷款代偿所需资金，各省级财政承担本行政区域的基层就业大学生的学费补偿助学贷款代偿所需资金。正因为如此，各省份出台实施学

❶ 吕不韦：《吕氏春秋》，任明、昌明译注，山西古籍出版社，2001年版，第5页。

❷ 根据教育部全国学生资助管理中心《中国学生资助发展报告（2007～2011）》及2012年至2016年《中国学生资助发展报告》中数据计算所得。

费补偿助学贷款代偿办法的时间、补偿代偿对象范围及标准各不相同。在我国现行分税制财政体制下，中央财政既有经济实力，也有均衡地方财政不平衡的责任和义务，能够以专项资金的形式对基层就业大学生进行经济收益补偿。

② 基层就业单位所在的地方政府。就业单位所在的地方政府应包括省级政府、市级政府和县级政府，是大学生基层就业经济补偿的重要主体。这是因为：一是大学生到基层就业对当地发展具有积极促进作用。大学生到基层就业满足了基层人才需求问题，一定程度上优化了当地的人才队伍结构；大学生到基层锻炼，逐步成长为既有科学文化知识又有基层工作经验的青年人才（有的成为党和国家政策最基层的执行者和落实者；有的成长为脱贫致富的带头人、自主创业的先锋者；有的成长为基层教育、医疗等领域的骨干力量等）。他们的成长成才，为当地的发展提供了智力的支持。二是各级地方政府具有一定的财政实力。根据支付能力原则，应该按照支付能力的大小来承担相应比例的补偿费用。在这三级地方政府中，省级政府的支付能力最大，而且具有承担统筹本行政区域发展的责任，故承担补偿资金的比例最大。地方政府对基层就业大学生进行经济收益补偿，应由省级政府统筹补偿经费，建立省级政府统筹、市县两级政府分担和管理落实的责任制度。

③ 基层就业单位。基层就业单位是大学生工作的服务对象，是最直接的受益者。这是因为：一方面大学生的加盟缓解了单位缺人的困境，一定程度上保障了单位的日常运转，同时也给单位输入了新鲜的血液，带来一些最新的知识、理念，为进一步发展提供推动力；另一方面大学生主动认真做好本职工作，这本身也是对基层单位的一种贡献。因此基层就业单位作为最直接的受益者，理应承担大学生基层就业经济收益补偿的责任。然而事实上，由于基层单位的财政主要依赖上级政府的财政拨款，无力承担经济补偿责任，只能承担大学生基本生活条件保障的主要责任。

（3）补偿对象。

从理论上来说，对基层就业大学生进行经济收益补偿，其补偿对象应为所有在县以下基层单位就业或自主创业的大学生。但是，我们必须考虑经济补偿的可能性和可行性。那么基层就业大学生中哪些群体可以纳入经济补偿范围呢？结合已有国内外经济补偿政策和实际操作的可行性，基层就业经济补偿对象应包括以下四类大学生：

① 县以下基层党政机关、事业单位就业的大学生（包括服务基层项目人员）。众所周知，基层党政机关和事业单位的职能是维护基层社会稳定、服务

基层民众，具有服务性和公益性的特征。因此在县以下基层党政机关和事业单位就业的大学生理应受到经济补偿，事实上属于正式编制且符合政策规定的大学生已被纳入补偿范围，而服务基层项目人员能否享受经济收益补偿则因补偿项目而异、因省（区、市）而异。

② 工作现场地处县以下的国有单位艰苦行业生产一线就业的大学生。从行业工作环境角度来看，气象、地震、地质、水电施工、煤炭、石油、航海、核工业等属于艰苦行业，这些行业的生产一线往往是在远离城市的山区、海岛，工作环境异常艰苦，往往面临“招人难”“留人难”的困境。但是，这些行业是国家建设与发展必不可少的，国家应该而且能够通过政策干预方式保证这些行业的正常运转和进一步发展。因此，在工作现场地处县以下基层的中央单位、省属单位的艰苦行业生产一线工作的大学生，国家有责任对其进行经济补偿。

③ 县以下基层自主创业且创业项目具有公益性、服务性和涉农性的大学生。从国家层面的政策来看，对于自主创业大学生给予税收优惠、创业担保贷款和贴息支持、免收有关行政事业性收费等优惠政策，但并没有对基层创业大学生实行单独的优惠或补偿。从省级层面的政策来看，海南省对符合政策规定的基层创业大学生进行学费补偿助学贷款代偿，《海南省财政厅　海南省教育厅关于印发〈海南省高等学校毕业生学费和国家助学贷款代偿暂行办法〉的通知》中规定，2016 年及以后毕业的海南省普通高校全日制毕业生，到海南省艰苦边远地区的基层创业满 3 年及以上可以享受学费或助学贷款代偿；浙江省对符合政策规定的创业大学生实行创业补贴，《中共浙江省委办公厅　浙江省人民政府办公厅印发〈关于进一步引导和鼓励高校毕业生到基层工作的实施意见〉的通知》中规定，“在校大学生和毕业 5 年以内的高校毕业生初次创办养老、家政服务和现代农业企业，并担任法定代表人或主要负责人的，给予企业连续 3 年的创业补贴，补贴标准为第一年 5 万元、第二年 3 万元、第三年 2 万元”。[1] 鉴于海南和浙江两省的经验，为提高大学生到基层创业的积极性，中央和省级政府应考虑将承担具有公益性、服务性和涉农性的基层创业项目的大学生纳入经济补偿范围。当然，具体操作起来有一定难度，需由中央和省级政府经过认真细致地调研考察、制定详细方案后才能实施。

[1] 《关于进一步引导和鼓励高校毕业生到基层工作的实施意见》，《浙江日报》2017 年 6 月 9 日第 9 版。

④ 参与公益组织的涉农、支教等项目的大学生，如黑土麦田“乡村创客”计划、“美丽中国”支教项目的大学生。在国际上，美国政府对参加“为美国而教”项目且服务期满的大学生免除贷款或减免贷款利息。大学生参与公益组织的涉农、支教等项目，其本质是大学生通过公益组织这种社会途径参与公益事业，与通过官方途径参与公益项目（如西部计划与“三支一扶”计划）的大学生同属于志愿者身份。无论是借鉴国际经验还是基于志愿者身份，参与涉农、支教等公益项目的大学生应享受经济收益补偿。

（4）补偿资金来源及给付方式。

从受益者即为补偿主体的角度来看，中央政府、基层就业单位所在的地方政府和基层就业单位均应承担经济补偿责任。但从支付能力的角度来看，支付能力越强，则支付的费用越多，承担的补偿责任越大。经济补偿的主要主体应为中央政府和基层就业单位所在的地方政府，补偿资金来源主要为中央财政和地方财政，地方财政中以省级财政为主。

目前中央政府和地方政府承担了大学生基层就业经济补偿的经费，但实际上补偿力和补偿对象范围还是很有限的。政府应鼓励和提倡社会力量发挥其承担社会服务的职能，设立专门项目或其他多种途径支持、表彰奖励基层优秀人才。众所周知，马云公益基金率先在促进乡村教育发展上作出了示范。2015年设立的“马云乡村教师计划”，每年为入选该计划的100名乡村教师提供总金额1000万元的奖金资助和持续三年的专业发展支持，目前已连续举办三届，评选范围由首届的六省区，扩大到第二届的十三省区市和第三届的全国范围；2016年启动“马云乡村校长计划”，10年内将投入2个亿，每年为入选该计划的20名乡村校长提供50万元用于改善个人生活、提升领导能力和开拓学校教育模式，2017年7月已评选出第一届乡村校长计划人选；2018年1月启动“马云乡村师范生计划”，为每位签约乡村学校的应届优秀师范生提供持续5年共10万元的现金资助和专业发展机会，2018年首届乡村师范生计划选拔100名师范生，合作院校包括湖南第一师范学院等四所师范院校。如果有越来越多的“马云”投身基层人才资助项目，将鼓励更多的人才服务基层、扎根基层。

经济补偿的给付方式通常有两种，即一次性给付和分期给付，基层就业大学生的经济收益补偿的给付方式也是如此。如何确定经济补偿的给付方式，需要考虑补偿项目类型、政府财政能力等情况。以基层就业学费补偿和助学贷款代偿为例，中央财政对中西部基层就业的部属高校毕业生实行三年分期给付的方式进行补偿，而各省财政对本行政区域基层就业的省属高校毕业生的给付方式则多样化：有的实行三年分期支付（如湖南），有的实行一次性支付（如贵州），有的实行分期支付和一次性支付（如江西）。这两种给付方式各有千秋：一次性给付对于减轻基层就业大学生的经济压力具有良好效果，同时也能减轻相关机构的工作负担，但政府的短期财政压力较大；分期给付能缓解政府的财政压力，但加大了相关机构的工作负担，且不能有效缓解基层就业大学生的经济压力，经济补偿效应没有实现最佳化。

2. 完善经济收益补偿政策

结合国际惯例和国内“待遇向基层倾斜”政策，我国基层就业大学生的经济收益补偿政策主要包括四个方面：一是高定级别工资档次或薪级工资；二是学费补偿助学贷款代偿；三是基层工作补贴，目前执行的是艰苦边远地区津贴和乡镇工作补贴；四是部分群体的特殊补助，如连片特困地区乡村教师工作生活补助、“三支一扶”志愿者安家费等。因第四项目只涉及部分群体，故在此不作专门论述。完善经济收益补偿政策，需要在了解现有经济收益补偿政策发展过程的基础上，分析其存在的不足之处，才能有针对性地提出进一步完善政策的建议。

（1）高定级别工资档次或薪级工资政策的完善。

高定级别工资档次或薪级工资是出台较早的鼓励大学生到中西部地区和艰苦边远地区工作的一项补偿政策。《关于引导和鼓励高校毕业生面向基层就业的意见》指出：“到艰苦边远地区和国家扶贫开发工作重点县就业的，可提前执行转正定级工资，高定 1 ~2 档工资标准。”❶《关于进一步引导和鼓励高校毕业生到基层工作的意见》就高定工资标准作了详细具体规定，凡是“到中西部地区、东北地区或艰苦边远地区、国家扶贫开发工作重点县以下机关事业单位工作的高校毕业生，录用为公务员的试用期工资按试用期满后工资确定，试用期满考核合格的级别工资根据单位所属地域分别高定一档、二档和三档工资；录用为事业单位的可提前转正定级，转正定级后的薪级工资根据单位所属地域分别高定一级、二级和三级”。❷《高校毕业生基层成长计划》则强调，“落实新录用到中西部地区、东北地区或艰苦边远地区、国家扶贫开发工作重点县县以下机关

❶ 《中共中央办公厅　国务院办公厅印发〈关于引导和鼓励高校毕业生面向基层就业的意见〉的通知》，《内蒙古政报》2005 年第 8 期。

❷ 《中共中央办公厅　国务院办公厅印发〈关于进一步引导和鼓励高校毕业生到基层工作的意见〉的通知》，《中华人民共和国国务院公报》2017 年第 6 号。

事业单位工作的高校毕业生高定级别工资档次或薪级工资相关政策。”[1]

省级地方政府层面，在搜索到的 17 个省（区、市）《关于引导和鼓励高校毕业生面向基层就业的实施意见》中，[2] 有 14 个省（区、市）明确提出要高定工资档次，还有青海、重庆、云南等 3 个省没有提及该政策；截至 2018 年 2 月，在已出台且能搜索到的 15 个省（区、市）《关于进一步引导和鼓励高校毕业生到基层工作的实施意见》中，[3] 有 13 个省（区、市）对高定级别工资档次或薪级工资作了明确具体的规定；北京和福建未提及高定级别工资档次或薪级工资，与其地处东部地区、没有国家级扶贫开发工作重点县有关。

高定级别工资档次或薪级工资是否得到有效执行，由上可窥见一斑。因此，高定级别工资档次或薪级工资政策的完善，一方面省级地方政府应根据中央政策规定和本省（区、市）实际情况制定和完善政策本身，考虑建立高定级别工资档次或薪级工资动态浮动或调整机制，比如根据基层工作时间进行级别工资档次或薪级工资的动态调整，另一方面地方政府应有效执行高定级别工资档次或薪级工资政策，对政策执行情况开展监督与评估。

（2）学费补偿助学贷款代偿政策的完善。

关于学费补偿助学贷款代偿政策的发展历程，第二章第三节已作了详细论述，在此不作赘述。虽然我国建立起了从中央到地方比较完备的大学生基层就业学费补偿助学贷款代偿政策体系，但是也存在需要进一步斟酌和完善的地方。学费补偿助学贷款代偿政策的完善，既要从基层就业大学生的需求角度来考虑，也要从政策执行的简便性角度来考虑，在现有政策基础上重点思考以下两个方面：

首先，应合理确定学费补偿助学贷款代偿政策的对象范围。学费补偿助学贷款代偿政策作为一项公共政策，在政策制定过程中需要根据基层就业大学生的需求情况和政府财政能力来决定补偿代偿对象范围，需要对补偿代偿对象范

---

[1] 中共中央组织部人力资源社会保障部等五部门关于印发《高校毕业生基层成长计划》的通知（人社部发〔2017〕85 号），中华人民共和国人力资源和社会保障部 http：//www. mohrss. gov. cn/gkml/zcfg/gfxwj/201711/t20171123_282119. html。

[2] 搜索到出台《关于引导和鼓励高校毕业生面向基层就业的实施意见》的 17 个地区分别为：安徽、广东、广西、贵州、河北、黑龙江、湖南、辽宁、宁夏、青海、山东、山西、陕西、四川、天津、云南、重庆。

[3] 搜索到出台《关于进一步引导和鼓励高校毕业生到基层工作的实施意见》的 15 个地区分别为：北京、福建、河北、黑龙江、湖北、江西、辽宁、宁夏、青海、新疆、浙江、云南、贵州、湖南、河南。

围进行限定。无论是中央还是各省级政府的学费补偿助学贷款代偿政策，都对补偿代偿对象范围作了多重性限定，主要限定了毕业院校性质、基层范围、服务年限等方面，比如，中央层面的《高等学校毕业生学费和国家助学贷款代偿暂行办法》规定，学费补偿助学贷款代偿对象必须同时满足三个条件，即基层范围为中西部22省及国务院规定的艰苦边远地区县以下机关、企事业单位及工作现场地处上述地区县以下的中央单位艰苦行业生产一线，服务年限为3年及以上，院校及学生性质为中央部属高校全日制毕业生。

中央部属高校以外的毕业生到基层就业，能否享受学费补偿助学代偿则取决于是否符合就业地所在省（区、市）的学费补偿助学贷款代偿政策的相关规定。查阅搜索到的22个省份的学费补偿和助学贷款代偿政策文本，❶ 发现各省（区、市）的政策对补偿代偿对象的多重性限定上存在一定的差异（具体见附录一）。在毕业院校性质及所属区域上，有的规定为本行政区域内的省（区、市）属高校，如贵州、北京、甘肃、海南、宁夏、上海、四川、云南，有的规定为本行政区域内的普通高校，如黑龙江、湖南、西藏、浙江，有的没有规定院校性质或规定为省内外普通高校，如安徽、广西、河南、江苏、内蒙古、山东、新疆，还有河北、江西规定为省属院校但未要求地域。在服务年限上，西藏要求大学生基层服务满5年、内蒙古要求“到村任职”大学生服务满2年才能享受学费补偿助学贷款代偿，安徽要求到村任职的选聘生服务满2年可以申请代偿（满2年代偿60%，满3年再代偿40%），江西省服务满8年才能获得在校期间所有学费或助学贷款的补偿代偿（满3年代偿30%、满5年再代偿30%，满8年再代偿40%），其余17个省要求服务满3年就可以享受学费补偿或助学贷款代偿。在基层范围上，有的规定为本行政区域内的县以下机关事业单位及国有和省属企业艰苦行业生产一线，如贵州❷、黑龙江、安徽、广西、宁夏、内蒙古、西藏、新疆；有的规定为本行政区域内的艰苦边远地区、经济欠发达地区或贫困地区的县以下机关事业单位及国有和省属单位艰苦行业生产一线，如北京、甘肃、海南（还包括基层创业）、河北、河南、湖

❶ 说明：共搜索到有24个省出台学费补偿助学贷款代偿办法，山西省和吉林省的政策文本暂未找到，故未列出；福建省关于代偿的政策文件比较分散，单独进行论述分析。

❷ 需说明的是，《贵州省教育厅办公室关于报送2017年省属高校毕业生下基层学费补偿国家助学贷款代偿申报材料的通知》（黔教办函〔2017〕36号）对2017年的补偿代偿基层范围作了调整，贵州省经济发达大中城市区域贵阳市六城区（南明区、云岩区、乌当区、白云区、花溪区、观山湖区），遵义市两城区（汇川区、红花岗区）及新成立的县级以上行政区域（如黄果树管委会、百里杜鹃管委会、贵安新区管委会、各开发区管委会）等不再属于学费补偿助学贷款代偿的基层范围。

南、江苏、江西、山东、四川、云南、浙江；上海则规定为本市的农村基层涉农单位就业。除上之外，还有一些特殊的限定，黑龙江和河北学费补偿或助学贷款代偿对象限定为城乡低保等家庭经济困难学生，安徽和内蒙古限定为负有助学贷款的学生，北京还限定为北京生源学生。

学费补偿助学贷款代偿政策对补偿代偿对象范围进行限定是必要的，但是限定应注意合理适度，应区分哪些限定是合理的、哪些限定是不合理的，比如对基层范围、服务年限进行合理限定是必要的，而对生源地、毕业院校性质及所属区域、家庭经济状况进行限定则是不合理的，这背离了学费补偿助学贷款代偿政策的初衷。各省（区、市）对于限定为生源地、毕业院校性质及所属区域的，应严格执行《关于进一步落实高等教育学生资助政策的通知》的规定："生源地、就读高校所在地、就业所在地不在同一省份的毕业生，按照'谁用人谁资助'的原则，由就业所在地区给予学费补偿贷款代偿。"[1] 对于限定为某一专门的基层服务项目的（如安徽、内蒙古），应统筹考虑其他基层就业大学生的补偿代偿问题；对于限定条件为家庭经济困难、负有助学贷款的，应考虑对非经济困难、没有助学贷款的基层就业大学生进行合理补偿。

其次，应遵循操作简便原则，考虑一次性支付补偿代偿金。在学费补偿金和助学贷款代偿金的支付方式上，在上述22个省份中，贵州、黑龙江、甘肃、海南、河北、河南、内蒙古、山东、四川、云南、宁夏等11个省份采用一次性支付方式，安徽、北京、福建、广西、湖南、江苏、江西、上海、西藏、新疆、浙江等11个省份采用分年度支付、规定年限内支付完毕的方式（其中西藏为五年支付完毕；江西为八年三次支付完毕，也可一次性支付；其他地区三年支付完毕），中央采用分年度支付、三年支付完毕的方式来支付部属高校毕业生的学费补偿金或助学贷款代偿金。根据两种支付方式的特点，应遵循操作简便的原则，建议选择一次性支付以实现补偿效应最大化。

另外，在搜索到的各省份学费补偿助学贷款代偿办法中，还有一个非常特殊的个例——福建。它既不像大部分省份一样有专门的基层就业学费补偿助学贷款代偿办法，也不像内蒙古只有专门针对到村任职大学生、安徽只有专门针对选聘生的助学贷款代偿办法，而是省级相关主管部门分别就参加"三支一扶"计划、大学生志愿服务欠发达地区计划、高校毕业生服务社区计划、农

[1] 《关于进一步落实高等教育学生资助政策的通知》（财科教〔2017〕21号），中华人民共和国财政部 http：//jkw.mof.gov.cn/zhengwuxinxi/zhengcefabu/201704/t20170412_2579404.html。

村紧缺师资、山区乡镇卫生院的大学生分别出台学费补偿或助学贷款代偿的文件。其主要文件及内容有：《福建省引导和鼓励高校毕业生面向基层就业工作任务分工方案》要求“实行贫困生助学贷款国家代偿政策”，且规定“到享受省财政转移支付困难县（市、区）所辖乡（镇）担任教师、医护、农技人员的高校毕业生，工作满5年以上的，其在校期间的国家助学贷款本息，由县（市、区）财政代为偿还，偿还上限为1万元”；[1]《关于做好福建省“三支一扶”高校毕业生国家助学贷款代偿资助工作有关问题的通知》要求，“‘三支一扶’高校毕业生在校期间的国家助学贷款本息，由服务县（市、区）财政按每年2000元代为偿还，代偿资助总额以在校学习期间实际获得的国家助学贷款本金及其全部偿还之前产生的利息为限”；[2]《关于做好2007年福建省大学生志愿服务欠发达地区计划工作的通知》则明确规定，参加“服务欠发达地区计划”的志愿者在校期间的国家助学贷款本息，由服务县（市、区）财政按每年2000元代为偿还；《关于调整农村紧缺师资代偿学费实施计划的通知》要求，“对到省级扶贫开发工作重点县乡镇公办中小学工作、履行相关协议和符合有关要求农村紧缺师资大学生，在任教满1年后每人每年退费5000元，连续退费4年，但5年服务期未满离开则要退还所有代偿费用并缴纳违约金”；[3]《关于对赴山区乡镇卫生院工作的医学类专业大学本科毕业生实行学费代偿的通知》要求，对符合该文件所规定的地域范围和对象条件的医学本科生，按聘用合同工作满一年后按5000元/年标准进行发放，连续五年，补助总额为2.5万元/人；[4]《关于组织开展福建省高校毕业生服务社区计划

---

[1] 《中共福建省委办公厅　省人民政府办公厅关于印发〈福建省引导和鼓励高校毕业生面向基层就业工作任务分工方案〉的通知》（闽委办〔2006〕60号），福建省毕业生就业创业公共服务网，2009－02－10，http：//www.fjbys.gov.cn/zcfg/20090210/20081.html。

[2] 《福建省人事厅　福建省财政厅关于做好福建省“三支一扶”高校毕业生国家助学贷款代偿资助工作有关问题的通知》（闽人发〔2007〕76号），福建省毕业生就业创业公共服务网，2009－02－10，http：//www.fjbys.gov.cn/zcfg/20090210/20080.html。

[3] 《关于调整农村紧缺师资代偿学费实施计划的通知》（闽教人〔2014〕72号），福建省学生资助网，2014－08－20，http：//xszz.fjedu.gov.cn/website/news.aspx？id＝178。另说明：2009年开始实施的《关于印发福建省农村紧缺师资代偿学费计划实施办法的通知》（闽教人〔2009〕18号），已于2014年停止执行。

[4] 《福建省卫生厅　财政厅关于对赴山区乡镇卫生院工作的医学类专业大学本科毕业生实行学费代偿的通知》（闽卫人〔2009〕112号），福建省学生资助网，2009－9－17，http：//xszz.fjedu.gov.cn/website/news.aspx？id＝113。另需说明：《福建省卫生厅　福建省财政厅关于对赴贫困地区乡镇卫生院工作的医学院校本科毕业生实行补助的暂行办法》（闽卫人〔2003〕291号）已于2003年实施，对符合文件规定的医学本科生进行补助，补助标准为5000元/年/人。

工作的通知》要求，对负有助学贷款的服务社区毕业生按每人每年2000元标准进行代偿。[1]

从福建省上述六个关于学费补偿助学贷款代偿的文件中，我们发现存在一些亟需改进的地方：一是省级各主管部门之间应建立一个基层就业统筹协调机制，就基层就业学费补偿助学贷款代偿等政策等进行沟通协商，而不是“各自为政”。二是补偿代偿对象范围非常有限，代偿对象仅为“三支一扶”计划、大学生志愿服务欠发达地区计划和服务社区计划的贷款学生，以及省级扶贫开发工作重点县农村紧缺师资和部分市的山区乡镇卫生院的大学生。三是补偿内容及标准因项目而异，对“三支一扶”计划、大学生志愿服务欠发达地区计划和服务社区计划的大学生按2000元/年/人的标准进行助学贷款代偿，而对招聘为农村紧缺师资、山区乡镇卫生院工作的大学生按5000元/年/人的标准进行学费代偿。四是代偿资金来源因项目而异，对参与服务社区计划、山区乡镇卫生院工作、农村紧缺师资的代偿资金由省级财政承担，而对“三支一扶”计划、志愿服务欠发达地区计划的代偿资金由服务县（市、区）财政承担，应建立省级财政统筹实施学费补偿、助学贷款代偿的机制，避免出现县（市、区）财政因资金紧张而难以执行落实的情况。

（3）艰苦边远地区津贴、乡镇工作补贴政策的完善。

艰苦边远地区津贴政策始于1993年10月1日实施的《机关、事业单位艰苦边远地区实施办法》。该办法要求“按照《关于边远地区范围的通知》（劳人科局〔1983〕064号）所规定的一、二、三类基础上增加第四类（海拔四千米以上为四类），分别按每人每月平均增加14元、24元、45元和85元的标准来发放编制内机关事业单位工作人员的艰苦边远地区津贴，具体到个人则按个人工资百分比计发”。[2]《国务院办公厅转发人事部财政部关于调整机关事业单位工作人员工资和增加离退休人员离退休费四个实施方案的通知》明确要求，“从2001年1月1日起，对列入艰苦边远地区的机关事业单位的在职人员和离退休人员，按艰苦程度划分的一、二、三、四类标准和行政级别（含专业技术级别）发放艰苦边远地区津贴；在各类平均标准内，不同岗位（职务）人

[1] 《福建省民政厅等六部门关于组织开展福建省高校毕业生服务社区计划工作的通知》（闽民建〔2009〕128号），福建省毕业生就业创业公共服务网，2009-05-15，http：//www.fjbys.gov.cn/zcfg/20090515/20063.html。

[2] 《国务院办公厅关于印发机关、事业单位工资制度改革三个实施办法的通知》，《中华人民共和国国务院公报》1993年第31号。

员适当拉开差距”。[1]《关于印发〈完善艰苦边远地区津贴制度实施方案〉的通知》要求，将艰苦边远地区津贴类别由四类调整到六类，上调了津贴标准，且要求每5年评估和调整一次范围和类别。2011年《关于调整艰苦边远地区津贴一至三类区标准的通知》、2012年《关于调整艰苦边远地区津贴标准的通知》和2016年《关于完善艰苦边远地区津贴增长机制和调整艰苦边远地区津贴标准的通知》对艰苦边远地区津贴标准进行不断地调整，继续按照各类平均标准内不同岗位（职务）人员适当拉开差距的原则进行津贴发放，且从2016年起要求每两年向上调整一次津贴标准。表5－1显示的是历年艰苦边远地区津贴文件规定的津贴平均标准。

表5－1　历年艰苦边远地区津贴文件规定的津贴平均标准　（单位：元）

分类＼文件	国办发〔1993〕85号	国办发〔2001〕14号	国人部发〔2006〕61号	人社部发〔2011〕75号	人社部发〔2012〕78号	人社部发〔2016〕12号
一类区	14	43	70	120	140	170
二类区	24	86	130	210	240	290
三类区	45	172	230	350	390	480
四类区	85	300	400	400	650	800
五类区			680	680	1100	1450
六类区			1000	1000	1800	2400

艰苦边远地区津贴是中央对艰苦边远地区机关事业单位的在职人员和离退休人员按照地区艰苦程度和行政级别或专业技术级别而发放的一项激励性、补偿性津贴。凡是属于同类艰苦边远地区、同一行政级别或专业技术级别的机关事业单位人员，就享有同一标准的艰苦边远地区津贴。众所周知，与艰苦边远地区的县城和市区的机关事业单位人员相比较，在艰苦边远地区的县以下基层工作的机关事业单位人员往往要经受更多的自然不利条件带来的不利影响，因此对于艰苦边远地区的基层机关事业单位人员应发放相应的基层工作补贴。目前已实施了乡镇工作补贴以及连片特困地区乡村教师生活补助，实现了“越是边远基层，待遇越高”，也更加突出了大学生到基层就业、人才向基层流动的政策导向。值得一提的是，目前艰苦边远地区津贴政策的发放对象范围是否

[1]《国务院办公厅转发人事部财政部关于调整机关事业单位工作人员工资和增加离退休人员离退休费四个实施方案的通知》，《中华人民共和国国务院公报》2001年第10号。

包括西部计划等服务基层项目人员?《关于统筹实施引导高校毕业生到农村基层服务项目工作的通知》规定,“各项目高校毕业生在艰苦边远地区工作的,按规定发放艰苦边远地区津贴”。❶ 因此,国家及地方政府关于艰苦边远地区津贴政策的文件中,应明确将服务基层项目人员列入津贴发放范围,而且地方政府应严格执行《关于统筹实施引导高校毕业生到农村基层服务项目工作的通知》规定,落实好服务基层项目人员的艰苦边远地区津贴发放问题。

乡镇工作补贴政策自 2015 年 1 月 1 日执行以来,在部分基层区域存在一些问题。从人民网的地方领导留言板的留言及回复来看,主要问题表现在两个方面:一是乡镇工作补贴发放对象范围有争议,争议的焦点在于发放对象范围是按地理位置归属还是单位行政所属;二是乡镇工作补贴未能按国家政策要求及时发放,其原因在于县(区)级财政紧张,虽已启动相关程序,但无法落实。结合上述既存问题,要完善乡镇工作补贴政策,应着重从以下两个方面入手:

首先,明确界定乡镇工作补贴对象的执行范围。人力资源和社会保障部、财政部《关于乡镇机关事业单位工作人员实行乡镇工作补贴的通知》规定,“乡镇工作补贴的执行范围,限于乡镇(不含街道)机关和事业单位的正式工作人员”,但又规定“对工资收入水平相对较高的乡镇是否实行乡镇工作补贴,由省级人民政府确定”。❷ 各省(区、市)关于发放乡镇工作补贴的通知及发放办法中,在遵照国家政策规定的基础上,还补充说明上级政府派驻乡镇机构工作 6 个月以上的工作人员也在补贴范围。从上述表述来看,乡镇工作补贴的发放对象应为工作场域在乡镇的机关及事业单位的正式工作人员,而不是按单位的行政归属来确定。作为具体执行乡镇工作补贴发放的县(区)级政府,在制定方案前应就补贴发放对象范围进行周密的调研和讨论,避免出现“应补未补”的现象。另外,乡镇工作补贴发放对象是否包括西部计划等服务基层项目人员?从乡镇工作补贴文件来看,补贴发放对象为乡镇机关和事业单位正式工作人员,而服务基层项目人员不属于正式编制,故不在发放范围之

---

❶ 《关于统筹实施引导高校毕业生到农村基层服务项目工作的通知》(人社部发〔2009〕42 号),中华人民共和国人力资源和社会保障部,http://www.mohrss.gov.cn/gkml/zcfg/gfxwj/201407/t20140717_136582.html。

❷ 《关于乡镇机关事业单位工作人员实行乡镇工作补贴的通知》(人社部发〔2015〕7 号),云南人力资源和社会保障网,2017-9-29,http://www.ynhrss.gov.cn/NewsView.aspx?ClassID=376&NewsID=24769。

内；从基层项目政策文件来看，服务基层项目人员的工作生活补贴根据岗位情况，参照当地乡镇机关、事业单位从高校毕业生中新录用的公务员、工作人员试用期满后工资收入水平确定标准，故应同乡镇机关和事业单位人员一样享受乡镇工作补贴。基于上述情况，基层项目人员能否被纳入乡镇工作补贴范围，主要由地方政府决定。目前有部分省份将特岗教师纳入乡镇工作补贴发放范围，如湖南省规定“乡镇及以下学校在职在岗教师一律纳入乡镇工作补贴实施范围（特岗教师参照执行）”。[1]

其次，为保证政策能落到实处，应由省级政府统筹乡镇工作补贴的经费。各省级政府要求县（区）级政府落实乡镇工作补贴政策，对于经费则要求“按行政隶属关系和现行经费保障、工资发放渠道解决”。[2] 由此我们可以这样理解：乡镇工作补贴经费主要由县（区）级政府自行解决。对于县（区）级政府来说，将国家政策规定的乡镇工作补贴按标准要求发放到每个补贴对象手中，是他们应着力解决的政策“最后一公里”问题。但由于各种原因，部分县（区）级财政的窘境甚至空转已是不争的事实。既已如此，那么本已财政困难的县（区）级政府又怎能承受乡镇工作补贴所需经费的重担？因此，省级财政有必要统筹乡镇工作补贴的经费，建立专项转移支付制度，通过财政转移支付解决县级政府因财政困难而无法落实乡镇工作补贴发放的问题。

概而言之，当前大学生基层就业经济补偿政策的完善，应建立监督机制以确保严格执行国家政策规定的高定级别工资档次或薪级工资政策，建立高定级别工资档次或薪级工资动态浮动或调整机制；合理确定学费补偿助学贷款代偿对象范围，考虑一次性支付方式以简化操作程序和提高补偿效应；艰苦边远地区津贴政策文件应明确将服务基层项目人员纳入津贴发放范围，应建立监督机制以确保严格执行和落实服务基层项目人员的艰苦边远地区津贴；合理确定乡镇工作补贴发放对象范围，建议将服务基层项目人员纳入发放对象范围、由省级政府统筹乡镇工作补贴经费。

（二）精神荣誉补偿

对基层就业大学生进行经济收益补偿，既体现了国家和政府对大学生服务

---

[1] 《湖南省乡村教师支持计划（2015～2020 年）实施办法》（湘政办发〔2015〕114 号），湖南省人民政府，http：//www. hunan. gov. cn/xxgk/wjk/szfbgt/201512/t20151230_4825500. html。

[2] 《关于乡镇机关事业单位工作人员实行乡镇工作补贴的通知》（人社部发〔2015〕7 号），云南人力资源和社会保障网，2017 - 9 - 29，http：//www. ynhrss. gov. cn/NewsView. aspx? ClassID = 376&NewsID = 24769。

基层、奉献基层的一种认可，也能为基层就业大学生带来心理上的满足感。由前述可知，经济补偿有各种条件限制，能够获得经济补偿的大学生仅仅是庞大的基层就业大学生队伍中的一部分，经济补偿所发挥的激励作用是有限的，还需要精神荣誉补偿等其他补偿方式来弥补其有限性。在经济条件日益丰裕的情况下，一旦精神荣誉补偿缺失，经济补偿的边际效应会逐步递减，可能会导致基层就业意愿普遍下降。恩格斯说过："推动人去从事活动的一切，都要通过人的头脑……外部世界对人的影响表现在人的头脑中，反映在人的头脑中，成为感觉、思想、动机、意志。总之，成为'理想的意图'，并且通过这种形态变成'理想的力量'。"❶ 可见，对基层就业大学生进行精神荣誉补偿是十分必要的。精神荣誉补偿是指大学生基层就业的受益者对大学生基层就业的奉献行为和奉献精神所作出的补偿，其补偿主体（即受益者）包括中央政府、基层就业单位所在的地方政府和基层就业单位，同时作为培养单位的高校也应被纳入其中，补偿对象应为县以下基层就业创业的所有大学生。大学生基层就业的精神荣誉补偿政策制度化建设，需要对精神荣誉补偿政策及其执行的现状与不足进行分析，明确其补偿原则，在此基础上提出建议。

1. 精神荣誉补偿的现状及其不足

关于精神荣誉补偿，目前有部分服务基层项目和部分省（区、市）已经实施，主要有颁发基层就业荣誉证书或基层服务证书、评选基层就业创业先进个人、举办基层就业创业典型事迹宣讲会或报告会等形式。下面就精神荣誉补偿的现状及其不足进行简要论述。

（1）颁发基层就业荣誉证书或服务证书。

颁发基层就业荣誉证书或基层服务证书是对基层就业大学生进行精神荣誉补偿的一种补偿形式，其对象是所有到县以下基层就业创业且完成一定服务年限的大学生。在颁发基层就业荣誉证书方面，北京市走在全国前列。早在2006年，北京市教委为到北京农村基层就业的毕业生颁发《北京地区高校毕业生到农村基层工作荣誉证书》，为到西部地区就业的毕业生颁发《北京地区高等学校毕业生支援西部大开发荣誉证书》，2017年起为到西部省份就业、到东北和中部基层就业、参加基层项目、参军入伍、自主创业这六类毕业生发放"到基层工作"荣誉证书。基层项目中，西部计划全国项目办统一制作《全国

❶ 中共中央马克思恩格斯列宁斯大林著作编译局编译：《马克思恩格斯文集》（第4卷），人民出版社，2009年，第285~286页。

大学生志愿服务西部计划志愿服务证》，由服务省（区、市）项目办在每年新招募志愿者的集中培训时发放，服务期满、考核合格后加盖服务县（市、区、旗）项目办公章即可生效，证书作为期满享受补偿政策的依据；各省教育厅每年为统一招聘录用为特岗教师、服务期满考核合格的大学生发放《农村义务教育阶段学校教师特设岗位计划教师服务证书》；各省级“三支一扶”工作协调管理办公室每年为服务期满、考核合格的“三支一扶”大学生颁发《高校毕业生“三支一扶”服务证书》；省级“农技特岗计划”工作协调小组每年为服务期满、考核合格的“农技特岗计划”大学生颁发服务证书。

从颁发基层就业证书（荣誉证书或服务证书）的现状来看，其不足之处主要表现在以下两个方面：一是从政府层面来看，对颁发基层就业证书这种普惠性的大学生基层就业精神荣誉补偿还没有足够重视，仅有部分省市颁发基层就业荣誉证书或服务证书，大部分省份对基层项目之外的基层就业大学生没有颁发荣誉证书或服务证书。二是五个基层项目之间没有统筹做好服务证书的颁发工作，首先没有按照《关于统筹实施引导高校毕业生到农村基层服务项目工作的通知》的要求做好沟通协调工作，大学生村官计划没有开展服务证书的颁发工作；其次，基层项目的服务证书颁发时间存在显著差异，《全国大学生志愿服务西部计划志愿服务证》在志愿者集中培训时颁发，服务期满考核合格加盖服务县（市、区、旗）项目办公章后生效，而《农村义务教育阶段学校教师特设岗位计划教师服务证书》《高校毕业生“三支一扶”服务证书》《农技特岗计划服务证书》则要求服务期满、考核合格后颁发。

（2）评选表彰基层就业创业先进个人。

2005 年《关于引导和鼓励高校毕业生面向基层就业的意见》明确要求，“中央和国家机关有关部门及各省（区、市）要建立扎根基层、建功立业优秀人才评选表彰制度”。[1] 在此要求下，各省份出台的《关于引导和鼓励高校毕业生面向基层就业的实施意见》或其他相关文件均明确表示要建立高校毕业生“扎根基层、建功立业优秀人才”评选表彰制度。就笔者的研究范围而言，山东省率先出台《关于做好扎根基层建功立业优秀人才和普通高校毕业生就业工作先进集体、先进个人评选表彰工作的通知》（鲁人办发〔2006〕196 号），就评选范围、评选条件、评选人数及表彰奖励等作了详细规定，但

---

[1] 《中共中央办公厅　国务院办公厅印发〈关于引导和鼓励高校毕业生面向基层就业的意见〉的通知》，《内蒙古政报》2005 年第 8 期。

没有规定评选周期。在五个基层项目中，西部计划文件明确规定表现优秀的志愿者可参评县、市、省优秀志愿者，表现特别优秀的则可推荐参加中国十大杰出志愿者等奖项评选；“三支一扶”计划文件也明确规定凡是参加“三支一扶”计划的大学生，表现突出则有机会被表彰、被树立为先进典型。

2016 年 12 月《关于进一步引导和鼓励高校毕业生到基层工作的意见》明确要求，“将基层工作的高校毕业生纳入国家表彰范围，对扎根基层、表现突出的高校毕业生适时开展评选表彰，鼓励各地对基层工作的优秀高校毕业生进行表彰奖励。”[1] 截至 2018 年 2 月，在已出台《关于进一步引导和鼓励高校毕业生到基层工作的实施意见》（以下简称《实施意见》）且能搜索到文件的 15 个省（区、市）中，有 14 个省（区、市）明确表明要按国家规定对扎根基层、表现突出的高校毕业生适时开展评选表彰，其中只有宁夏回族自治区的《实施意见》明确了评选周期，即自治区政府每两年开展一次评选表彰；湖南省的《实施意见》未明确规定适时开展表彰，只规定宣传报道扎根基层、建功立业的优秀高校毕业生典型。

在基层就业创业先进个人评选表彰实践方面，中央相关部门和各级地方政府都开展过评选表彰，主要有：各级政府的组织部及相关部门开展“最美大学生村官”评选；西部计划全国项目办开展优秀志愿者评选，比如 2009 年 1 月启动全国首届优秀志愿者评选，从 2003～2008 年的西部计划志愿者中评选了 100 名优秀志愿者；[2] 省级教育厅及相关部门开展特岗教师先进个人的评选，如内蒙古自治区 2015 年评选表彰了 20 名优秀特岗教师，[3] 海南省 2017 年评选表彰了 20 名优秀特岗教师。[4] 此外，一些媒体、社会组织发起并组织了相关评选活动，如 2013 年 1 月新华网、大学生村官网发起组织“最美大学生村官”评选；2017 年 5 月中国青年网、大学生村官报、大学生村官之家网共同发起“脱贫攻坚·青春榜样——大学生村官典型人物寻找活动”；2011 年 6 月光明日报社和北京广播电视电视台发起“寻找最美乡村教师”公益活动

---

[1] 《中共中央办公厅　国务院办公厅印发〈关于进一步引导和鼓励高校毕业生到基层工作的意见〉的通知》，《中华人民共和国国务院公报》2017 年第 6 号。

[2] 《关于开展大学生志愿服务西部计划优秀组织奖、优秀志愿者评选的通知》，中国青年网——大学生志愿服务西部计划，http：//xibu. youth. cn/gzdt/tz/201510/t20151028_7250654. htm。

[3] 《内蒙古百名优秀乡村教师 20 名“特岗教师”受表彰》，内蒙古自治区教育厅，2015－09－11，http：//www. nmgov. edu. cn/gzdt/tpxw/201509/t20150911_27813. html。

[4] 《海南优秀乡村教师及优秀特岗教师评选结果出炉》，南海网，2017－09－05，http：//www. hinews. cn/news/system/2017/09/05/031253797. shtml。

（2012年起由中央电视台和光明日报社共同发起）。

基层就业创业先进个人的评选表彰，无论政策层面还是实践层面都受到了重视，但是也存在一些不足之处：

一是评选表彰的政策文本存在模糊性。就文件本身来看，《关于引导和鼓励高校毕业生面向基层就业的意见》以及部分省份出台的《关于引导和鼓励高校毕业生面向基层就业的实施意见》虽提出要建立高校毕业生“扎根基层、建功立业优秀人才”评选表彰制度，但评选周期、评选比例、评选条件等并未明确规定；《关于进一步引导和鼓励高校毕业生到基层工作的意见》以及部分省份出台的《关于进一步引导和鼓励高校毕业生到基层工作的实施意见》都提出要适时表彰扎根基层的优秀高校毕业生，至于如何开展表彰并未提及。虽然这种内容表述上的不明确性，可能是政策制定者有意留下一定的模糊空间，让下级政府能够根据实际情况进行决策，但是也增加了政策执行的难度，影响了政策的有效执行。

二是评选表彰活动没有制度化。评选制度本身的模糊性，导致评选表彰活动难以按制度规定来开展，或者导致评选表彰活动具有临时性特点，比如部分省份出台的《关于引导和鼓励高校毕业生面向基层就业的实施意见》明确规定，每三年开展一次“扎根基层、建功立业先进个人”评选，据搜索到的材料显示，评选表彰活动往往开展一两届后就没有继续下去。基层就业创业先进个人评选表彰的临时性，其根本原因在于政府对政策、制度的选择性执行，政府往往以政策、制度的模糊性为依据，结合实际情况作出是否评选表彰、何时评选表彰和如何评选表彰的一系列决策。

三是基层项目之间没有统筹开展先进个人评选表彰活动。基层项目先进个人的评选表彰由其主管部门组织开展，评选表彰较多的是大学生村官计划、西部计划和农村义务教育阶段教师特设岗位计划，而“三支一扶”计划和农技推广特设岗位计划先进个人的评选表彰相对较少。

（3）宣传基层就业创业典型事迹。

《关于引导和鼓励高校毕业生面向基层就业的意见》和《关于进一步引导和鼓励高校毕业生到基层工作的意见》都明确提出要大力宣传基层就业创业优秀高校毕业生典型，各省级政府出台的实施意见对宣传工作都作了明确要求。宣传基层就业创业典型事迹，其重要意义主要表现在两个方面：一方面宣传本身是一种表扬、激励的方式，能激励大学生基层就业创业典型不忘初心，更好地服务基层；另一方面通过宣传典型事迹，在大学生中形成一种基层就业的导向，唤起大学生“选择基层、服务基层、扎根基层”的情感共鸣和精神力量，营造基层就业的浓厚氛围，进而实现由“引导和鼓励大学生到基层就业”向“大学生自觉选择基层就业”的转化。

就宣传方式而言，基层就业创业典型事迹的宣传主要有两种：举办基层就业创业典型事迹报告会和运用媒体宣传基层就业创业典型事迹。在举办基层就业创业典型事迹报告会方面，上至国家层面下至地方政府和高校都有开展：国家层面既有中央部门联合举办的宣讲会，如中宣部、教育部、团中央组织举办“大学毕业生建功立业先进事迹报告会”，也有各基层项目主管部门举办的优秀毕业生典型报告会，如团中央、西部计划全国项目办每年举办“大学生志愿服务西部计划优秀志愿者典型事迹巡回宣讲会”，教育部、人力资源和社会保障部举办“全国优秀‘三支一扶’大学生先进事迹报告会”，教育部主办“播种未来与希望——乡村特岗教师巡回报告会”。地方政府层面，着力挖掘本行政区域内的大学生基层就业创业典型事迹，然后在各高校举行巡回报告会，如陕西省委高教工委自 2011 年起连续 7 年举办高校毕业生建功立业先进事迹报告会。高校层面，既组织学生参加中央和地方政府主办的基层就业创业典型事迹巡回报告会，也动员各种力量和各种资源来挖掘本校基层就业创业典型事迹，邀请基层就业创业典型人物回校举行报告会或座谈会。在运用媒体宣传基层就业创业典型事迹方面，主要是利用各类传统媒体和新媒体以文字、图片或者影像等形式来广泛宣传基层就业创业典型事迹。相对而言，目前运用网络媒体宣传得较多，如团中央的西部计划网站开设了介绍志愿者典型人物、西部明星的“人物风云”专栏，宣传扎根西部的志愿者的“扎根西部风采展”专栏。

虽然目前关于基层就业创业典型事迹的宣传较多，在引导大学生基层就业上营造了一种良好的舆论导向和舆论氛围，但也存在一些有待改进之处：一是没有统筹开展基层项目就业典型事迹报告会，报告团成员来源单一，缺乏多样化榜样的示范引导，一定程度上削弱了报告会的效果；二是基层就业典型事迹报告会没有制度化，即举办报告会没有固定周期或没有持续下去，“刚开了头，却又煞了尾”的情况比比皆是；三是运用媒体宣传基层就业创业典型事迹主要依靠网络媒体，公开出版发行的相关书籍较少，或者没有作为普及读物让在校大学生阅读学习。以“基层就业”“建功立业”等作为关键词在国家数字图书馆及当当网进行搜索，目前搜索到 8 部关于讲述大学生基层就业先进事迹、案例等方面的书籍。[1] 虽然网络宣传简便经济快速，但也显现出其宣传效力的有限性，能主动搜索各网站查阅、浏览基层就业典型事迹的大学生是有限的。

2. 明确精神荣誉补偿的基本原则

对基层就业大学生进行精神荣誉补偿，既要兼顾大多数基层就业大学生的精神需求，也要突出少数典型、注重合理适度，因此其补偿原则主要有点面结合和合理适度。

（1）点面结合。

就补偿对象范围大小而言，大学生基层就业的精神荣誉补偿可以分为点补偿和面补偿。前者是指对基层就业大学生中的少数人进行补偿，即对特别优秀、特别突出的基层就业大学生进行表彰和奖励，比如评选表彰基层就业创业典型；后者是指对符合规定的所有基层就业大学生进行补偿，即对完成一定服务期限的基层就业大学生进行经历认定，比如颁发基层服务证书。通常情况下，点补偿因其突出典型性而产生很好的补偿效应，但不能过于集中，不能使受到精神荣誉补偿的范围限定在极少数人，否则不仅反映了补偿机制的不合理，而且会影响基层其他大学生的积极性。大学生基层就业的精神荣誉补偿应注意点面结合，既要突出少数典型人物的差异性补偿，也要兼顾多数普通人的普惠性补偿。

（2）合理适度。

大学生基层就业的精神荣誉补偿应坚持合理适度原则，因为合理适度是保障补偿公平、公正、规范、有效的前提。如何做到合理适度呢？首先，应研判精神荣誉补偿的价值和影响，按照是否具有政策依据、是否有利于引导大学生到基层就业、是否有利于调动基层就业大学生的积极性等标准来确立是否进行补偿；其次，建立和完善精神荣誉补偿的相关程序和制度，坚持“唯实、唯真”，综合运用材料审核、风采展示、陈述答辩、专家评议和网络投票等多种

---

[1] 这 8 部书籍为：《青春在这里闪光：讲述当代大学生基层就业和创业的故事》（中国经济出版社，2008 年）、《大学毕业生建功立业先进事迹报告》（学习出版社，2009 年）、《大学毕业生建功立业先进事迹报告》（中国人民大学出版社，2011 年）、《基层就业　写就青春——讲述华中农业大学毕业生基层就业的故事》（中国地质大学出版社，2010 年）、《在基层谱写青春诗篇——北京林业大学基层就业案例集》（中国农业大学出版社，2014 年）、《青春在基层绽放——全国青年选调生作品选编》（知识产权出版社，2014 年）、《璀璨青春：新疆大学毕业生基层就业创业典型 100 例》（新疆大学出版社，2014 年）、《青春因选调而美丽——全国选调生理论与实践文集》（西安出版社，2015 年）。

形式，全面客观地开展优秀典型的评选；最后，精神荣誉补偿要统筹基层项目与其他基层就业途径，各种途径到基层就业的大学生都要有所兼顾，同时少数优秀典型的评选应注意比例适度，对评选出来的少数优秀典型应给予适当的物质奖励。

3. 精神荣誉补偿政策制度化建设

根据颁发基层服务证书、评选表彰基层就业先进个人和宣传基层就业创业典型事迹的现状及不足，进行大学生基层就业的精神荣誉补偿政策制度化建设，既要从理论层面去构建完善，更要从实践层面去执行落实，因此应从以下两大方面入手：

（1）重视建立与完善精神荣誉补偿的制度文本、组织体系，深入开展调查研究。首先，出台并完善精神荣誉补偿的制度文本。从中央政府到地方政府，从高校到基层单位，要统筹协调出台大学生基层就业精神荣誉补偿制度的文件，明确补偿对象范围、是否补偿、何时补偿、如何补偿等内容，力争做到精神荣誉补偿有章可依、有章必依。其次，建立与完善精神荣誉补偿的组织体系。从中央政府到地方政府，从高校到基层单位，应考虑建立和完善大学生基层就业精神荣誉补偿工作小组，小组成员由负责大学生就业的主管部门和相关部门的工作人员组成，形成精神荣誉补偿工作的组织体系，尽力做到精神荣誉补偿工作有人管、有人做。最后，应深入开展精神荣誉补偿的调查研究。中央政府、地方政府及高校应重视调研精神荣誉补偿的导向效果，探讨精神荣誉补偿经验的总结与推广，发现精神荣誉补偿过程中存在的问题，分析和提出解决问题的对策。

（2）执行落实精神荣誉补偿政策。首先，重视普惠性精神荣誉补偿，在基层就业登记制基础上实行基层就业（创业）荣誉证书或服务证书奖励制度；其次，评选表彰基层就业创业先进个人和宣传基层就业创业典型事迹要长期化、制度化，应将两者结合起来，在评选的基础上实现表彰和宣传的合二为一，运用多种途径、多种方式进行广泛宣传，对先进个人应给予适当的物质奖励；最后，统筹服务基层项目人员之间，以及基层服务项目人员和其他途径基层就业人员之间的精神荣誉补偿工作，力争做到一视同仁。

（三）发展机会补偿

第三章第二节的“基层就业大学生的就业满意度”调查结果显示，薪酬待遇、认可评价和发展机会是影响基层就业大学生满意度最重要的三个因素。

《光明日报》2017 年 12 月 9 日《高校毕业生基层就业职业生涯如何更有获得感》显示：“‘发展空间受限，交流机会有限，薪资收入偏低’是采访中基层就业毕业生的共同担忧。”❶ 提升基层就业大学生的满意度，增强基层就业大学生的获得感，除经济收益补偿和精神荣誉补偿外，更需要在发展机会上进行补偿。

发展机会补偿是指大学生基层就业的受益者（即中央政府、各级地方政府和基层单位）对大学生因为基层就业而丧失的发展机会所作出的补偿。它与经济收益补偿之间是有显著区别的，主要有：一是补偿目的侧重点不同。经济收益补偿主要是对大学生因为基层就业而导致经济收益减少的补偿，侧重于当前利益，反映的是形式上的公平正义；发展机会补偿主要是对大学生因为基层就业而丧失的发展机会的补偿，侧重于未来利益，反映的是实质上的公平正义。二是补偿对象的范围不同。经济补偿的对象主要是县以下基层党政机关、企事业单位就业且符合相关政策规定的大学生，补偿对象范围较窄；发展机会补偿的对象是基层就业创业的所有大学生，补偿对象范围较宽。三是补偿方式不同。经济补偿主要运用资金进行直接补偿，而发展机会补偿主要是通过给予更多的发展机会进行间接补偿。

要实现大学生基层就业发展机会补偿政策的制度化，必须明确发展机会补偿的基本原则，清楚当前大学生基层就业的发展机会补偿的现状，才能针对性地提出完善政策的建议。

1. 发展机会补偿的原则

（1）以人为本。

以人为本的本质和核心是促进人的全面发展，这与基层就业大学生的发展机会补偿的目的是一致的，这决定了应将以人为本作为大学生基层就业发展机会补偿的基本原则。大学生基层就业的发展机会补偿，首先应该高度关注和重视基层大学生的就业现状和发展需求，要以满足基层就业大学生的发展需求及其满足程度作为发展机会补偿的核心目标，通过教育培训、岗位锻炼等方式帮助他们提升职业能力，落实公务员定向招录、升学扶持等政策，使在基层努力工作的大学生不仅能看到，而且能拥有一个比较现实且公平的发展通道。

（2）公平正义。

国家对基层就业大学生进行发展机会补偿，其初衷是为基层就业大学生的

❶ 邱玥：《高校毕业生基层就业职业生涯如何更有获得感》，《光明日报》2017 年 12 月 9 日第 6 版。

职业发展提供机会支持，以补偿大学生因到基层就业而丧失的发展机会，这本身就体现了公平正义的原则，故将公平正义作为大学生基层就业的发展机会补偿的基本原则是十分合理的。发展机会补偿应以“机会面前人人平等”为目标，为基层就业大学生提供多样化的发展机会，最大限度地保证发展机会的起点平等和过程平等，即凡是具有相同资格、相同意愿的基层就业大学生，都应当拥有平等竞争的机会，能平等参与竞争过程。

2. 发展机会补偿政策现状及其完善

根据相关政策文件，目前国家对基层就业大学生的发展机会补偿，主要涉及两大方面，即职业能力提升和职业发展支持。

（1）职业能力提升政策现状及其完善。

总体而言，初入基层的大学生普遍存在对基层了解不够、基层工作经验不足、工作方法单一等问题，也就是说职业能力有待提升。对于基层就业大学生来说，职业能力应包括适应基层生活与工作的能力、理解和执行政策的能力、分析和解决基层问题的能力、创新基层工作方式方法的能力等。基层就业大学生职业能力的提升，一方面需要大学生具有学习意识和学习能力，在基层工作实践中不断探索、总结和反思，另一方面需要政府、基层单位为他们提供职业能力提升的平台，探索提升职业能力的途径和方法。目前政府层面为基层就业大学生提供职业能力提升的途径，主要有三种：教育培训、结对传帮带和岗位锻炼。

① 教育培训。

无论职前还是职后，通过教育培训提升大学生的职业能力，不仅是用人单位及主管部门的惯例做法，更是基层项目的典型做法。

首先，将教育培训列入政策规定之中，服务基层项目人员的教育培训受到重视。西部计划志愿者的教育培训上，西部计划全国项目办在 2003 ~ 2015 年以及 2016 ~ 2017 年度大学生志愿服务西部计划实施方案中，要求“各省级项目办统一组织入选志愿者进行集中培训，培训时间不得少于 4 天”;[1]《关于印发〈2017 ~ 2018 年度大学生志愿服务西部计划实施方案〉的通知》则明确要求，“各省项目办建立志愿者培训制度，集中指导高校项目办对入选志愿者进

[1] 来源于全国大学生志愿服务西部计划项目管理办公室 2003 ~ 2015 年以及 2016 ~ 2017 年度大学生志愿服务西部计划实施方案，其中 2003 年、2004 年的实施方案明确要求培训时间为 5 天。

行志愿服务政策法规、服务技能等培训”；❶ 而西部计划志愿者的在岗培训在《关于印发〈2005 年大学生志愿服务西部计划实施方案〉的通知》中首次被提及，要求“各服务县项目办要结合当地实际，适时组织志愿者进行服务期间的岗位技能培训”；❷《关于印发〈2017～2018 年度大学生志愿服务西部计划实施方案〉的通知》中再次提及西部计划志愿者的在岗培训，且要求“服务县项目办及服务单位要建立健全大学生常态化培训机制，做好志愿者的日常培训”。❸ 特岗教师的教育培训上，《农村义务教育阶段学校教师特设岗位计划实施方案》明确将集中培训列入特岗教师招录工作环节，2012～2017 年的《关于农村义务教育阶段学校教师特设岗位计划实施工作的通知》要求“对特岗教师尤其是非师范专业毕业生入职前进行师德教育与教学培训”，❹ 2013 年起要求“在‘国培计划’中统筹安排入职后的特岗教师专项培训”。❺“三支一扶”志愿者的教育培训上，2006～2015 年的《关于做好“三支一扶”计划实施工作的通知》中明确要求做好岗前培训，且有文件规定要“建立和完善‘三支一扶’培训体系和培训制度，要求组织实施‘三支一扶’人员能力提升专项培训计划，每年为‘三支一扶’人员提供不少于 5 天的岗前或在岗脱产培训”。❻ 在大学生村官的教育培训上，《关于选聘高校毕业生到村任职工作的意见（试行）》要求对到村任职的大学生开展岗前培训和岗位培训，《关于建立选聘高校毕业生到村任职工作长效机制的意见》和《关于印发〈关于进一步加强大学生村官工作的意见〉的通知》则要求“将大学生村官纳入干部教

---

❶《关于印发〈2017～2018 年度大学生志愿服务西部计划实施方案〉的通知》（中青联发〔2017〕9 号）．中国青年网——大学生志愿服务西部计划，http：//xibu. youth. cn/gzdt/tz/201705/t20170516_9782306. htm。

❷《关于印发〈2005 年大学生志愿服务西部计划实施方案〉的通知》．中国青年网——大学生志愿服务西部计划 http：//xibu. youth. cn/zcwj/200904/t20090402_887730. htm。

❸《关于印发〈2017～2018 年度大学生志愿服务西部计划实施方案〉的通知》（中青联发〔2017〕9 号）．中国青年网——大学生志愿服务西部计划，http：//xibu. youth. cn/gzdt/tz/201705/t20170516_9782306. htm。

❹ 教育部办公厅　财政部办公厅 2012～2017 年《关于做好年农村义务教育阶段学校教师特设岗位计划实施工作的通知》。

❺ 教育部办公厅　财政部办公厅 2013～2017 年《关于做好农村义务教育阶段学校教师特设岗位计划实施工作的通知》。

❻《人力资源社会保障部办公厅　财政部办公厅关于印发〈“三支一扶”人员能力提升专项计划实施方案〉的通知》（人社厅发〔2016〕136 号）、《中共中央组织部　人力资源社会保障部等九部门关于实施第三轮高校毕业生“三支一扶”计划的通知》（人社部发〔2016〕41 号）、《人力资源社会保障部办公厅 财政部办公厅关于做好 2017 年高校毕业生“三支一扶”计划实施工作的通知》（人社厅发〔2017〕58 号）。

育培训规划，实行分层、分类培训，确保大学生村官每人每年培训累计不少于7天”。❶ 特岗农技人员培训上，《关于实施基层农技推广特设岗位计划的通知》和《关于实施基层农业技术推广服务特设岗位计划的意见》均要求各地建立岗前和在岗培训制度，制定专门培训计划。

其次，教育培训的执行落实基本到位。在教育培训实践方面，各基层项目均已执行落实相关政策规定的教育培训，既有岗前培训也有在岗培训。西部计划自2003年以来，每年招募工作结束后，各服务省项目办组织新招募的志愿者进行集中培训并举行授旗出征仪式，之后志愿者奔赴各服务县开始服务工作，而西部计划的在岗培训相对未受重视，部分省份的市、县（区）团委（如攀枝花市、重庆渝北区团委）组织实施了能力提升培训班。❷ 特岗教师的岗前培训由各省根据实际情况而采取不同的方式，主要有分散培训和集中培训，前者由县教育局组织该县新招聘的特岗教师进行培训（如贵州），后者由省教育厅委托部分师范院校对全省新招聘的特岗教师进行集中培训（如安徽）；特岗教师在岗培训主要由各省通过“国培计划”的远程培训、短期集中研修、跟岗实践研修、访名校培训等方式来实施，还依托中国教师研修网等网络平台进行培训。“三支一扶”志愿者的岗前培训因招募方式的不同而不同，既有岗前集中培训也有岗前分散培训，而“三支一扶”志愿者的在岗培训从2016年起得到重视，主要以举办示范培训班的方式进行培训。2017年9月25日~29日，人社部人力资源市场司主办、中国农业科学院培训中心承办首期全国“三支一扶”人员能力提升专项计划示范培训班，❸ 目前已累计资助各地组织举办100期省级示范培训班，❹ 搜索到的有湖北、云南、广东、河北、安

---

❶ 《中组部 中宣部 教育部 公安部 民政部 财政部 人力资源社会保障部 农业部 国家林业局 国务院扶贫办 共青团中央 全国妇联关于印发〈关于建立选聘高校毕业生到村任职工作长效机制的意见〉的通知》（组通字〔2009〕20号），中华人民共和国人力资源和社会保障部，2009-04-09，http：//www.mohrss.gov.cn/SYrlzyhshbzb/jiuye/zcwj/gaoxiaobiyesheng/200904/t20090409_86354.html.《关于印发〈关于进一步加强大学生村官工作的意见〉的通知》（组通字〔2012〕36号），选调生网，http：//www.cnxds.com/view-923-1.html。

❷ 《西部计划志愿者 为你们的青春点个赞——我市举办西部计划志愿者能力提升培训班》，攀枝花共青团，2017-05-23，http：//www.pzhgqt.cn/tqkd/650376.shtml.《重庆渝北区三大举措提升西部计划志愿者能力》，中国青年网——大学生志愿服务西部计划，2016-12-29，http：//xibu.youth.cn/gzdt/gddt/201612/t20161229_8994409.htm。

❸ 《首期全国“三支一扶”人员能力提升专项计划示范培训班在我院举办》，中国农业科学研究院，2017-10-11，http：//www.gscaas.net.cn/Html/2017_10_11/2160_2321_2017_10_11_118656.html。

❹ 《已累计资助各地组织举办100期省级示范培训班》，人力资源和社会保障部，2017-11-23，http：//www.mohrss.gov.cn/rlzyscs/RLZYSCSshichangdongtai/201711/t20171123_282129.html。

徽、天津等省（区、市）已启动实施省级“三支一扶”人员能力提升专项计划。大学生村官的岗前培训和在岗培训都受到高度重视，在岗培训一方面采用面授培训的方式进行示范培训，如中组部和农业部在全国范围内开展农村实用人才和大学生村官示范培训，目前累计已举办800余期，培训农村实用人才和大学生村官8万余人；❶ 另一方面还依托全国大学生村官培训网等网络平台大规模开展大学生村官知识更新培训。另外，中组部和中国扶贫开发协会自2011年起组织实施贫困村大学生村官成长工程，对贫困村大学生村官开展创业培训，部分省份也相继开展了贫困村大学生村官创业培训，比如甘肃省2017年11月20日在甘肃农业大学举办了第一期全省贫困地区农村实用人才培训项目大学生村官创业专题培训班。❷

除服务基层五项目外，非常重视教育培训的还有选调生计划。《关于进一步做好选调应届优秀大学毕业生到基层培养锻炼工作的通知》规定：“要将选调生培训计划纳入干部培训计划，实行岗位培训和脱产轮训等方式，且基层工作期间至少要有一次为期3个月及以上的脱产培训。”❸ 在培训实践上，选调生到岗工作前由省（市、区）委组织部集中统一安排岗前培训，而在岗培训由各地根据实际情况来安排。

基层就业大学生的教育培训政策及其执行，也存在一些需要完善之处：一是部分基层项目的教育培训政策存在一定的模糊性，应明确规定培训时长、培训方式等要素。相对而言，特岗教师计划和农技特岗计划的教育培训政策的模糊性比较突出，其政策文件均未规定岗前培训时长，在给地方主管部门在岗前培训上充分自主权的同时，也为岗前培训按程序走过场等执行不到位的情况提供了机会。二是部分基层项目的教育培训政策重岗前培训、轻在岗培训。大学生村官计划和农技特岗计划从政策出台起，就明确要求做好岗前培训和在岗培训，而特岗计划、西部计划和“三支一扶”计划在政策出台时只要求加强和做好岗前培训，至于在岗培训则分别在其2013年、2016年和2017年的文件中才作明确要求。政策上重岗前培训、轻在岗培训，为政策执行过程中重岗前培

❶ 《习近平三大改革方向为乡村振兴战略擘画新坐标》，央视网，2017－12－30，http：//news. cctv. com/2017/12/30/ARTIXzD9tTutwuvVUfZc3FAP171230. shtml。

❷ 《2017年全省大学生村官创业专题培训班在我校开班》，甘肃农业大学继续教育学院，2017－11－20，http：//px. gsau. edu. cn/info/1067/2376. htm。

❸ 《中共中央组织部关于进一步做好选调应届优秀大学毕业生到基层培养锻炼工作的通知》（组通字〔2000〕3号），选调生网，http：//www. cnxds. com/view－234－1. html。

训、轻在岗培训提供了依据，一定程度上影响了基层就业大学生职业能力的提升。三是教育培训实践上还存在执行不到位、在岗培训对象没有全覆盖的情况。以“三支一扶”计划为例，国家层面2015年及以前的文件要求岗前培训，2016年及以后的文件规定岗前培训不少于5天，在如此明确的政策要求下，部分省份直到2017年才对新招募的“三支一扶”志愿者进行全面系统的岗前培训。在岗培训中举办的各种示范班、专项班等，只解决了一部分骨干、优秀基层大学生的培训问题，而要实现培训对象全覆盖，应分类分层做好全员培训、骨干培训、领头人培训。

② 结对传帮带。

教育培训能使基层就业大学生在短期内获得基层工作的基本知识和理论，然而很多基层工作经验和能力是在教育培训中难以学到的，必须在工作实践中学习和锻炼，结对传帮带就是有效的实践学习方式之一。

在政策层面，传帮带逐步得到重视，并被列入基层就业大学生职业能力提升计划。《关于进一步做好选调应届优秀大学毕业生到基层培养锻炼工作的通知》要求指定专人搞好选调生的传帮带。“三支一扶”计划和大学生村官计划明确将传帮带列入职业能力提升政策：在“三支一扶”人员的传帮带上，2012年以来的“三支一扶”计划实施工作的通知中均明确要求实行结对帮扶、做好传帮带，提升“三支一扶”志愿者服务基层的能力；在大学生村官的传帮带上，《关于建立选聘高校毕业生到村任职工作长效机制的意见》要求，“乡镇党委为每名大学生村官确定1名乡镇干部和1名村干部进行结对联帮带”,❶《关于印发〈关于进一步加强大学生村官工作的意见〉的通知》则要求，“每名大学生村官有1名乡镇干部和1名村干部结对联帮带外，还要求每名县级领导干部联系1名大学生村官”,❷ 以提升大学生村官服务村民、参与村务管理的实践能力。《高校毕业生基层成长计划》要求建立基层人才导师结

---

❶《中组部　中宣部　教育部　公安部　民政部　财政部　人力资源社会保障部　农业部　国家林业局　国务院扶贫办　共青团中央　全国妇联关于印发〈关于建立选聘高校毕业生到村任职工作长效机制的意见〉的通知》(组通字〔2009〕20号)，中华人民共和国人力资源和社会保障部，2009－04－09，http：//www.mohrss.gov.cn/SYrlzyhshbzb/jiuye/zcwj/gaoxiaobiyesheng/200904/t20090409_86354.html。

❷《关于印发〈关于进一步加强大学生村官工作的意见〉的通知》(组通字〔2012〕36号)，选调生网，http：//www.cnxds.com/view－923－1.html。

对帮扶制度，健全导师培养制，尤其对重点培养对象进行“一对一”传帮带。[1]

在传帮带实践上，可以说所有基层项目及其他途径的基层就业中都已实施，其中以特岗教师计划和大学生村官计划这两个项目最为典型。《教育部办公厅关于农村义务教育阶段学校教师特设岗位计划实施工作优秀案例的通报》的16个优秀案例中，有山西左权县、河南信阳市、广西田阳县、重庆璧山区、云南会泽县、陕西安康市汉滨区和宁夏回族自治区等7个优秀案例地区在特岗教师的培养上实施结对帮扶“青蓝工程”“老带新制度”“师徒结对子传帮带”等，帮助特岗教师完成入行入门，解决教育教学过程中的实际困难，迅速成长为合格甚至优秀的教师。[2] 在大学生村官传帮带实践上，大学生村官网和大学生村官之家网报道了各地大量的结对传帮带典型做法，它们主要实行“X＋1”结对传帮带方式，如甘肃张掖市“5＋1”帮带培养机制（组工干部、乡镇领导、村党组织书记、专业技术人员、致富能手共帮一名大学生村官成长）[3]，新疆托里县“4＋1跟踪培养制度”（组工干部、乡镇领导、村党支部书记、致富能手共同帮带一名大学生村官）[4]，山东莱芜市莱城区“3＋1”结对帮带措施（1名镇或街道领导班子成员、1名农村工作经验丰富的机关干部、1名村干部联合结对帮带1名大学生村官）[5]……这些传帮带者以言传身教的方式对大学生村官进行思想、工作、技术以及生活上的引导和帮助，为大学生村官适应基层工作生活、熟悉村情民俗、掌握工作方法以及迅速成长成才铺上了“快车道”。

上述传帮带政策及其实践，也存在一些有待加强和完善的地方，主要有：一是国家政策对传帮带的重视还不够，应在各项目的政策文件中明确规定将传

---

[1] 《中共中央组织部人力资源社会保障部等五部门关于印发高校毕业生基层成长计划的通知》（人社部〔2017〕85号），中华人民共和国人力资源和社会保障部 http://www.mohrss.gov.cn/gkml/zcfg/gfxwj/201711/t20171123_282119.html。

[2] 来源于《教育部办公厅关于农村义务教育阶段学校教师特设岗位计划实施工作优秀案例的通报》（教师厅函〔2017〕18号），中华人民共和国教育部，http://www.moe.edu.cn/srcsite/A10/s7030/201709/t20170912_314246.html。

[3] 《甘肃张掖高台县基层“三清单”促进大学生村官成长》，中国青年网——大学生村官之家，2017－10－12，http://cunguan.youth.cn/cgxw/201710/t20171012_10856902.htm。

[4] 《新疆托里县“五措并举”为培养村官队伍“保驾护航”》，中国青年网——大学生村官之家，2017－09－26，http://cunguan.youth.cn/cgxw/201709/t20170926_10784128.htm。

[5] 《山东莱城区：建立大学生村官日常考核机制》，中国青年网——大学生村官之家，2017－09－05，http://cunguan.youth.cn/cgxw/201709/t20170905_10653344.htm。

帮带作为基层大学生职业能力培养和提升的一种方式。西部计划、特岗教师计划和农技特岗计划的政策文件中亟需作明确规定。二是传帮带实践上，传帮带结对子搞“一刀切”模式，应因人而异、因地而异。比如，上述大学生村官的“5+1”和“4+1”结对帮扶方式都配备了致富能手，对此我们不能不思考这样一个问题：大学生村官有创业富民的责任，但并不是每个大学生村官都适合创业、都具备创业意愿和能力，都配备致富能手是否符合客观现实和主观需要？在结对子环节应尽可能考虑大学生各自的特点，尽可能让其自主选择传帮带者，确保传帮带方式让大学生在基层工作中既有“地气”又有“底气”。

③ 岗位锻炼。

教育培训中学到的理论知识和传帮带活动中学到的工作经验与方法，都需要在岗位工作实践中才能发挥应有的作用。这就是说，岗位是基层大学生锻炼成长的平台，“实施岗位锻炼成才计划，搭建工作平台，建立健全导师培养制、多岗位锻炼制度、交流锻炼制度”❶ 是基层大学生成长、成才的必然途径。

关于岗位锻炼，部分基层项目的文件做了明确要求。“三支一扶”计划明确规定“实施岗位成长培养计划，明确帮扶导师、岗位职责和工作要求，择优选拔1～2人兼任乡镇团委副书记、基层供销社主任助理”。❷ 大学生村官计划要求“任职第一年担任村党组织书记助理或村委会主任助理，而考核称职、符合任职条件的从第二年开始，原则上应担任村两委委员或以上职务”，❸ 要“明确职责，交任务、压担子，鼓励创业，可推荐参加县乡两级有关会议或作为各级党代会代表、人大代表、政协委员和团代会、妇代会代表人选”。❹ 西部计划要求实施基层成长计划，在基础教育、医疗卫生、农业科技等服务实践中锻炼成长。另外，选调生计划要求创造条件帮助选调生适应基层、了解基

---

❶《中共中央组织部　人力资源社会保障部等五部门关于印发高校毕业生基层成长计划的通知》（人社部〔2017〕85号），中华人民共和国人力资源和社会保障部，http://www.mohrss.gov.cn/gkml/zcfg/gfxwj/201711/t20171123_282119.html。

❷《中共中央组织部　人力资源社会保障部等九部门关于实施第三轮高校毕业生“三支一扶”计划的通知》，《中华人民共和国教育部公报》2016年第6号。

❸《关于印发〈关于进一步加强大学生村官工作的意见〉的通知》（组通字〔2012〕36号），选调生网，http://www.cnxds.com/view-923-1.html。

❹《中组部　中宣部　教育部　公安部　民政部　财政部　人力资源社会保障部　农业部　国家林业局　国务院扶贫办　共青团中央　全国妇联关于印发〈关于建立选聘高校毕业生到村任职工作长效机制的意见〉的通知》（组通字〔2009〕20号），中华人民共和国人力资源和社会保障部，2009-04-09，http://www.mohrss.gov.cn/SYrlzyhshbzb/jiuye/zcwj/gaoxiaobiyesheng/200904/t20090409_86354.html。

层、服务基层，要求“适时交流轮岗，在艰苦环境和急、难、险、重的工作任务中加强培养”。❶

众所周知，基层是贯彻落实国家政策的最终环节，基层工作是“千条线、万条线，拧到基层一条线”，任务十分繁杂、繁重，需要做到“一人一岗”甚至“一人多岗”才能有效完成任务，因此基层单位十分重视大学生的岗位锻炼，尤其以大学生村官计划、特岗教师计划和选调生计划更为突出。大学生村官的岗位锻炼除了担任政策规定的村级职务外，还往往有多岗位锻炼、轮岗锻炼和挂职锻炼，如陕西武功县实施大学生村官一职多岗锻炼计划，大学生村官担任村书记助理、主任助理职务的同时兼任远程教育管理员、脱贫攻坚指导员、党建工作信息员、矛盾纠纷调解员以及政策法规宣传员，还参与乡镇（社区）的综合治理、司法调解、信访维稳等工作；❷ 新疆皮山县实行大学生村官“轮岗制”，全县大学生村官分别在党建、农业、卫生、综治、宣传等业务口轮流任职。❸ 特岗教师的岗位锻炼实践，通常在担任相应的教学工作外，被委以重任（如担任班主任、学科组长以及担任教导主任、校长助理等行政职务），还有轮岗交流、挂职锻炼等。譬如，江西省鄱阳县让特岗教师担任把关教师、班主任、兴趣班辅导员，举办特岗教师教学竞赛、才艺大赛；湖北省潜江市实施联校办学、连片管理和城乡学校结对帮扶，推动特岗教师学区内全员轮岗交流、跨学区轮岗交流和城乡轮岗交流。❹ 选调生的岗位锻炼实践，主要有定岗压担、交流轮岗、挂职锻炼以及担任行政职务等方式。如新疆沙湾县以促进选调生成长为目标，突出抓好三种方式的培养：多形式挂职锻炼，纵向、横向交流和内部轮岗等方式的多岗位交流锻炼，独立承担村“两委”换届选举、防汛防火等重要工作的压担子培养。❺

从上述关于基层就业大学生岗位锻炼的政策及实践来看，还需从以下两个

---

❶ 《中共中央组织部关于进一步做好选调应届优秀大学毕业生到基层培养锻炼工作的通知》（组通字〔2000〕3 号），选调生网，http：//www. cnxds. com/view - 234 - 1. html。

❷ 《陕西武功“四注重”加强大学生村官培养管理》，中国青年网——大学生村官之家，2017 - 11 - 06，http：//cunguan. youth. cn/cgxw/201711/t20171106_10969342. htm。

❸ 《新疆皮山提升大学生村干部综合素质》，中国青年网——大学生村官之家，2017 - 08 - 25，http：//cunguan. youth. cn/zzgz/201708/t20170825_10587662. htm。

❹ 《教育部办公厅关于农村义务教育阶段学校教师特设岗位计划实施工作优秀案例的通报》（教师厅函〔2017〕18 号），中华人民共和国教育部，http：//www. moe. edu. cn/srcsite/A10/s7030/201709/t20170912_314246. html。

❺ 《沙湾县四个“三”举措为选调生铺设“成长跑道”》，选调生——新疆选调生网，2014 - 9 - 11，http：//www. cnxds. com/view - 16543 - 1. html。

方面进行加强和完善：一是部分基层项目（如西部计划）对岗位锻炼重视不够，政策文本未将岗位锻炼列入培养成长计划，应做到政策上重视、实践上落实。二是岗位锻炼实践上要明确一些原则，主要有：培养与使用并重原则，做到培养中使用、使用中培养，把培养和使用拧成一股锻炼大学生的合力；因人制宜原则，根据基层大学生的各自特点来确定不同的岗位及岗位锻炼方式，做到人岗相适；循序渐进的原则，分阶段、有步骤地进行定岗定责、交流轮岗、挂职锻炼和多岗位锻炼，做到既要锻炼基层大学生，又要遵循大学生成长规律，切忌为了锻炼而“蜻蜓点水”式的走过场。

（2）职业发展支持政策现状及其完善。

引导和鼓励大学生到基层就业，既要拓展基层就业渠道解决“下得去”问题、提供待遇保障和经济补偿解决“留得住”的问题、多途径多方式促进职业能力提升解决“干得好”的问题，也要关注关心基层就业大学生的职业发展解决“流得动”的问题。在基层就业大学生职业发展上，既需要大学生在基层工作中充分利用教育培训、结对帮扶和岗位锻炼等机会提升自己的工作能力，具备坚持学习的意识和能力，对自身职业发展有比较清晰的目标和定位，因为“打铁还需自身硬”；更需要国家和政府为其职业发展创造、提供机会，“加强职业发展支持是促进高校毕业生基层成长的重要组织保障”。❶ 目前，国家对基层就业大学生职业发展支持的途径主要有四种：干部选拔任用的基层工作经历导向和实施后备人才计划、实行公务员事业单位定向招录或招录优先、实施基层专业技术人才职称评审政策和升学扶持政策。

① 干部选拔任用的基层工作经历导向和实施后备人才计划。

1993 年《国家公务员暂行条例》颁布实施，我国开始采用考试的方式录用公务员，应届大学生成为党政机关干部的主要来源，而具有基层工作经历的干部比例相对较少。为此党中央提出在干部选拔任用及机制上“应当注重基层的导向，应当注重培养选拔优秀年轻干部，注重使用后备干部”❷，“进一步强化基层工作经历的政策导向，向在基层工作的优秀高校毕业生倾斜”❸，“大

---

❶ 《中共中央组织部人力资源社会保障部等五部门关于印发高校毕业生基层成长计划的通知》（人社部发〔2017〕85 号），中华人民共和国人力资源和社会保障部，http：//www. mohrss. gov. cn/gkml/zcfg/gfxwj/201711/t20171123_282119. html。

❷ 《党政领导干部选拔任用工作条例》，《人民日报》2014 年 1 月 16 日第 16 版。

❸ 《中共中央办公厅　国务院办公厅印发〈关于进一步引导和鼓励高校毕业生到基层工作的意见〉的通知》，《中华人民共和国国务院公报》2017 年第 6 号。

力发现储备年轻干部，注重在基层一线和困难艰苦的地方培养锻炼年轻干部，源源不断选拔使用经过实践考验的优秀年轻干部”。[1] 基层工作经历的政策导向既符合“宰相必起于州部，猛将必发于卒伍”的干部成长规律，为基层干部提供了上升渠道，使他们的基层工作更有获得感，也激励着大学生积极投身于基层工作，扎扎实实地沉下心，勤勤恳恳地做实事，珍惜基层锻炼的机会，在不断学习和积累中练就越来越优秀的自我。

近年来，基层工作经历的政策导向在公务员录用高校毕业生上得到了充分体现。《关于引导和鼓励高校毕业生面向基层就业的意见》明确要求，“从2006年开始，省级以上党政机关考录公务员，考录具有2年以上基层工作经历的高校毕业生（包括报考特种专业岗位）的比例不得低于三分之一，以后逐年提高”。[2]《2010～2020年深化干部人事制度改革规划纲要》强调：“坚持和完善从基层一线选拔干部制度……到2012年，中央机关和省级机关录用公务员，除部分特殊职位外，均应从具有两年以上基层工作经历的人员中考录。”[3]《关于进一步引导和鼓励高校毕业生到基层工作的意见》则再次强调了两年以上基层工作经历是报考省级以上机关公务员的资格条件。在公务员招录实践上，从2012年起中央机关及其省级直属机构的公务员招录严格按照上述要求来执行，各省（区、市）逐步要求报考省级机关原则上应具有2年以上基层工作经历，且逐步加大市、县级公务员招录具有2年以上基层工作经历人员的比例。

党和政府在坚持干部选拔任用的基层工作经历导向的同时，注重在基层培养、打造优秀的青年后备人才队伍。《国家中长期人才发展规划纲要（2010～2020年）》要求实施“高校毕业生基层培养计划”，《高校毕业生基层培养计划实施方案》则提出，主要以基层项目的方式来实施高校毕业生基层培养计划，鼓励大学生参加大学生村官计划等基层项目，继续开展免费师范生教育和免费医学生教育，并为大学生的基层成长提供教育培训、交流学习等方面的条件。高校毕业生基层培养计划为大学生接触基层、了解基层、服务基层、扎根基层提供了平台和机会。《中共中央组织部人力资源社会保障部等五部门关于印发高校毕业生基层成长计划的通知》则要求，“人社部牵头负责从基层优秀

---

[1] 本书编写组：《党的十九大报告辅导读本》，人民出版社，2017年10月，第63页。

[2] 《中共中央办公厅　国务院办公厅印发〈关于引导和鼓励高校毕业生面向基层就业的意见〉的通知》，《内蒙古政报》2005年第8期。

[3] 国家税务总局人事司：《人事工作文件汇编（十二）》，中国税务出版社，2011年，第127页。

毕业生中每年遴选5000人左右，建立国家基层成长计划后备人才库”，“各地人社部门牵头负责建立本地基层成长计划后备人才库”，“将基层成长计划后备人才纳入本地青年干部队伍、人才队伍建设规划予以支持，在干部选拔、职务晋升、专业技术评聘等方面作为重点人选对象，各级财政为其提供适当的培养经费补助”。❶ 实施后备人才计划，是国家和大学生双赢的一个战略选择，于国家而言，能培养打造一支优秀的基层后备人才队伍，服务于国家的基层管理、基层建设、基层发展；于大学生而言，既能有更多更好的学习锻炼机会、成长发展机会，也能对周围的大学生产生示范效应，激励更多的大学生沉下心来服务基层。

在后备人才的选拔培养实践上，将大学生村官与选调生工作并轨是选拔和培养基层后备人才的一种特殊方式。《关于进一步加强大学生村官工作的意见》要求，“统筹选调生工作与大学生村官工作，选调生主要从具有2年以上基层工作经历的大学生村官及其他到基层工作的高校毕业生中招考；经过1～2年，面向大学生村官录用选调生的比例一般应达到当年选调生录用计划的70%以上，逐步实现选调生工作与大学生村官工作并轨”。❷ 目前，部分省（区、市）已经实施，如山东省2013年开始实施大学生村官与选调生工作并轨，北京市2017年开始实施大学生村官与选调生工作并轨；还有部分省份在逐步实施并轨工作，如广西2017年首次实施大学生村官与选调生并轨，招录的大学生村官（选调生）占全区计划招录选调生总数的40%。❸ 大学生村官与选调生工作并轨，要求符合选调生的报名条件，按照选调生的笔试、面试等程序来选聘大学生村官，被录用的大学生村官享受选调生的工资待遇，但要求在村里工作2～3年，期满考核合格后才能转为选调生。这样，既选拔了高素质的大学生村官，也兼顾了大学生村官服务期满后的出路问题，更为基层培养了愿干事、能干事的干部人才。从《关于进一步加强大学生村官工作的意见》与部分省份已实施的大学生村官与选调生工作并轨实践比较来看，还应该兼顾其他基层项目人员如“三支一扶”计划志愿者、西部计划志愿者参加选调生

---

❶ 《中共中央组织部　人力资源社会保障部等五部门关于印发高校毕业生基层成长计划的通知》（人社部〔2017〕85号），中华人民共和国人力资源和社会保障部，http：//www.mohrss.gov.cn/gkml/zcfg/gfxwj/201711/t20171123_282119.html。

❷ 《关于印发〈关于进一步加强大学生村官工作的意见〉的通知》（组通字〔2012〕36号），选调生网，http：//www.cnxds.com/view－923－1.html。

❸ 《广西实施大学生村官和选调生并轨》，《大学生村官报》2017年3月24日第1版。

招考。

② 公务员事业单位定向招录或招录优先政策的完善。

在公务员事业单位定向招录服务基层项目人员的政策之前，国家为解决服务基层项目人员的发展出路问题，实行报考公务员可适当加分的政策，这在2010 年前的西部计划、“三支一扶”计划和大学生村官计划的文件中均有“报考公务员可以享受适当加分”的明确表述。不可否认的是，以加分为导向的政策带来了一些不能避免的消极影响，部分服务基层项目人员尤其是大学生村官将考公务员视为基层服务期满后的唯一发展路径。取消公务员加分政策而代之以定向招录，既有利于维护公务员考试的起点公平，也为服务基层项目人员打开了一条专门的绿色通道，更有利于他们选择适合自己职业发展的路子。从本质上来说，公务员事业单位定向招录或招录优先是专门为服务基层项目人员的职业发展而提供的通道。为什么要提供这样的专门通道呢？究其原因，主要有二：一是服务基层项目人员的特殊身份需要国家为其发展提供政策支持。现有政策规定，参与西部计划和“三支一扶”计划的大学生属于志愿者身份，大学生村官、特岗教师和特岗农技人员身份均为特设岗位人员，都不属于机关事业单位的编制人员范围。服务基层项目人员在服务期满后，面临着何去何从的问题，需要国家为其指明何去何从的方向，而公务员事业单位定向招录或招录优先是方向之一。二是国家在统筹实施基层项目时已对服务期满政策作了承诺，其中就包括公务员事业单位定向招录或招录优先，国家有责任有义务履行政策承诺。

公务员事业单位定向招录服务基层项目人员或招录优先的政策导向早在《关于组织开展高校毕业生到农村基层从事支教、支农、支医和扶贫工作的通知》中有所体现，规定：“原服务单位有职位空缺需补充人员时，应优先考虑接收服务期满考核合格的‘三支一扶’大学生；县、乡各类事业单位，有职位空缺需补充人员时，也应拿出一定职位专门吸纳这部分毕业生。”[1] 2008 年《关于开展从优秀村干部中考试录用乡镇机关公务员工作的意见》要求，乡镇机关从 3 年以上的大学生村官等村干部中考试录用公务员。2009 年《关于注重从基层和生产一线选拔党政领导机关干部的意见》强调，乡镇机关要拿出一定职位专门招考选聘 2 年以上的大学生村官。2009 年 1 月《国务院办公厅

---

[1] 《中组部　人事部　教育部　财政部　农业部　卫生部　国务院　扶贫办　共青团中央关于组织开展高校毕业生到农村基层从事支教、支农、支医和扶贫工作的通知》，《中华人民共和国教育部公报》2006 年第 7、8 号。

关于加强普通高等学校毕业生就业工作的通知》要求，相关主管部门制定各专门项目待遇政策的衔接办法。同年4月中共中央组织部、人力资源和社会保障部等五部门联合印发《关于统筹实施引导高校毕业生到农村基层服务项目工作的通知》，要求“县及乡镇机关要拿出一定职位，专门招考到村任职等专门项目的大学生”。❶ 2010年《关于开展从大学生村官等服务基层项目人员中考试录用公务员工作的通知》要求，“制定专门计划定向考录大学生村官等服务基层项目人员，各省区市每年应拿出公务员考录计划的10%～15%，面向大学生村官等服务基层项目人员定向考录，基层项目人员报既可报考定向考录的职位，也可报考其他职位，不再实行加分等优惠政策”。❷ 2014年《关于做好艰苦边远地区基层公务员考试录用工作的意见》要求，加大基层公务员定向招录服务基层项目人员的力度，并对招录的比例作了部署规划，要求“经过3～5年，定向考录比例一般应达到当年乡镇公务员录用计划的30%以上”。❸ 2016年《关于进一步做好艰苦边远地区县乡事业单位公开招聘工作的通知》要求，对西部计划等服务基层项目人员可以按照有关规定进行专项招聘。至此，公务员事业单位定向招录或招录优先政策基本形成。

公务员事业单位定向招录服务基层项目人员的政策，在国家公务员考试、省级公务员考试和各地事业单位招聘考试中都有明确体现。我们首先考察中央机关及其直属机构公务员的定向招录情况，2013～2018年的招录公告显示：2013～2016年、2017～2018年的中央机关直属市（地）级机构职位、县（区）级及以下职位分别有10%、15%左右的职位用于定向招录服务期满、考核合格的服务基层项目人员。❹ 在省级公务员定向招录服务基层项目人员上，我们以贵州省为例进行考察，查阅2012～2018年贵州省、市、县、乡四级公务员招录公告及其职位表，发现：2012～2018年定向招录服务基层项目人员的职位占比分别为18.03%、27.08%、16.64%、12.67%、8.86%、8.88%、

---

❶ 《关于统筹实施引导高校毕业生到农村基层服务项目工作的通知》（人社部发〔2009〕42号），中华人民共和国人力资源和社会保障部，http://www.mohrss.gov.cn/gkml/zcfg/gfxwj/201407/t20140717_136582.html。

❷ 《人力资源和社会保障部 国家公务员局关于开展从大学生村官等服务基层项目人员中考试录用公务员工作的通知》（人社部发〔2010〕52号），广东省高校毕业生“三支一扶”专题网站，http://www.szyf.org.cn/u/view-7e86d5a1fb6e4ed5a28dc033d4f0367a-b09158d05d004207998e8a3cef46e5d8.html。

❸ 《中共中央组织部 人力资源社会保障部 国家公务员局关于做好艰苦边远地区基层公务员考试录用工作的意见》（人社部发〔2014〕61号），中国网，2014-09-25，http://news.china.com.cn/txt/2014-09/25/content_33612495.htm。

❹ 数据来源于2013～2018年《中央机关及其直属机构考试录用公务员公告》。

5.09%，其中省直单位公务员定向招录服务基层项目人员的职位占比分别为9.57%、23.66%、7.36%、7.56%、6.90%、3.81%、2.93%，市州公务员定向招录服务基层项目人员的职位占比分别为19.20%、27.43%、17.31%、13.12%、9.04%、9.79%、6.11%。❶ 可见，无论是国家级还是省级公务员考试，都有执行国家关于定向招录服务基层项目人员的政策。另外，事业单位定向招聘服务基层项目人员主要由各市、县人社部门组织，招聘信息相对比较分散，在此则不进行例证。

关于公务员定向招录政策的完善，其关键在于如何落实定向招录政策。从国家公务员和部分省级公务员考试公告来看，定向招录政策需要从以下两方面进一步执行落实：一是省（区、市）公务员招录存在定向招录比例未达标情况，应严格按照《关于开展从大学生村官等服务基层项目人员中考试录用公务员工作的通知》要求的10%～15%来定向招录服务基层项目人员。二是特岗农技人员在招考公告或职位表上未被列入定向招录的服务基层项目人员范围，应将其列入其中。《高校毕业生就业创业政策百问（2017版）》在第32问"中央有关部门实施了哪些基层就业项目?"后明确列出了目前国家层面实施的五个基层项目，即西部计划、特岗教师计划、"三支一扶"计划、大学生村官计划、农技特岗计划。《关于实施农业技术推广服务特设岗位计划的意见》明确要求，"2013年各省进行农技特岗计划试点，2014年至2015年各省逐步扩大农技特岗计划实施范围"，"特岗农技人员享受《关于统筹实施引导高校毕业生到农村基层服务项目工作的通知》《关于开展从大学生村官等服务基层项目人员中考试录用公务员工作的通知》中所规定的引导高校毕业生到基层服务项目的优惠政策"❷。由上可知，农业技术推广服务特设岗位计划正处于实施状态中，其人员服务期满、考核合格可以享受其余四项目人员同等待遇，具有报考公务员定向招录职位的资格。

③ 基层专业技术人才职称评审政策的完善。

从基层发展需要来看，基层专业技术人才是支撑基层发展的第一资源，保障基层专业技术人才的发展就是保障基层发展的未来。在职称评审上为基层专业技术人才松绑，逐步实施基层专业技术人才职称评审政策，既是鼓励大学生

❶ 数据来源于贵州省2012～2018年省、市、县、乡四级机关面向社会公开招录公务员职位表，并根据定向招录服务基层项目人员职位数除以总职位数计算而得。

❷ 《农业部　人力资源社会保障部　教育部　科技部关于实施农业技术推广服务特设岗位计划的意见》，《中华人民共和国农业部公报》2013年第11期。

到基层就业的政策选择与政策承诺，也是对扎根基层、默默奉献的基层专业技术人才职业发展的政策支持与激励补偿，为他们提供干事的舞台和发展的空间。

“改善基层专业技术人才工作、生活条件，拓展职业发展空间”，[1] 需要建立、完善基层专业技术人才的职称评审政策。2011 年 6 月，人力资源和社会保障部出台了我国第一部专业技术人才队伍建设规划——《专业技术人才队伍建设中长期规划（2010 ~ 2020）》，提出要“根据基层教育、卫生、文化、农林、地矿、工程等行业的实际情况，制定职称倾斜政策，评聘基层优秀拔尖专业技术人才担任高级专业技术职务，造就一批扎根基层的高素质的教育工作者、医务工作者、文化工作者、工程技术人员、科技推广人员等高层次专业技术人才”。[2] 此后，人力资源和社会保障部会同中央相关部门分类逐步推行职称制度改革，2015 年印发《关于深化中小学教师职称制度改革的指导意见》和《关于进一步改革完善基层卫生专业技术人员职称评审工作的指导意见》，要求根据平时工作业绩进行评价，改变唯学历、唯论文至上的评价方式，且要求对农村教师予以适当倾斜，对基层医护人员的职称评审要结合其就职的医疗机构的功能定位等情况进行分类考察。2016 年 2 月，中共中央印发《关于深化人才发展体制机制改革的意见》，强调“改革职称制度，对职称外语和计算机应用能力考试不作统一要求”。[3] 2016 年 6 月，人力资源和社会保障部印发《关于加强基层专业技术人才队伍建设的意见》，对基层专业技术人才的职称评审提出了更详细具体的建议，要求“突出以品德、能力、业绩和贡献为主的评价导向，建立体现基层专业技术人才工作实际和特点的评价标准……完善和落实职称倾斜政策”。[4] 2016 年 11 月 1 日，中央全面深化改革领导小组第二十九会议审议通过了《关于深化职称制度改革的意见》，在基层专业技术人才职称评价方式及条件上作了明确规定，强调“对在艰苦边远地区和基层一线工作的专业技术人才，淡化或不作论文要求，不作职称外语和计算机应用能力

---

[1] 《国家中长期人才发展规划纲要（2010 ~ 2020）》，《人民日报》2010 年 6 月 7 日第 14 版。

[2] 《专业技术人才队伍建设中长期规划（2010 ~ 2020）》，《中国组织人事报》2011 年 6 月 24 日第 3 版。

[3] 《中共中央印发〈关于深化人才发展体制机制改革的意见〉》（中发〔2016〕9 号），新华网，2016 - 03 - 21，http：//www. xinhuanet. com/politics/2016 - 03/21/c_1118398308. htm。

[4] 《人力资源和社会保障部关于加强基层专业技术人才队伍建设的意见》（人社部发〔2016〕57 号），中华人民共和国人力资源和社会保障部，http：//www. mohrss. gov. cn/gkml/zcfg/gfxwj/201607/t20160707_243060. html。

要求；侧重考察其实际工作业绩，适当放宽学历和任职年限要求；鼓励有条件的地区单独建立基层专业技术人才职称评审委员会或评审组，单独评审”。[1]在该意见的影响和要求下，各地纷纷制定和出台《关于深化职称制度改革的实施意见》。

作为鼓励大学生到基层就业的职称评审政策，也被逐渐重视起来，在相关文件中不断被强化和完善。关于大学生到基层就业后的职称评审，早在《关于引导和鼓励高校毕业生面向基层就业的意见》中有所提及，强调“到中小企业就业和非公有制单位就业的高校毕业生，在专业技术职称评定方面，要与国有企业员工一视同仁”。[2]特岗教师计划和农技特岗计划的文件也强调特岗教师、特岗农技人员在职称评定上与当地公办教师、在编农技人员享有同等权利。无论是到中小企业和非公单位就业的大学生，还是特岗教师、特岗农技人员，在职称评定上享受同等权利，这实质上是政府应当给予保障的基本权利，最多只能视为一项优惠政策。真正对基层就业大学生的职称评审给予特殊关照或补偿，则始于《国务院办公厅关于做好2014年全国普通高等学校毕业生就业创业工作的通知》，该通知提出“高校毕业生在中西部地区和艰苦边远地区县以下基层单位从事专业技术工作，申报相应职称时，可不参加职称外语考试或放宽外语成绩要求”。[3]《关于进一步引导和鼓励高校毕业生到基层工作的意见》要求，“合理设置评审条件，对论文、科研、外语、计算机应用等不作硬性要求；长期在一线工作或作出重要贡献，可破格晋升职称等级；有条件的地区可实行高级职称单独分组、单独评审、单独确定通过率”。[4]在论文等方面取消限制或放松要求、破格晋升、单独评审等是对基层就业大学生具有实质意义的、补偿性的职称评审政策，也是对大学生到基层就业具有吸引力、影响力的职称评审政策。

我国基层专业技术人才职称评审政策还需要完善，主要有：一是对于人力资源和社会保障部及相关主管部门来说，应尽快出台各系列职称评审改革的指导意见，或者条件允许的情况下出台各系列基层专业技术人才职称评审的指导

---

[1] 《中办国办〈关于深化职称制度改革的意见〉》，《人民日报》2017年1月9日第6版。

[2] 《中共中央办公厅　国务院办公厅印发〈关于引导和鼓励高校毕业生面向基层就业的意见〉的通知》，《内蒙古政报》2005年第8期。

[3] 《国务院办公厅关于做好2014年全国普通高等学校毕业生就业创业工作的通知》，《中华人民共和国国务院公报》2014年第15号。

[4] 《中共中央办公厅　国务院办公厅印发〈关于进一步引导和鼓励高校毕业生到基层工作的意见〉的通知》，《中华人民共和国国务院公报》2017年第6号。

意见，为省级政府部门制定实施意见或实施方案的提供指南。二是对于省级人社部门及相关主管部门来说，在参照中央各类职称评审改革意见制定本省的实施意见或实施方案时，应建立和充分利用职称信息管理系统，通过大数据分析各系列基层专业技术人员的职称结构、岗位比例等情况，以此合理确定基层专业技术人才职称评审的基本条件、名额分配和通过率。

④ 升学扶持政策的完善。

升学深造是基层就业大学生提升理论素养、拓展职业发展空间的另一重要途径，对此国家从政策上应予以积极扶持。目前我国实施的基层就业大学生的升学扶持政策，从扶持对象范围的角度来看，主要是西部计划等服务基层项目人员；从扶持方式来看，主要有研究生考试加分和硕士专项计划。

关于考研加分的政策，在各基层项目开始实施时就作为一项政策承诺被确立下来。《教育部办公厅关于“大学生志愿服务西部计划”志愿者报考硕士研究生享受优惠政策的通知》规定，参加“大学生志愿服务西部计划”并完成服务期、考核合格的志愿者，符合报考条件，在服务期满后三年内报考硕士研究生，可享受初试总分加 10 分的政策，在同等条件下招生单位优先录取。❶《关于组织开展高校毕业生到农村基层从事支教、支农、支医和扶贫工作的通知》规定“三支一扶”志愿者“到西部地区和艰苦边远地区服务 2 年以上，服务期满后 3 年内报考硕士研究生的，初试总分加 10 分，同等条件下优先录取”。❷《关于选聘高校毕业生到村任职工作的意见（试行）》规定，大学生村官“聘期工作表现良好、考核合格的，报考研究生享受增加分数等优惠政策，在同等条件下优先录取”。❸《关于实施农村义务教育阶段学校教师特设岗位计划的通知》规定，特岗教师“享受《关于组织开展高校毕业生到农村基层从事支教、支农、支医和扶贫工作的通知》中所规定的各项优惠政策”。❹ 也就是说，特岗教师能享受报考研究生加分的政策。

---

❶ 《教育部办公厅关于“大学生志愿服务西部计划”志愿者报考硕士研究生享受优惠政策的通知》，《中华人民共和国教育部公报》2004 年第 12 号。

❷ 《中组部　人事部　教育部　财政部　农业部　卫生部　国务院　扶贫办　共青团中央关于组织开展高校毕业生到农村基层从事支教、支农、支医和扶贫工作的通知》，《中华人民共和国教育部公报》2006 年第 7、8 号。

❸ 《中共中央组织部　教育部　财政部　人力资源和社会保障部关于印发〈关于选聘高校毕业生到村任职工作的意见（试行）〉的通知》，《中国劳动》2008 年第 6 期。

❹ 《教育部　财政部　人事部　中央编办关于实施农村义务教育阶段学校教师特设岗位计划的通知》，《中华人民共和国教育部公报》2006 年第 12 号。

虽然上述四个项目在实施时承诺服务期满、考核合格的项目人员可以享受报考研究生加分的政策，但是各项目之间没有统一加分标准，政策规定的模糊性大大地增加了政策执行难度。2009 年《关于统筹实施引导高校毕业生到农村基层服务项目工作的通知》明确规定，“各专门项目毕业生到农村基层服务 2 年以上，服务期满后 3 年内报考硕士研究生的，初试总分加 10 分，同等条件下优先录取”。❶ 需要特别注意的是，这里的“各项目”指的是 2009 年以前已经实施的四个项目，即西部计划、特岗教师计划、“三支一扶”计划和大学生村官计划，其后实施的农技特岗计划的人员能否享受同等待遇？《关于实施农业技术推广服务特设岗位计划的意见》对此作了明确回答，规定特岗农技人员“享受《关于统筹实施引导高校毕业生到农村基层服务项目工作的通知》所规定的优惠政策”。❷ 可见，包括农业技术推广服务特设岗位计划在内的五个基层项目的大学生均享受报考研究生加 10 分、同等条件下优先录取的政策待遇。

国家对基层就业大学生予以升学扶持的第二种形式——硕士专项计划，目前政策层面规定服务期满留任的优秀特岗教师可以在职攻读教育硕士专业学位。早在 2006 年教育部决定全面实施特岗教师计划时，就明确规定“符合相应条件要求的特设岗位教师，可按规定推荐免试攻读教育硕士”。❸ 2010 年教育部要求“农村学校教育硕士师资培养计划”与“农村义务教育阶段学校教师特设岗位计划”结合实施。2011 年教育部决定实施“服务期满特岗教师免试在职攻读教育硕士专业学位计划”，规定该计划的招生名额只能用于招收“具有全日制普通高等学校本科学历、参加中央特岗计划和参照中央特岗计划实施的地方特岗计划，服务期满且继续留在当地学校任教，近 3 年年度考核合格且至少有一次考核优秀的特岗教师”。❹ 服务期满留任的特岗教师免试在职攻读教育硕士专业学位计划具有两个显著特点：一是招生名额专项专用，二是

---

❶ 《关于统筹实施引导高校毕业生到农村基层服务项目工作的通知》（人社部发〔2009〕42 号），中华人民共和国人力资源和社会保障部，http：//www. mohrss. gov. cn/gkml/zcfg/gfxwj/201407/t20140717_136582. html。

❷ 《农业部　人力资源社会保障部　教育部　科技部关于实施农业技术推广服务特设岗位计划的意见》，《中华人民共和国农业部公报》2013 年第 11 期。

❸ 《教育部　财政部　人事部　中央编办关于实施农村义务教育阶段学校教师特设岗位计划的通知》，《中华人民共和国教育部公报》2006 年第 12 号。

❹ 《教育部办公厅关于做好 2011 年特岗教师在职攻读教育硕士工作的通知》，《中华人民共和国教育部公报》2012 年第 1、2 号。

招生程序类似于推荐优秀应届本科毕业生免试攻读硕士研究生，即自主申请审核通过后参加复试，复试通过后拟录取为在职教育硕士研究生。2011～2015年，教育部在44所高校累计投放了11000个招生名额。[1] 2013年3月《教育部　国家发展改革委　财政部关于深化研究生教育改革的意见》要求，“加强和改进招生计划管理，对全日制和非全日制研究生招生计划实行统一管理，改革全日制研究生招生计划形式”。[2] 2016年9月《关于统筹全日制和非全日制研究生管理工作的通知》要求，“统一下达全日制和非全日制研究生招生计划、统一组织实施全日制和非全日制研究生招生录取”。[3] 自此，服务期满留任的特岗教师不再免试攻读在职教育硕士。

就基层就业大学生职业发展的升学扶持政策，应从以下两个方面进行完善：一是特岗教师的升学扶持政策变化应出台相应的衔接过渡方案或说明。国家鼓励“优秀特岗教师攻读教育硕士”，[4] 但2016年起特岗教师不再免试攻读在职教育硕士，如何鼓励特岗教师攻读教育硕士并没有相关政策规定。理应在相关文件上说明的问题主要有：服务期满留任特岗教师报考非全日制教育硕士的条件与之前在职免试攻读教育硕士的条件是否一致？服务期满留任特岗教师报考非全日制教育硕士能否一样地享受基层项目人员报考研究生加分的政策？二是可以考虑参照“退役大学生士兵专项硕士研究生招生计划”（以下简称“大学生士兵计划”）设立“服务基层项目人员专项硕士研究生招生计划”（以下简称“服务基层项目人员计划”），为参与服务基层项目、服务期满的大学生提供更多的升学深造机会。报名条件上，参加国家基层项目或参照国家基层项目实施的地方基层项目（省级政府实施的项目）到县以下基层单位服务满2年及以上、服务期满3年内的全日制本科学生，才能报考“服务基层项目人员专项计划”；报考方式上，服务基层项目人员既可以报考专项计划，也可以报考普通计划，报考专项计划的不能享受加分政策，报名时需提交服务基层项目

---

[1] 数据根据2011～2015年《关于做好特岗教师在职攻读教育硕士专业学位工作的通知》中的“特岗教师在职攻读教育硕士专业学位招生计划表”计算而得。

[2] 《教育部　国家发展改革委　财政部关于深化研究生教育改革的意见》，《中华人民共和国教育部公报》2013年第6号。

[3] 《教育部办公厅关于统筹全日制和非全日制研究生管理工作的通知》，《中华人民共和国教育部公报》2016年第11号。

[4] 《中共中央　国务院关于全面深化新时代教师队伍建设改革的意见》，《中华人民共和国国务院公报》2018年第5号。

证书和年度考核表；招生计划上，参考省级公务员定向招录服务基层项目人员10%～15%的比例来确定，未能用完的专项计划应转为统招计划。

概而言之，当前大学生基层就业的发展机会补偿政策的完善，应从政策制定和政策执行两方面入手。在政策制定上，应明确规定教育培训、结对传帮带、岗位锻炼等职业能力提升政策，避免政策规定的模糊性；制定和出台各系列基层专业技术人才职称评审的指导意见，合理确定基层专业技术人员的职称评审条件和岗位结构比例；建议参照“大学生士兵计划”设立“服务基层项目人员计划”，明确期满留任特岗教师报考非全日制教育硕士的条件及加分政策。在政策执行上，应严格执行基层就业大学生的职业能力提升政策，兼顾岗前培训和在岗培训，分层分类做好全员培训、骨干培训和领头人培训，结对传帮带和岗位锻炼应因人而异；严格执行公务员定向招录服务基层项目人员比例达到10%～15%的政策规定，将农技特岗人员纳入定向招录对象范围；严格执行基层专业技术人员职称评审倾斜政策，做到同等条件下优先评定。

二、大学生基层就业补偿政策制度化建设的原则与方法

大学生基层就业补偿政策制度化建设，不仅需要有明确的建设内容，而且必须遵循一定的原则，运用一定的方法。只有做到这些，才能确保大学生基层就业补偿政策制度化建设合理、有序地进行。

（一）建设原则

大学生基层就业补偿政策制度化建设的原则是指大学生基层就业补偿政策制度化建设过程中所必须遵循的基本准则和基本要求。大学生基层就业补偿政策制度化建设要坚持“鼓励大学生服务基层、扎根基层”的价值目标导向，积极鼓励相关主体参与政策制度化建设过程，在现有补偿政策的基础上不断完善政策内容、执行机制和建立政策评估机制，推进补偿政策制度化。其主要原则有：于法周延、于事简便原则，政府主导、政府责任原则，科学原则，稳定可持续原则。

1. 于法周延、于事简便原则

习近平指出：“不管建立和完善什么制度，都要本着于法周延、于事简便的原则，注重实体性规范和保障性规范的结合和配套，确保针对性、操作性、指导性强。”[1]“于法周延是指注重制度的系统性，使各项制度相互衔接、系统

[1] 习近平：《习近平谈治国理政》，外文出版社，2014年，第379页。

配套；于事简便是指注重制度的可操作性，明确具体、实在管用。”❶“于法周延、于事简便”高度概括了建立和完善制度的最根本原则，也理应成为大学生基层就业补偿政策制度化建设所遵循的首要原则。

纵览大学生基层就业补偿政策，对基层就业大学生的补偿既有经济收益补偿，也有精神荣誉补偿，还有发展机会补偿，当然这些政策在内容和执行上都存在一些需要完善和改进的地方，需要促进政策的制度化。依据于法周延、于事简便的原则，大学生基层就业补偿政策的制度化应在分析现有补偿政策内容是否合理完善、是否满足基层就业大学生的需求、政策执行是否到位的基础上，研究需要完善的补偿政策内容和影响政策执行的因素。对在实践执行中行之有效的补偿政策（如公务员定向招录政策），应该长期坚持且上升为制度；对政策效果有限或影响政策执行的，比如部分省级政府制定的学费补偿助学贷款代偿办法，对补偿对象范围的限定过多，导致能够享受补偿的基层就业大学生非常有限、政策的补偿作用也非常有限，应该作进一步修改或调整。“于法周延、于事简便”的原则，要求大学生基层就业补偿政策的制度化既要注重补偿政策的延续性和系统性，也要重视补偿政策的针对性、操作性和指导性。

2. 政府主导、政府责任原则

大学生基层就业补偿政策制度化建设必须坚持政府主导、政府责任原则。关于政府主导和政府责任的内涵，有学者认为：“政府主导重在‘导’，政府责任重在‘任’……政府主导是确定政府责任的目标，而政府责任是实现政府主导的路径。”❷ 政府主导和政府责任在内涵上存在一定差异，在此不作深入探讨。实践证明，政府在促进大学生就业上承担着主要责任，在促进大学生基层就业上也承担着主要责任，因此政府在大学生基层就业补偿政策制度化建设上也应责无旁贷，必须发挥主导作用、必须承担主要责任。在大学生基层就业补偿政策制度化建设上，政府主导、政府责任要求政府确立将政策转化为制度的根本方向，做好政策制度化的规划者、领导者、执行者、保障者和监督者，承担政策制度化所应承担的规划责任、领导责任、执行责任、保障责任和监督责任，以确保对基层就业大学生的补偿能实现“鼓励大学生服务基层、扎根基层”的理想目标。

---

❶ 桑林峰：《于法周延、于事简便》，《光明日报》2013 年 7 月 17 日第 2 版。

❷ 赵云：《政界视域中医疗卫生领域政府主导的内涵界定评析》，《中国卫生经济》2010 年第 8 期。

3. 科学原则

大学生基层就业补偿政策制度化建设的科学原则应从政策过程入手分析。“政策过程是指从政策问题提上议程、形成政策选择、做出政策决定、实施政策内容、评估和反馈政策效果、政策做出修正等一系列政策循环周期的总和。”❶ 公共政策过程是一个动态过程，目前学界对公共政策过程的划分主要有五阶段论和三阶段论。五阶段论将公共政策过程划分为政策制定、政策执行、政策评估、政策监督、政策终结等五个阶段；三阶段论将公共政策过程划分为政策制定、政策执行、政策评估等三个阶段。虽然学者们对公共政策过程的阶段划分存在歧义，但一致认为一个完整的公共政策过程至少应包括政策制定、政策执行和政策评估三个环节。因此，大学生基层就业补偿政策过程也至少应包括政策制定、政策执行和政策评估三个环节。

大学生基层就业补偿政策过程中，无论是政策制定、政策执行还是政策评估环节，都需要政策主体坚持科学的态度、遵循科学的程序和运用科学的方法，才能制定出符合科学规范的补偿政策，才能有效执行和科学评估补偿政策，因此大学生基层就业补偿政策的制度化建设也应坚持科学原则。大学生基层就业补偿政策的制度化是一项长期的、复杂的且政策性、理论性很强的工作，需要政府发挥主导作用、承担主要责任，需要政府鼓励支持智库参与补偿政策过程、开展补偿政策制度化建设的研究，也需要政府主动吸纳其他社会力量（如基层就业大学生等）参与补偿政策制度化建设过程，广纳英才、广聚智慧，努力提升补偿政策制度化的科学性。

4. 稳定可持续原则

当前大学生基层就业补偿政策体系基本形成，进行大学生基层就业补偿政策制度化建设，其根本目的是通过政策制度化而逐步形成大学生基层就业补偿制度，因为“制度问题更带有根本性、全局性、稳定性、长期性”。❷ 大学生基层就业补偿制度一旦形成，就必须保持制度的稳定性，不能随意修改、调整和终止，严格按照制度规定予以执行落实，一手抓制度制定、一手抓执行落实，切实维护制度的严肃性和权威性。相反，如果制度朝令夕改或执行不到位，制度的规范性和权威性就会受到质疑。

---

❶ Howlett Michael, Ramesh M. Studying Public Policy: Policy Cycles and Policy Subsystems. Oxford: Oxford University Press, 1995, P11.

❷ 习近平：《习近平谈治国理政》，外文出版社，2014 年，第 391 页。

虽然制度的稳定性是保障其严肃性和权威性的前提，但是制度的关键在于管用、可行，如果制度不管用、不可行，制度的稳定性就没有任何意义。“我们的责任，是向人民负责。每句话，每个行动，每项政策，都应适合人民的利益，如果有了错误，定要改正，这就叫向人民负责。”❶ 大学生基层就业补偿制度的稳定性并不等于补偿制度一成不变，而是应根据社会的发展变化及其他相关制度的变化而修订完善，建立更加合理、管用、可行的基层就业补偿制度，确保基层就业补偿制度的与时俱进和可持续性。大学生基层就业补偿制度的稳定可持续，有利于鼓励更多的大学生服务基层、扎根基层，有利于基层就业大学生的“获得感、幸福感、安全感更加充实、更有保障、更可持续”。❷

（二）建设方法

《汉典》对“方法”的定义为“为达到某种目的而采取的途径、步骤、手段等”。根据方法的定义，大学生基层就业补偿政策制度化建设方法是指为推进补偿政策制度化、逐步形成补偿制度而采取的途径、步骤、手段等。实践证明，世间任何目标的实现都需要依靠方法，也只有方法得当、科学，才能顺利实现目标。大学生基层就业补偿政策的制度化也不例外，主要方法有分层分类和总结借鉴。

1. 分层分类

本章第一节论述了大学生基层就业补偿政策制度化建设的内容，即经济收益补偿、精神荣誉补偿和发展机会补偿，不同补偿内容之间补偿原则、方式略有差异。大学生基层就业补偿政策是一个复杂的政策系统，大学生基层就业补偿政策的制度化将是一项长期的、艰巨的任务，其关键在于结合政策过程，明确各级政府作为主要主体的职责，重视补偿政策制度化的可操作性。因此，推进大学生基层就业补偿政策制度化，采用分层分类的方法是十分必要的、也是可行的。

具体说来，大学生基层就业补偿政策的制度化，按照横向分类、纵向分层的方法，分类是根据政策内容进行区分，分层是对同一政策内容按照政策过程和政府层级进行区分。这样分层分类推进补偿政策制度化，还需要注意两个问题：首先，要具有系统论的理念，形成大学生基层就业补偿政策制度化的顶层设计，经济收益补偿、精神荣誉补偿和发展机会补偿三个方面的政策制度化应

❶ 毛泽东：《毛泽东选集》（第四卷），人民出版社，1991 年，第 1128 页。

❷ 本书编写组：《党的十九大报告辅导读本》，人民出版社，2017 年，第 44 页。

被整体推进，绝不可偏废。其次，中央政府和省级政府是大学生基层就业补偿最重要的政府主体，要合理划定中央政府与省级政府的责任，尤其是财政事权和支出责任。中央政府既要承担总指挥，做好大学生基层就业补偿政策制度化建设的规划工作，也要当好火车头，率先在政策制定、执行、评估等环节起好示范作用，还要承担和统筹协调大学生基层就业补偿所需资金；省级政府根据中央政府相关政策的指导意见，做好地方性政策的制定、执行和评估工作，承担本行政区域内大学生基层就业补偿所需的全部或大部分资金；市、县级政府可根据实际情况制定相应的实施细则，严格执行中央和省级政府的政策，对政策执行情况开展自我评估，承担小部分补偿经费。分类分层方法有利于各级政府清楚自身的主要职责和政策体系内容，能更好地推进大学生基层就业补偿政策的制度化。具体分类分层结构如图 5－1 所示。

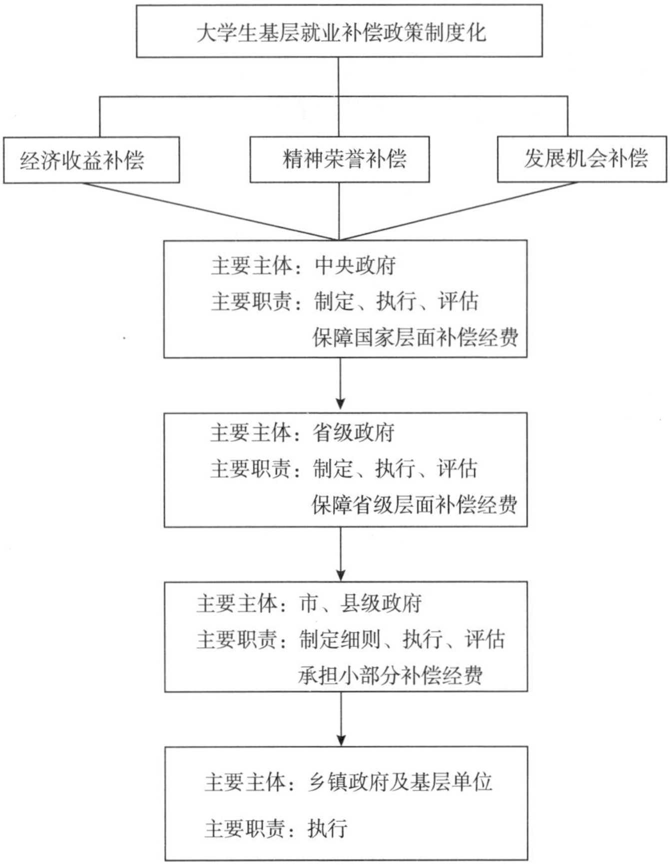

图 5－1　大学生基层就业补偿政策制度化分层分类图

2. 总结借鉴

大学生基层就业补偿制度建设的方案是政策制度化，是对现有补偿政策做进一步的规范，而不是摒弃现有的补偿政策。具体表现为政策制定的程序化和规范化、政策内容的系统性和稳定性、政策执行的严肃性和有效性。虽然大学生基层就业补偿政策散见于中央和地方政府及其主管部门所出台的办法、通知、意见等文件中，但是基本形成了涉及经济收益补偿、精神荣誉补偿和发展机会补偿的政策体系，为我们推进大学生基层就业补偿政策的制度化奠定了良好的基础。因此，大学生基层就业补偿政策的制度化必须以分析总结现有政策的制定、执行等情况为前提。

大学生基层就业补偿政策的制度化除了分析总结现有政策的制定、执行等情况外，还需要借鉴国外关于大学生到特殊地区特殊行业的补偿政策，以及其他领域的补偿政策和补偿制度（如教育补偿、生态补偿等）。虽然我国的教育补偿、生态补偿及其补偿制度正处于探索过程中，但相关研究较多，可以借鉴其研究成果为大学生基层就业补偿政策的制度化所用。

三、大学生基层就业补偿政策制度化建设的主体与路径

大学生基层就业补偿政策制度化建设，既需要完善现有补偿政策（即经济收益补偿政策、精神荣誉补偿政策和发展机会补偿政策），更需要根据一定的原则和方法、调动多方面的力量来参与建设过程，明确谁来参与建设（即建设主体是谁）、各建设主体的责任和建设主体之间的关系、怎样建设（即建设路径）等问题，才能确保大学生基层就业补偿政策制度化建设的成效。

（一）建设主体

大学生基层就业补偿政策制度化建设主体应是直接或间接地参与政策制度化过程，对政策制度化起着直接或间接影响甚至决定作用的组织和个人，主要包括政策制定和执行的各级政府及相关主管部门、落实政策执行“最后一公里”的基层单位、负责政策宣传的高校、出谋划策的智库和作为政策直接受益者的基层就业大学生。

1. 建设主体的构成

（1）主导主体：各级政府及相关主管部门。

在引言第二部分已经论及政府是大学生基层就业的主要促进主体，其促进方式是政策激励，这也就决定了政府既有责任也有能力承担大学生基层就业补

偿政策制度化建设的主导主体角色。由于政府组织的层级制特点，各级政府在大学生基层就业补偿政策制度化上的责任和角色略有不同：中央政府及相关主管部门作为总设计师、总指挥，主要负责中央层面补偿政策的制定、执行和评估；省级政府及相关主管部门既是执行者也是设计师，主要负责中央补偿政策的执行和评估以及地方补偿政策的制定、执行和评估；市、县级政府及主管部门的主要角色是执行者，负责中央和省级补偿政策的执行落实。

（2）参议主体：智库。

就公共政策过程而言，政策制定是决定整个过程能否成功的前提和基础，这要求政策制定主体制定出合理的、具有执行性的公共政策。具体到大学生基层就业补偿政策制定上，中央政府、省级政府及其相关主管部门理所当然地担任政策制定的主体，除此之外还需要其他力量的参与支持，其中智库就是非常重要的参议主体。“智库是指一种专门为公共政策和公共决策服务、生产公共思想和公共知识的社会组织。它的主要功能包括提供思想产品、搭建交流平台、培养公共人才、引导社会舆论。”[1] 智库在政策决策和政策制定中起着非常重要的作用。党的十八届三中全会通过的《中共中央关于全面深化改革若干重大问题的决定》提出：“加强中国特色新型智库建设，建立健全决策咨询制度。”[2] 2015 年 1 月中共中央办公厅、国务院办公厅印发《关于加强中国特色新型智库建设的意见》，提出加强中国特色新型智库建设，需要“构建中国特色新型智库发展新格局、深化管理体制改革和健全制度保障体系”。[3] 党的十九大报告再次强调要“加强中国特色新型智库建设”。[4] 当前我国智库大多是官方性质的，中国社会科学院、各级政府的政策研究室和党校等都是智库的主体，正因为其官方性质，智库与政府决策机构在公共政策的决策上能实现无缝对接。

（3）参与主体：基层单位、高校、基层就业大学生。

基层单位是大学生的工作场所，不仅为大学生提供具体的工作岗位，担负着大学生的日常管理服务和福利待遇发放等事务的责任，也承担了落实上级政

---

[1] 徐晓虎、陈圻：《智库是什么——关于智库研究的新观点》，《中国社会科学报》2011 年 5 月 26 日第 11 版。

[2] 本书编写组：《〈中共中央关于全面深化改革若干重大问题的决定〉辅导读本》，人民出版社，2013 年，第 30 页。

[3] 《中共中央办公厅国务院办公厅印发〈关于加强中国特色新型智库建设的意见〉》，《中华人民共和国国务院公报》2015 年第 4 号。

[4] 本书编写组：《党的十九大报告辅导读本》，人民出版社，2017 年，第 41 页。

府相关政策“最后一公里”的责任，比如核实填报乡镇工作补贴人员名单，按规定为大学生办理社会保险、进行年度考核等。作为大学生和上级政府之间沟通的中介和纽带，基层单位还承担着了解大学生工作、生活、个人发展等方面的需求、并向上级反馈信息的责任。从所承担的责任角度来看，基层单位应成为大学生基层就业补偿政策制度化建设的参与主体。

高校作为高等教育的承载者，责无旁贷地承担促进大学生就业的责任，这既是高校自身发展的现实需要，也是政府和社会的殷切希望，更是大学生的合理诉求。高校理应成为大学生基层就业补偿政策制度化建设的参与主体，理由有五方面：一是高校是大学生基层就业补偿政策的宣传主阵地，既承担着主动宣传的责任，也需要做好政府部门要求的宣传工作，如承办政府部门主办的基层先进事迹巡回报告会；二是高校的专家、学者能为政府部门制定和完善大学生基层就业补偿政策贡献智慧与力量，如2017年11月16日中国人民大学举办了“扎根中国大地、担当基层栋梁”为主题的大学生基层就业论坛，该论坛旨在深入探讨“搭建政府、高校、社会合作平台，共同探索健全服务体系、创新工作机制、完善落实政策措施、加快人才培养发展等议题，加快引导和鼓励高校毕业生赴基层就业，促进基层事业发展”。[1] 三是部分高校出台基层就业办法、意见，设立基层就业专项奖励，以奖励的方式主动承担对基层就业大学生的补偿责任，如北京大学出台《关于引导和鼓励毕业生面向基层和西部地区就业的意见》和《北京大学引导和鼓励毕业生面向基层和西部地区就业的若干政策措施》；四是协助做好基层就业大学生的学费补偿助学贷款代偿的通知发布和材料收集、审核、提交等工作，这其实也是参与政策执行过程；五是对毕业生包括基层就业毕业生进行就业质量跟踪调查，形成年度就业质量报告，其中有专门分析的基层就业情况。鉴于上述分析，高校应是大学生基层就业补偿政策制度化建设的重要参与主体。

基层就业大学生作为补偿政策的直接受益者，理应成为大学生基层就业补偿政策制度化建设的参与主体，这是因为：一是基层就业大学生在基层岗位的工作情况（如岗位性质、服务年限、年度考核情况等）直接影响其是否具有补偿资格，大学生必须主动了解补偿政策；二是从权利义务对等的角度来看，基层就业大学生在享受补偿政策的优待时，就应该有责任主动关注基层就业补

[1] 《中国人民大学举办“大学生基层就业论坛”》，中国人民大学新闻网，2017－11－17，http：//news. ruc. edu. cn/archives/187591。

偿政策的制定和实施等情况；三是从现实利益的角度来看，基层就业大学生对政策的变更、政策的执行有深切体会和感受，有表达利益诉求的需要，可能会直接或间接影响政策的调整与完善。

2. 建设主体间的关系结构

在大学生基层就业补偿政策的制定和实施过程中，上述五类主体都有自己的目标取向：各级政府及相关主管部门基于基层发展的需要，希望通过制定和执行补偿政策来引导和鼓励大学生到基层就业，以实现大学生“下得去、干得好、待得住、流得动”的目标；基层单位希望大学生能踏踏实实地干事，为单位的发展注入新活力；高校希望自己的毕业生不仅愿意去基层，而且能在基层有发展；智库希望提出的政策建议有助于政府部门实现政策目标；基层就业大学生则希望政府的各种补偿政策能真正落到实处，能保障自己在基层工作得安心、生活得舒心。由上可见，五个主体之间的目标取向是基本一致的，具有共同致力于大学生基层就业补偿政策制度化建设的条件。

上述五个主体间的关系结构，既有因层级制而产生的纵向关系结构，也有因目标一致性而建立的相互协作的横向关系结构，在此着重研究横向关系结构。五个主体间的横向关系主要表现为以下两个方面：

首先，政策过程上的责任分工。从大学生基层就业补偿政策过程来看，上述五大类主体的责任分工表现为：政策制定阶段，应由中央政府及其相关主管部门主导、国家级智库等其他主体参与，共同制定国家层面的补偿政策，省级政府及相关主管部门主导、省级智库等其他主体参与，制定地方层面的补偿政策；政策执行阶段，应由各级政府及相关主管部门主导、高校和基层单位为辅负责执行补偿政策，基层就业大学生向单位和上级主管部门反馈政策实施情况和表达利益诉求；政策评估阶段，应由政府主导、智库等其他主体参与政策评估，或者委托第三方机构进行政策评估。

其次，补偿经费的责任分担。当前基层就业大学生的经济收益补偿经费主要有学费补偿助学贷款代偿、艰苦边远地区津贴、乡镇工作补贴、连片特困地区乡村教师生活补助等所需经费，由中央财政和地方财政共同承担。中央财政承担部属高校毕业生的学费补偿助学贷款代偿经费，艰苦边远地区津贴的所有经费，以及连片特困地区乡村教师生活补助的奖补经费；地方财政中，省级财政主要承担本省份的学费补偿助学贷款代偿经费、乡镇工作补贴的县级财政缺口部分以及连片特困地区乡村教师生活补助的奖补经费；县级财政主要承担乡镇工作补贴的全部或者大部分经费、连片特困地区乡村教师生活补助的全部或大部分经费。鉴于本章第一节经济收益补偿的现状及建议，应根据各级政府的财政能力来确立科学、合理的经费分担机制。

（二）建设路径

大学生基层就业补偿政策的制度化，旨在为大学生基层就业补偿政策过程提供一种必须遵守的、稳定的制度安排模式。从政策过程角度来看，大学生基层就业补偿政策过程应包括政策制定、政策执行和政策评估三个环节，因此大学生基层就业补偿政策制度化建设路径主要从政策制定的制度化、政策执行的制度化和政策评估的制度化三个方面进行探讨。

1. 基层就业补偿政策制定的制度化

大学生基层就业补偿政策制定的制度化是指在政策制定阶段，要求政策主体遵守一定的价值目标、按照一定的规则程序制定出符合大多数基层就业大学生利益需求的政策方案。在大学生基层就业补偿政策的制定环节是否进行规范性约束，决定了我们能否制定出公正有效的补偿政策。在此着重从明确政策价值目标优先性、制定政策调整或变更的过渡办法、实现参与主体多元化及建立多元主体参与机制四个方面进行政策制定制度化的探讨。

（1）明确补偿政策价值目标的优先性。

在第三章第三节“大学生基层就业补偿政策的价值分析”中，论述了当前我国大学生基层就业补偿政策具有三重价值目标：一是鼓励大学生服务基层、扎根基层；二是解决大学生结构性就业难问题；三是为大学生提供锻炼能力和成长成才的机会，满足大学生职业发展的合理利益诉求。在这三重价值目标中，要明确价值目标的优先性，其实就是按照政策初衷或价值目标重要程度将这三个目标进行排序。不难看出，作为政策主体的政府在大学生基层就业补偿政策上的政策初衷应是“鼓励大学生服务基层、扎根基层”，然后才是解决大学生结构性就业难问题和满足大学生成长发展的需求问题。各级政府只有在基层就业补偿政策价值目标的优先性上达成一致，明确将“鼓励大学生服务基层、扎根基层”作为基层就业补偿政策的第一价值目标，才能出台契合基层就业大学生需求的政策措施，体现对“最少受惠者”进行“补偿”的真正意义，真正解决大学生结构性就业难问题和满足大学生成长发展的需求问题。

（2）制定补偿政策调整或变更的办法。

纵览中央和省级政府出台的各类政策文件，通常在文件末尾注明“本办法自公布之日起执行”或“本办法自××年××月××日起执行”，涉及大学生基层就业补偿政策的相关文件也是如此。政策文件没有标注也无法标注执行有效期，不能因此而认定政策是一成不变的，也不能因此而限定政策不作调整或变更，根据外在条件的变化或政策本身的需要而进行政策调整或变更是必不可少的，政策调整或变更本来就是政策过程的一部分。当然，政策的调整或变更增加了政策的不确定性，使政策对象难以准确把握政策的未来预期，进而影响政策对象的政策认同度，故需要处理好新旧政策之间的衔接过渡问题。以公务员招录服务基层项目人员的政策为例，2010 年《关于开展从大学生村官等服务基层项目人员中考试录用公务员工作的通知》出台之前，各基层项目人员报考公务员实行加分政策，而之后取消加分政策代之以定向招录政策，服务基层项目人员面对政策的突然变化，不可避免会产生一些消极不满情绪。政府对政策进行调整或变更时，考虑在新旧政策之间设立一个过渡期和过渡办法，实行“老人老办法、新人新办法”，合理有序地完成新旧政策之间的衔接过渡，这样既有利于引导在校大学生和基层就业大学生作出合理选择，也有利于兼顾基层就业大学生利益需求的满足。

（3）实现政策制定参与主体多元化。

当前大学生基层就业补偿政策的制定过程，主要是由政府（包括官方智库）这个政策主体完成的，而其他主体（尤其是基层就业大学生）则很少参与或完全没有参与。从公共政策的本质角度来看，属于公共政策范畴的大学生基层就业补偿政策的本质是“公共性”，这不仅要求维护基层就业大学生中最大多数人的公共利益，而且要求政策对象——基层就业大学生参与政策过程以确保政策的形式合法性；从信息收集处理的角度来看，大学生基层就业补偿政策的制定过程事实上就是收集与补偿问题密切相关的信息，并对相关信息进行甄别筛选和选择综合的过程。这首先要求信息收集渠道多样化，既要有官方有目的、有组织地收集信息，也要有基层就业大学生的利益诉求所表达的信息；从政府建设目标来看，当前我国政府的建设目标是“法治政府、创新政府、廉洁政府和服务型政府”，❶ 要求政府进行自我改革，做好政务公开，更好地履行服务社会的职能。大学生基层就业补偿政策的制度化，需要多元化主体参与政策制定过程，应由过去的政府（包括官方智库）这个单一主体逐步转变为政府（包括官方智库）主导、多种力量（包括基层就业大学生、高校、基

❶ 李克强：《政府工作报告——2016 年 3 月 5 日在第十二届全国人民代表大会第四次会议上》，中华人民共和国中央人民政府，2016 - 03 - 17，http：//www. gov. cn/premier/2016 - 03/17/content_5054901. htm。

层单位等）参与的多元主体。

（4）建立合理的政策制定参与机制。

多方力量（尤其是基层就业大学生）参与政策制定，是确保补偿政策形式合法性的根本途径，必须考虑建立合理的参与机制以确保通过参与机制来吸纳各参与主体的意见。针对该问题，应着重考虑以下两个关系：

一是考虑利益表达与参与机制之间的关系，确保参与机制合理合法又能表达利益诉求。就大学生基层就业补偿政策而言，争取相关主体（尤其是基层就业大学生）中最大多数人最大程度地认同与支持，是保障政策有效实施的必要条件，而政策的认同与支持必须通过广泛的利益表达才能实现。当然，广泛的利益表达不是杂乱无序的，而是必须遵循一定的规范与程序、运用合理合法的表达方式。

二是考虑参与机制与成本投入之间的关系。如果让基层就业大学生等多方力量中的大多数人参与政策制定，不论是直接参与还是间接参与，政府都将面临巨额的成本投入，必须考虑成本投入的合理化、最优化及参与的现实可能性。美国政治学学者费希尔认为："显然并非每个人都必须——或甚至能够——参与到所有的事务中去，在复杂的科技社会中这是不可能的，也是不必要的。"❶

基层就业大学生等社会力量参与政策制定过程面临一些需要考虑并解决的难题，探寻建立合理、规范、便捷、有效的利益表达机制和沟通机制显得尤为重要。在网络媒体越来越发达的今天，政府应考虑利用网络平台建立一种理性的、有序的政策制定参与机制，比如在官方网站发布政策方案的征求意见稿，及时了解大学生的利益诉求和下级政府部门的执行意见，既能让基层就业大学生、下级政府部门等知晓补偿政策的制定情况，又能让政府制定的补偿政策体现基层就业大学生的利益需求而获得认同与支持，还能让下级政府部门、基层单位认可政策规定的执行要求并有效执行政策。

2. 基层就业补偿政策执行的制度化

大学生基层就业补偿政策执行的制度化是指在补偿政策的执行阶段，政策执行者应严格按照政策规定的内容、要求和程序，调动各种资源确保政策落到实处。政策执行在政策过程中具有至关重要的作用，是将政策理想目标转化为现实目标的唯一有效途径。第三章对应届毕业生和基层就业大学生关于"影

❶ ［美］弗兰克·费希尔：《公共政策评估》，吴爱明等译，中国人民大学出版社，2003 年，第 225 页。

响基层就业补偿政策发挥作用的因素”调查中，一致认为“政策执行落实情况”是第一影响因素。关于政策执行的重要地位和意义，刘少奇提出：“执行政策就是实践，在实践中间调查研究，在实践中间认识客观世界，在实践中间发现我们的错误，在实践中间发现新的问题，制定新的政策。所以，重要的问题在于执行，在于实践。”❶ 美国学者艾利森认为：“在实现政策目标的过程中，方案拟定的作用只占10%，而其余90%取决于有效执行。”❷ 还有学者指出：“公共政策的制定阶段产出的是静态的政策文本，保障政策文本内容的公正性是该阶段的核心内容，那么公共政策执行阶段则是政策由理想蓝图变为政策现实的动态实施阶段，其核心内容便是确保公共政策的有效性。”❸ 上述实证调查结果和理论阐述都表明了政策执行在政策过程中的重要性，也表明政策执行的有效性迫切需要政策执行的制度化，或者说政策执行的制度化是实现政策执行有效性的保证。在大学生基层就业补偿政策执行的制度化上，需要规范政策执行举措、利用管理平台进行规范化管理。

（1）规范政策执行举措。

关于公共政策的执行情况，有学者认为：我国公共政策执行过程中存在“执行差距”问题，这种“执行差距”主要表现为以下五个方面：一是存在对公共政策文本层层过滤和曲解行为；二是在公共政策执行过程中采取不作为或者少作为的做法；三是选择性地执行公共政策的行为；四是对上面的政策在地方采取“替代式”执行的办法；五是采取“断续式”执行的办法。❹ 在大学生基层就业补偿政策的执行上，也同样存在“执行差距”问题，比如《高等学校毕业生学费和国家助学贷款代偿暂行办法》要求，各省（区、市）出台本行政区域内基层就业学费补偿助学贷款代偿办法，在中央的一再要求下，部分省份直到2017年才出台学费补偿助学贷款代偿办法。规范政策执行举措，建立完善政策执行规范化的机制，是大学生基层就业补偿政策执行制度化的重要途径。

第一，强化政策执行主体对基层就业补偿政策的价值目标认同。

美国政治学家莱斯利·里普森认为：“所谓制度，就是在群体满足公共需

---

❶ 中共中央文献编辑委员会：《刘少奇选集》（下卷），人民出版社，1985年，第457～458页。

❷ 陈振明：《公共政策学——政策分析理论、方法和技术》，中国人民大学出版社，2004年，第244～245页。

❸ 司林波：《基于公共政策过程的政府公信力生成机理研究》，《行政论坛》2013年第6期。

❹ 顾建光：《我国公共政策执行不到位现象剖析及其矫正》，《兰州学刊》2013年第11期。

求的重复性实践活动中所形成的程式化的行为模式的产物。”[1] 这表明制度具有规范性的特点。制度的规范性要求政策的制度化必须以政策能为社会尤其是政策相关主体的认识程度、接受程度和认同程度为前提和基础。

我国行政体制实行层级制，大学生基层就业补偿政策的执行落实需要经过一个由中央、省、市、县级政府自上而下层层传达政策精神并予以执行落实的过程。在这个过程中，各级政府需要考虑本行政区域经济等各方面的实际情况以及政府部门的利益，不可避免会出现政策精神被递减、政策价值目标被偏离甚至被扭曲的现象。在国家实施一系列基层项目之初，社会流行一种看法：大学生下基层是新一轮“上山下乡”，鼓励大学生基层就业的政策是国家无法解决大学生就业难问题而不得不采取的临时举措。正因为价值目标认同没有达到高度一致，导致部分政策执行不到位或流于形式。

大学生基层就业补偿政策的真正有效执行，首要前提是政府这个政策执行主体真正理解并认同补偿政策“鼓励大学生服务基层、扎根基层”这个首要价值目标。各级政府及相关主管部门应组织政策学习活动，从国家基层发展战略的视角去认识基层就业补偿政策的价值和意义，认识到基于基层发展的需要、大学生高等教育的收益差距而实行补偿政策的重要性和必然性，形成“基层兴则国家兴、基层强则国家强”的全局意识和长远共识。

第二，建立补偿经费的统筹机制。

任何一项公共政策的执行，都需要调动大量的各类资源，不可避免要涉及经费问题，大学生基层就业补偿政策也不例外。在前述“建设主体”部分，论述了大学生基层就业补偿经费的分担情况，即目前相关补偿经费主要由中央财政、省级财政和县级财政按项目方式进行分担。在我国分税制的财政体制下，政策的有效执行与地方的经济发展状况有关，也与政府部门对经济利益的权衡有关。如果政府部门认为经济补偿是额外负担或者地方财政能力有限，会采取推迟实施或选择性实施的办法。如本章第一节论述的部分省份推迟出台学费补偿助学贷款代偿办法，对学费补偿助学贷款代偿的对象范围进行多重性限定就是典型的例证。

为保障大学生基层就业补偿政策的有效执行，中央政府可以考虑参照义务教育经费保障机制的做法建立大学生基层就业补偿经费保障机制。由省级财政

---

[1] ［美］莱斯利·里普森：《政治学的重大问题：政治学导论》，刘晓等译，华夏出版社，2001年，第44页。

承担的补偿经费，在中央财政统筹安排的基础上，由中央财政和省级财政按比例承担，具体比例根据各省的经济发展情况和财政实力来确定；由县级财政承担的补偿经费，在省级财政统筹安排的基础上，实行省级财政和县级财政按比例分担的方式，具体比例由省级政府根据各县的经济发展情况和财政实力来确定。

第三，建立政策执行监督机制。

大学生基层就业补偿政策的执行是各级政府责任范围内应予以严肃对待的事情，它关系到基层就业大学生的合理补偿需求能否得到满足，也关系到政府公信力的树立。在政策执行不到位的原因中，缺乏有效的监督是重要原因之一。对大学生基层就业补偿政策的执行情况进行监督，其目的在于及时发现执行行为是否遵守政策规定的时间和方式等要求、是否存在偏离甚至有悖于政策目标的问题，并对此及时采取相关纠正措施。在政策执行监督方面，教育部率先做了一个好的示范。教育部办公厅通报了2013年、2015年、2016年和2017年连片特困地区乡村教师生活补助政策的实施情况。基于政策执行监督的重要性和政策执行不到位的现实性，建立基层就业补偿政策执行监督机制是十分重要且必要的。

如何建立基层就业补偿政策的监督机制呢？首先，建立由政府主导、基层就业大学生等多方力量参与的各级监督工作小组；其次，明确监督小组的职责，定期公布政策执行情况及存在的问题，做到监督工作常态化、长期化；再次，要发挥上级政府的监督管理功能，及时要求下级政府对政策执行不到位的情况限时进行整改；最后，要广开言路，允许基层就业大学生以合理合法的方式反映执行过程中存在的问题，鼓励媒体参与政策执行过程的监督，及时报道政策执行情况。

（2）建立基层就业学费补偿信息管理系统，利用平台管理实现政策执行的制度化。

随着计算机和网络的普及，利用信息管理系统进行管理已成为趋势，与大学生学习、就业等相关的系统已普遍使用，如基层就业信息管理方面有“大学生志愿服务西部计划信息系统”“全国高校毕业生‘三支一扶’工作管理信息系统”“特岗计划信息管理与服务系统”。这些信息管理系统的设立为项目主管部门及时了解项目开展情况及项目人员的录用、在岗、年度考核及期满去向等情况提供了全方位的信息，大大地提高了管理服务的效率，推动了基层项目的有效开展。

在基层就业学费补偿信息管理系统的使用方面，目前已有部分省份使用（如江苏、湖南）。鉴于基层项目信息管理系统和部分省份基层就业学费补偿系统的运用情况，建立全国统一的大学生基层就业学费补偿信息管理系统是必要的，也是现实可行的。从信息管理对象来看，基层就业学费补偿助学贷款代偿是专门为基层就业大学生设立的，对象的单一性、专门性便于信息的收集与管理。从管理模式来看，我国学生资助实行统一管理的模式，属于资助体系的学费补偿助学贷款代偿也由全国学生资助中心统一管理。各部属高校负责该校中西部基层就业的毕业生学费补偿助学贷款代偿的材料收集与审核、信息公示、材料提交等工作，各省（区、市）学生资助管理中心负责收集与审核该行政区域内的地方高校所提交的补偿代偿材料及信息公示等工作，并将补偿代偿实施情况上报全国学生资助中心。从信息管理经验来看，全国学生资助中心已建立“全国学生资助信息管理系统”，具有比较丰富的经验。补偿代偿信息管理系统建立后，应由全国学生资助管理中心统一管理，分设部属高校子系统和各省份子系统，各子系统主要包括个人基层就业信息模块、补偿政策文件及通知模块、补偿申请模块、补偿信息公示及查询模块等。全国和省级学生资助中心及各高校通过系统完成补偿工作的主要流程，基层就业大学生及时全方位了解补偿政策、是否具备补偿资格、提交补偿申请及补偿申请是否通过等信息。在全程公开透明的情况下，基层就业学费补偿助学贷款代偿政策的执行情况能得到很好的监督，有助于实现政策执行的制度化。

3. 基层就业补偿政策评估的制度化

从公共政策本身的角度来看，任何一项公共政策在出台实施之前都进行了周密的设计论证，对政策方案可能产生的效果或后果都进行了预估。但政策效果到底如何、是否产生了非预估到的其他后果，都需要通过政策评估才能获取相关信息。政策评估结果为分析政策执行是否到位，分析政策方案是否需要修改、调整、完善或终止提供了实施依据。可见，政策评估是公共政策过程不可缺少的环节，也是政策效果检验的有效途径。

在大学生基层就业成为就业主渠道的大趋势下，国家越来越重视基层就业大学生的补偿问题，也在逐渐完善基层就业补偿政策，以更好地实现其“鼓励大学生服务基层、扎根基层”的政策目标。基层就业补偿政策是否具有良好的实施效果，其理想目标是否实现，需要通过政策评估才能作出判断和分析。这就要求建立科学合理的政策评估机制，实现政策评估的制度化。基层就业补偿政策评估的制度化，是指负责补偿政策制定和执行的各级政府（主要是中央政府和省级政府）要构建一套比较完整的政策评估体系或制度，开展政策的预期评估、执行评估和结果评估，并将政策评估作为政策过程的常态工作，做到既重视政策制定和政策执行，也重视政策评估。在此，主要论述如何推进大学生基层就业补偿政策评估的制度化，而不论述如何开展大学生基层就业补偿政策的评估。

（1）政策评估主体多元化。

在基层就业补偿政策评估上，作为政策制定者和执行者的政府及相关主管部门具有开展政策评估的优势条件：首先，政府及相关主管部门具有丰富的人力资源，能在较短时间内成立政策评估工作小组或政策评估研究中心（即智库），设计一套比较科学合理的评估方案；其次，政府及相关主管部门熟悉补偿政策制定和执行全过程，不仅能顺利开展政策评估工作，而且评估方案和评估结果能实现无缝对接。当然，政府会出于利益考虑，或者缺乏专业的评估人员，在开展补偿政策评估中难免会出现一些不够客观、科学的情况，还需要其他主体的参与评估。政策评估的其他主体中，评价基层就业补偿政策的执行情况及政策效果如何，最有发言权的是补偿政策对象——基层就业大学生。只有他们对补偿政策本身及其执行情况作出客观、中肯的评价，乐意接受政策内容及其执行现实，才能体现补偿政策的合法性和有效性。此外，政府还应鼓励第三方专业评估机构开展政策评估。因为专业评估机构拥有专业评估人员，且与基层就业补偿政策相关主体没有直接利益关系，能更独立自主、客观公正地开展评估工作，评估结果也会更加客观公正。基于此，基层就业补偿政策的评估主体多元化有两种方式：一是政府成立政策评估小组，小组成员应包括政府、智库、基层就业大学生等相关主体；二是政府委托第三方专业评估机构。

（2）政策评估定期化、常态化。

基层就业补偿政策评估的制度化，要求评估不仅要有专门的评估小组或评估机构，而且要做到政策评估定期化、常态化。如何做到政策评估的定期化、常态化呢？首先，学习借鉴其他政策评估的典型做法，建立基层就业补偿政策评估制度。教育部对义务教育发展均衡县督导评估认定应算是政策评估的典范。教育部于 2012 年和 2017 年分别出台了《县域义务教育均衡发展督导评估暂行办法》和《县域义务教育均衡发展督导评估办法》，明确规定评估内容、标准、程序和结果通报等要素，也重视评估的开展执行工作。大学生基层就业补偿政策的评估，可以学习借鉴《县域义务教育均衡发展督导评估办法》，形成基层就业补偿政策评估制度，明确规定评估内容、评估目的、时间周期、方式、对象范围及结果反馈形式等，让政策评估工作人员明白评估工作何时做、做什么和怎样做。其次，基层就业补偿政策评估实践应制度化。无论是政府的政策评估小组还是第三方专业评估机构开展政策评估，应严格按照政策评估制度的要求定期开展评估，而不是为了应付检查或其他一些外在原因被动开展临时性的、运动式的政策评估，逐步推动政策评估由定期化向常态化转变。

（3）做好政策评估结果的公布、反馈和利用工作。

基层就业补偿政策评估的制度化，还应包括及时公布、反馈和利用评估结果。首先，应及时公布评估结果，可以选择通过政府官方网站或官方权威媒体进行公布公示。基层就业补偿政策的直接利益相关者——基层就业大学生一直密切关注政策效果如何及政策走向，政府及时公布评估结果既是对基层就业大学生密切关注的及时回应，也是责任政府、服务政府的责任意识和服务意识的体现。其次，应合理利用政策评估结果所反馈的信息，切实发挥政策评估本应发挥的作用。基层就业补偿政策评估的根本目的是通过政策评估来分析政策本身是否合理、政策执行是否实现预期效果及实现程度如何，在此基础上挖掘产生现实效果的深层次原因，探寻政策制定和执行过程中存在的问题，为下一步政策的继续实施或调整或终结提供事实依据，以更好地实现“鼓励大学生服务基层、扎根基层”的理想目标。

结语　基层就业补偿制度：大学生就业与基层发展"双重利益需求"的融合剂

中华人民共和国成立以来，党和国家高度重视如何引导、鼓励大学生到基层工作的问题，并经历了行政手段计划分配、定向招生定向就业并辅之以部分补偿和自主选择并给予多元补偿的过程；在大学生就业与基层发展的关系上，也相应地经历了重视国家利益、忽视个人利益，到重视国家利益、适当考虑个人利益，再到兼顾国家利益与个人利益的过程。

马克思指出："人们为之奋斗的一切，都同他们的利益有关。"[1] 利益既是人们一切活动的目标，也是人们一切活动的根本动力，离开基本利益去谈奉献、谈理想只能是空谈，正如"'思想'一旦离开'利益'，就一定会使自己出丑"。[2] 就大学生而言，他们接受高等教育必须付出一定的成本，既有直接花费的学费、住宿费、生活费及其他与学习相关的费用，也有因接受高等教育而未就业所放弃的收入。作为一定意义上的"理性人"，他们期望投入的教育成本能获得相应的教育收益，因此在就业选择时首先考虑自己生存、发展等多方面的利益需求。但是，大学生接受高等教育，国家也承担了大量的教育成本，也应获得相应的教育收益；权利与义务关系也表明，大学生在享受国家提供的高等教育资源的权利后，应承担为国家发展贡献力量的义务。大学生在就业选择时理应兼顾个人利益与国家利益。正如马克思在给青年职业选择的建议时指出："在选择职业时，我们应该遵循的主要指针是人类的幸福和我们自身的完美。不应认为，这两种利益会彼此敌对、互相冲突，一种利益必定会消灭另一种利益……人只有为同时代人的完美、为他们的幸福而工作，自己才能达

---

[1] 中共中央马克思恩格斯列宁斯大林著作编译局编译：《马克思恩格斯全集》（第 1 卷），人民出版社，1995 年，第 187 页。

[2] 中共中央马克思恩格斯列宁斯大林著作编译局编译：《马克思恩格斯文集》（第 1 卷），人民出版社，2009 年，第 286 页。

到完美。”❶ 就国家而言，其职能决定了既需要承担保障社会整体发展的责任，也需要承担保障个人利益、促进个人发展的责任。具体到大学生基层就业问题上，国家在保障基层发展的同时，必须重视大学生个人合理利益需求的满足和美好生活的追求。归结起来，大学生就业问题的本质是利益问题，大学生基层就业问题的本质是个人利益与国家利益的关系问题。

关于大学生基层就业的利益关系问题，既需要适度的思想教育引导大学生正确对待个人利益与国家利益之间的关系，鼓励大学生热爱基层、服务基层、扎根基层，“到基层和人民中去建功立业，让青春之花绽放在祖国最需要的地方”；❷ 更需要运用利益补偿方式满足大学生合理的物质利益、精神需要、发展机会等多方面的利益诉求，真正实现“农村是一个广阔的天地，在那里是可以大有作为的”❸ 的美好愿景。目前，政府比较重视通过利益补偿的方式引导和鼓励大学生到基层就业，出台了一系列基层就业补偿政策，这些政策在大学生谋生存、求发展的个人利益与基层发展的国家利益之间一定程度上起到了融合剂的作用，即一定程度上满足了大学生经济上得实惠、精神上受表彰、发展上有前景的利益需求，提升了服务基层、扎根基层的意愿和信心；也一定程度上缓解了基层人才需求和大学生就业难的结构性矛盾，更好地促进基层发展并体现国家追求公平正义的理念。

值得注意的是，政府出台的大学生基层就业政策中通用“优惠政策”“扶持政策”说法，学术界关于大学生基层就业的研究也是采用“优惠政策”说法，似乎对“基层就业补偿”和“补偿政策”没有形成共识。实际上，国家对基层就业大学生承担了补偿责任，比如实施学费补偿助学贷款代偿、公务员定向招录、考研加分等政策。因此本书大胆提出“基层就业补偿”“补偿政策”等概念，并在这一领域进行尝试性的探索，其意义在于抛砖引玉，希望引起政府和学术界关注、重视并研究大学生基层就业补偿问题和大学生基层就业补偿政策制度化问题。

从发展趋势来看，大学生基层就业由志趣理想的个人选择逐步转变为政策导向的社会选择，国家的基层就业补偿理念由对家庭经济困难学生的资助转变

❶ 中共中央马克思恩格斯列宁斯大林著作编译局编译：《马克思恩格斯全集》（第 1 卷），人民出版社，1995 年，第 459 页。

❷ 《习近平给河北保定学院西部支教毕业生群体代表回信》，人民网，2014 – 05 – 04，http：//politics. people. com. cn/n/2014/0504/c1024 – 24968468. html。

❸ 毛泽东：《毛泽东文集》（第六卷），人民出版社，1999 年，第 462 页。

为基层发展战略需要的补偿，补偿方式由单一的经济收益补偿转变为包括经济收益补偿、精神荣誉补偿和发展机会补偿的多元补偿，补偿政策在大学生服务基层、扎根基层过程中发挥的助推器和稳定器作用日益显著。然而，政策内容和政策执行上还存在一些影响大学生选择服务基层、扎根基层的因素，迫切需要推进基层就业补偿政策的制度化，形成基层就业补偿制度。本书在现有大学生基层就业补偿政策的基础上，进一步探索提出大学生基层就业补偿制度建设的“政策制度化”方案。大学生基层就业补偿政策制度化建设这项复杂的系统工程，需要中央和地方政府及相关部门的高度重视，需要智库、高校、基层就业单位和基层就业大学生共同参与、合力并举去推进。只有建立科学、规范、稳定的基层就业补偿制度，才能更好地实现“鼓励大学生服务基层、扎根基层”的理想目标，才能更好地满足国家和大学生作为利益共同体的利益。正如塞缪尔·亨廷顿指出：“一个拥有高度制度化的管理组织和程序的社会，更能阐明和实现其公共利益。”[1]

---

[1] ［美］塞缪尔·亨廷顿：《变革社会中的政治秩序》，李盛平等译，华夏出版社，1988 年，第 25 页。

附录一　中央和各省份学费补偿、助学贷款代偿政策比较

地域	实施时间	受偿对象范围	补偿代偿标准	支付方式
全国	2006年（2009年废止）	到西部地区12省和艰苦边远地区的县级以下机关、企事业单位及地处艰苦边远地区的中央单位艰苦行业生产第一线服务3年及以上，且负有助学贷款的中央部属普通高校全日制本专科生（含高职）、研究生、第二学士学位应届毕业生	助学贷款代偿，6000元/年×学制年限	分年度代偿，每年代偿1/3，3年代偿完毕
	2009年	到中西部地区22省和艰苦边远地区县级以下机关、企事业单位，及工作场地为中西部和艰苦边远地区县以下的中央单位艰苦行业生产第一线服务3年及以上的中央部属普通高校全日制本专科生（含高职）、研究生、第二学士学位应届毕业生	学费补偿助学贷款代偿，2014年以前6000元/年×学制年限，2014年后本专科生8000元/年×学制年限，研究生12000元/年×学制年限	分年度代偿，每年代偿1/3，3年代偿完毕
北京	2009年	到北京市边远山区乡镇及以下企事业单位、及地处边远山区乡镇的北京市单位艰苦行业生产第一线服务3年及以上的北京市属高校且生源地为北京的全日制本专科生（含高职）、研究生、第二学士学位应届毕业生	学费补偿助学贷款代偿，6000元/年×学制年限	分年度代偿，3年代偿完毕

续表

地域	实施时间	受偿对象范围	补偿代偿标准	支付方式
贵州	2009 年	到贵州省县以下乡镇机关、事业单位、村（居委会、社区）以及工作场地地处贵州省县以下的气象等艰苦行业生产第一线服务 3 年及以上的贵州省省属普通高等学校的全日制本专科生（含高职学校、民办高校和独立学院学生）、研究生、第二学士学位应届毕业生	学费补偿助学贷款代偿，6000 元/年 × 学制年限	一次性补偿或代偿
甘肃	2015 年	到甘肃省艰苦边远地区县以下（不含县本级、城关镇）机关和国有企事业单位连续服务 3 年及以上的甘肃省省属普通高校的全日制本专科生（含高职学校、民办高校和独立学院学生）、研究生、第二学士学位毕业生	学费补偿助学贷款代偿，本专科生 8000 元/年 × 学制年限，研究生 12000 元/年 × 学制年限	一次性补偿或代偿
海南	2016 年	2016 年及以后毕业，自愿到海南省艰苦边远地区基层就业或创业连续工作满 3 年及以上的海南省普通高等学校的全日制本专科生（含高职院校、民办高校和独立学院学生）、研究生、第二学士学位应届毕业生	学费补偿助学贷款代偿，专科生 3000 元/年 × 学制年限，本科学生 4000 元/年 × 学制年限，研究生（含第二学士学位学生）5000 元/年 × 学制年限	一次性补偿或代偿
宁夏	2015 年	到宁夏的县以下机关、企事业单位以及工作现场地处县级以下的国有单位艰苦行业生产第一线服务 3 年以上，且负有助学贷款的宁夏区属普通高校中的全日制本专科生（含高职）、研究生、第二学士学位应届毕业生及选聘为大学生村官的毕业生	助学贷款代偿，2014 年秋季前入学为 6000 元/年 × 学制年限，2014 年秋季后入学为本专科生 8000 元/年 × 学制年限，研究生 12000 元/年 × 学制年限	一次性代偿

续表

地域	实施时间	受偿对象范围	补偿代偿标准	支付方式
上海	2014 年	2014 年及以后毕业，到上海市农村基层涉农单位就业，服务 3 年及以上的上海市全日制普通高校本专科生（含高职）、研究生、第二学士学位应届毕业生	学费补偿助学贷款代偿，本专科生 8000 元/年 × 学制年限，研究生 12000 元/年 × 学制年限	分年度补偿代偿，3 年补偿或代偿完毕
四川	2009 年	到四川省艰苦边远地区县以下（不含县本级、城关镇）机关和国有企事业单位连续服务 3 年及以上的四川省省级部门所属的普通高校 2009 年春季学期（含）后毕业的全日制本科专科学生、研究生和第二学士学位的应届毕业生	学费补偿助学贷款代偿，6000 元/年 × 学制年限	一次性补偿或代偿
云南	2010 年	到云南 25 个边境县和 3 个藏区县辖区内乡镇以下（含乡镇）基层单位就业、自愿服务 3 年及以上的云南省省属普通高校中的全日制本专科学生（含高职）、研究生、第二学士学位应届毕业生	学费补偿助学贷款代偿，6000 元/年 × 学制年限	一次性补偿或代偿
黑龙江	2014 年	到黑龙江省县以下机关、企事业单位服务 3 年及以上的黑龙江省属和市属普通高校全日制本专科生、研究生中享受城乡低保政策的应届毕业生	学费补偿助学贷款代偿，本专科生 8000 元/年 × 学制年限，研究生 12000 元/年 × 学制年限	一次性补偿或代偿
湖南	2015 年	到湖南省贫困地区县以下机关、事业单位服务 3 年及以上的湖南省内全日制普通高校 2015 年及以后年度应届毕业的本专科生（含高职）、研究生、第二学士学位学生，外省高校及未在就读省份享受学费补偿助学贷款代偿的外省高校毕业生	学费补偿助学贷款代偿，博士生 10000 元/年，硕士生及第二学士学位学生 8000 元/年，本科生 5000 元/年，专科（高职）生 3500 元/年，连续补偿 3 年	分年度补偿代偿，3 年补偿或代偿完毕

续表

地域	实施时间	受偿对象范围	补偿代偿标准	支付方式
西藏	2009年	到西藏的乡镇（不含地市县所在地的乡镇）机关、企事业单位及工作现场地处西藏乡镇的中央单位艰苦行业生产第一线服务5年及以上的西藏区属普通高校中的全日制本专科生（含高职）、研究生、第二学士学位应届毕业生	学费补偿助学贷款代偿，6000元/年×学制年限	分年度补偿代偿，5年补偿或代偿完毕
浙江	2017年	到浙江省一类一档地区和海岛县乡镇（县政府所在镇除外）及乡镇以下的农业技术推广站、卫生院、养老服务机构、中小学和公办及普惠性民办幼儿园服务3年及以上的浙江省地方属普通高等学校中的全日制本专科生（含高职）、研究生、第二学士学位应届毕业生	学费补偿助学贷款代偿，本专科及第二学士学位8000元/年×学制年限，研究生12000元/年×学制年限	分年度补偿代偿，3年补偿或代偿完毕
安徽	2009年	在校期间已办理国家助学贷款、已与县级组织部门签订聘任协议，在村任职2年及以上、聘任期间年度考核称职及以上等次的选聘生	助学贷款代偿，在校期间国家助学贷款本金及个人自付利息总额	分两次代偿，任职满两年后，代偿资助贷款本金的60%；任职满三年后，代偿资助贷款本金的40%和全部个人自付利息
河南	2011年	到河南省国家级贫困县和省级贫困县以下机关、企事业单位及工作现场地处河南省国家级贫困县和省级贫困县的气象等单位艰苦行业生产第一线服务3年及以上的我国境内普通高等学校中的全日制本专科生（含高职）、研究生、第二学士学位应届毕业生	学费补偿助学贷款代偿，6000元/年×学制年限	一次性补偿或代偿

续表

地域	实施时间	受偿对象范围	补偿代偿标准	支付方式
江苏	2009年	到苏北地区县级政府驻地以下地区（不含县级政府驻地）的政府机关、企事业单位服务3年及以上的省内外高等学校全日制普通本专科生（含高职）、研究生、双学士学位学生2009年以后（含2009年）的应届毕业生	学费补偿助学贷款代偿，6000元/年×学制年限	分年度补偿代偿，3年补偿或代偿完毕
内蒙古	2009年	选聘到嘎查村任职满两年并考核合格、负有助学贷款且符合选聘对象和条件的全日制普通高校大专以上学历毕业生（含专科和高职生）	助学贷款代偿，在校期间国家助学贷款本金及个人自付利息总额	一次性代偿
新疆	2009年	到新疆县以下机关、企事业单位，工作现场地处县以下的气象站等基层艰苦行业生产第一线及塔什库尔干塔吉克自治县各级各类单位服务3年及以上的国家承认其学历的普通高校的全日制本专科生（含高职）、研究生、第二学士学位应届毕业生	学费补偿助学贷款代偿，6000元/年×学制年限	分年度补偿代偿，3年补偿或代偿完毕
山东	2009年	到山东省财政困难县的县以下机关及企事业单位，包括乡镇政府机关、农村中小学、国有农（林）场、水电施工基地、农业技术推广站、畜牧兽医站、乡镇卫生院、计划生育服务站、乡镇文化站工作3年及以上的我国境内经国家和省正式批准设立的高校全日制普通本专科生（含高职）、研究生、第二学士学位应届毕业生	学费补偿助学贷款代偿，6000元/年×学制年限	一次性补偿或代偿
河北	2016年	到河北省艰苦边远地区（即国家扶贫开发工作重点县和22个集中连片特殊困难县）的县以下（县政府所在乡镇除外）机关、企事业单位以及工作现场地处河北省艰苦边远地区的气象等省属单位艰苦行业生产第一线服务3年及以上，且在校期间享受过城乡最低生活保障政策的省属高校全日制普通本专科生（含高职）、研究生、第二学士学位当年的毕业生	学费补偿助学贷款代偿，本专科及第二学士学位8000元/年×学制年限，研究生12000元/年×学制年限	一次性补偿或代偿

续表

地域	实施时间	受偿对象范围	补偿代偿标准	支付方式
江西	2017 年	2017 年及以后毕业，到江西省集中连片特困地区的 17 个县（市、区）的县以下机关、事业单位服务 3 年及以上的省属普通本科高校中的全日制本科生、研究生应届毕业生	学费补偿助学贷款代偿，本专科及第二学士学位 8000 元/年 × 学制年限，研究生 12000 元/年 × 学制年限	分三次发放，即服务满 3 年、5 年、8 年分别代偿 30%、30% 和 40%，允许按以上年数和代偿比例合并申请发放
福建	2007 年	在享受福建省财政转移支付和财力相当于一般转移支付水平的财政困难县（市、区）所辖乡（镇）参加“三支一扶”计划，服务 2 年及以上的闽籍或在闽普通高校毕业生	助学贷款代偿 2000 元/年，还要求各高校以奖学金方式予以支持偿还助学贷款	分年度代偿
	2007 年	参加“服务欠发达地区计划”的闽籍或闽高校毕业生、服务 2 年的志愿者		
	2009 年	在享受财政一般转移支付和财力相当于一般转移支付水平的财政困难县（市、区）的城市社区从事社区建设工作，为服务社区所在设区市生源的本省及省外全日制普通高校毕业生，服务 2 年		
	2009 年	2009 年起到福建省一般转移支付县（市）和闽清、东山、南靖县乡镇（不含县级政府所在镇）及以下的公办农村中小学（含中职学校）任教的省内全日制普通高校和省外全日制普通高校福建生源本科及以上毕业生，服务期满 5 年； 2014 年起调整为新录用到福建省省级扶贫开发工作重点县乡镇（不含县级政府所在镇）及以下的公办农村中小学（含幼儿园、中小学、中职学校、特殊教育学校）任教、服务期满 5 年的全日制普通高校毕业生	学费代偿，5000 元/人/年 ×4 年	分年度代偿，连续 4 年
	2004 年	2004 年起到福建省贫困地区乡镇（214 个）卫生院连续工作 5 年的医学院校本科毕业生； 2009 年起调整为 2009 年 1 月 1 日后聘用到龙岩、三明、南平、宁德四个设区市所辖县（市、区）城区所在地以外的乙类和丙类乡镇卫生院且连续服务 5 年及以上的医学类专业本科毕业生	学费代偿，5000 元/人/年 ×5 年	分年度代偿，连续 5 年

注：此表为笔者根据所搜集到的政策文件整理而成，难免有疏漏之处。

附录二　大学生基层就业意愿及基层就业补偿政策知晓度和认可度调查问卷

亲爱的同学：

你好！我们是教育部人文社科项目“大学生基层就业补偿政策及制度建设研究”课题组，为了解大学生就业状况、基层就业意愿及基层就业补偿政策知晓度和认可度，特作此问卷调查，以期为个人、学校及政府部门的决策提供参考。问卷不记名，结果无对错之分，你提供的相关信息只在研究中使用，请按真实情况填写！若没有特殊说明，题目均为单选。

真诚感谢你的合作！

“大学生基层就业补偿政策及制度建设研究”课题组

一、基本情况

A1. 你的性别是____________

A. 男　　　　　　B. 女

A2. 你的民族是____________

A. 汉族　　　　　B. 少数民族

A3. 你是____________

A. 独生子女　　　B. 非独生子女

A4. 你大学期间是否担任过学生干部？____________

A. 是　　　　　　B. 否

A5. 你的政治面貌是____________

A. 中共党员　　　B. 共青团员　　　C. 民主党派　　　D. 群众

A6. 你就读学校类型为____________

A. 重点大学（“985”“211”高校）

B. 普通本科

C. 独立学院

D. 高职高专

A7. 你就读学校所属地域为________

A. 东部地区　B. 中部地区　C. 西部地区

A8. 你就读专业所属学科门类是________

A. 哲学　B. 经济学　C. 法学　D. 教育学

E. 文学　F. 历史学　G. 理学　H. 工学

I. 农学　J. 医学　K. 管理学　L. 艺术学

M. 其他

A9. 你的学习成绩在专业排名为________

A. 上层　B. 中上层

C. 中层　D. 中下层

E. 下层

A10. 你家庭所在地为________

A. 省会城市　B. 地级城市　C. 县镇　D. 农村

A11. 你家庭所在地属于________

A. 东部地区　B. 中部地区　C. 西部地区

A12. 你父亲的文化程度是________，你母亲的文化程度是________

A. 大学本科及以上　B. 大学专科

C. 高中或中专　D. 初中

E. 小学及以下

A13. 按职业类别划分，你父亲属于________，你母亲属于________

A. 国家与社会管理者阶层　B. 经理人阶层

C. 私营企业主阶层　D. 专业技术人员阶层

E. 办事人员阶层　F. 个体工商户阶层

G. 商业服务业员工阶层　H. 产业工人阶层

I. 农业劳动者阶层　J. 城乡无业、失业、半失业者阶层

A14. 你的家庭经济状况在当地属于________

A. 上层　B. 中上层

C. 中层　D. 中下层

E. 下层

二、就业现状与就业期望

B1. 大学毕业，你是否选择就业？____________

A. 是　　B. 否

B2. 你目前的去向是____________

A. 已落实就业单位　　B. 自由职业

C. 自主创业　　D. 其他灵活就业

E. 不就业，拟升学　　F. 求职中

G. 升学（国内）　　H. 出国（出境）留学

I. 不就业，拟出国　　J. 暂不就业

K. 其他____________（请注明）

B3. 请对下列条目的符合程度作出评价，并在相应的答案栏中划“√”。

	非常同意	比较同意	一般同意	不太同意	完全不同意
当前社会就业形势严峻					
所学专业就业前景好					
所学专业找到对口工作可能性大					
感觉就业压力大					
对自己成功就业有信心					

B4. 从地域上来说，你期望的就业单位是在____________

A. 东部地区　　B. 中部地区　　C. 西部地区

B5. 从工作地点来说，你期望的就业单位工作地点为____________

A. 省会城市　　B. 地级城市　　C. 县城　　D. 县以下的基层

B6. 你期望的就业单位性质是____________

A. 政府机关　　B. 科研机构　　C. 事业单位（学校、医疗机构等）

D. 社会团体　　E. 国有企业　　F. 外资企业

G. 民营企业　　H. 部队　　I. 自主创业

B7. 你期望可能获得的月薪是____________

A. 1000 元以下　　B. 1001 ~ 2000 元

C. 2001 ~ 3000 元　　D. 3001 ~ 4000 元

E. 4001 ~ 5000 元　　F. 5001 元及以上

B8. 就业选择时，影响你选择的最重要因素有____________（多选，限选三项）。

A. 个人发展　　B. 工资福利
C. 工作单位所在地　　D. 单位类型及规模
E. 父母或他人建议　　F. 工作环境
G. 工作稳定性　　H. 政府或国家的号召
I. 其他因素____________（请注明）

※已落实就业单位的同学，请做 B9 ~ B13 题

B9. 从工作地点上来说，你签约单位所在地为____________
A. 省会城市　　B. 地级城市　　C. 县城　　D. 县以下的基层

B10. 从地域上来说，你签约单位所属地域为____________
A. 东部地区　　B. 中部地区　　C. 西部地区

B11. 你签约单位的性质是____________
A. 政府机关　　B. 科研机构　　C. 事业单位（学校、医疗机构等）
D. 社会团体　　E. 国有企业　　F. 外资企业
G. 民营企业　　H. 部队　　I. 自主创业

B12. 你签约单位承诺给你的月薪是____________
A. 1000 元以下　　B. 1001 ~ 2000 元
C. 2001 ~ 3000 元　　D. 3001 ~ 4000 元
E. 4001 ~ 5000 元　　F. 5001 元及以上

B13. 你签约的工作与你的期望____________
A. 完全一致　　B. 比较一致　　C. 基本一致
D. 不太一致　　E. 完全不一致

三、基层就业意愿及基层就业补偿政策知晓度

C1. 你是否会选择基层就业？____________
A. 是　　B. 否

C2. 如果你一直没有找到合适满意的工作，你是否会选择去基层？____________
A. 会　　B. 不会

C3. 你对“到西部去！到基层去！到祖国需要的地方去！”这一标语的态度是____________
A. 响应号召，去西部、基层和祖国需要的地方工作
B. 内心矛盾，想去却顾虑重重

C. 有相关补偿政策则可以考虑

D. 没什么，仅仅是一句标语而已

E. 不屑一顾，不考虑去西部、基层和祖国需要的地方工作

※在 C4 ~ C10 题中，C1 题选择“是”的同学，请做 C4 ~ C9 题；C1 题选择“否”的同学，请做 C10 题

C4. 如果去基层就业，你能接受的时间是多久？____________

A. 一年以内　B. 两年　C. 三年　D. 五年

E. 五年以上

C5. 如果去基层就业，你想去的基层所在地为____________

A. 东部地区　B. 中部地区

C. 西部地区　D. 家庭所在地附近

C6. 如果去基层工作，你期望可能获得的月薪是____________

A. 1000 元以内　B. 1001 ~ 2000 元

C. 2001 ~ 3000 元　D. 3001 ~ 4000 元

E. 4001 ~ 5000 元　F. 5001 元及以上

C7. 如果去基层工作，你想去的单位是____________

A. 政府机关　B. 事业单位　C. 国有企业　D. 民营企业

E. 自主创业　F. 村委会等群众组织

C8. 如果去基层工作，你想从事的工作是____________

A. 特岗教师　B. 大学生村官　C. 西部计划志愿者

D. 乡镇公务员　E. 自主创业人员　F. “三支一扶”计划志愿者

G. 特岗农技人员　H. 其他事业单位办事员

I. 企业工作人员

C9. 如果你愿意选择去基层就业，其原因是____________（多选，限选三项）

A. 多一个就业选择　B. 基层就业政策的支持

C. 职业兴趣和理想适合基层工作　D. 基层发展空间大

E. 家人朋友的支持　F. 其他____________（请填写）

C10. 如果你不愿意去基层就业，其原因是____________（多选，限选三项）

A. 基层就业政策支持不够　B. 工资待遇低

C. 职业兴趣和理想不适合基层　D. 二次就业难

E. 基层发展空间有限　　　　F. 家人朋友不支持

C11. 你对基层就业补偿政策的了解情况是＿＿＿＿＿＿

A. 非常了解　　　　B. 比较了解

C. 一般　　　　D. 不太了解

E. 完全不了解

C12. 你有查阅过最新的大学生基层就业补偿政策的相关文件吗？＿＿＿＿＿＿

A. 有　　　　B. 没有

C13. 你了解大学生基层就业补偿政策的最重要途径是＿＿＿＿＿＿

A. 教育部等中央部门的网站　　　　B. 学校就业信息网

C. 报纸杂志　　　　D. 学校举办的政策宣讲会

E. 老师、同学朋友之间的交流　　　　F. 其他＿＿＿＿＿＿（请填写）

C14. 在基层就业补偿政策中，你最了解的是＿＿＿＿＿＿，最满意的是＿＿＿＿＿＿

A. 艰苦边远地区津贴、高定工资标准等政策：对到艰苦边远地区的党政机关事业单位工作的大学生，发放艰苦边远地区津贴；对到艰苦边远地区和国家扶贫开发工作重点县工作的可高定工资标准

B. 学费补偿助学贷款代偿政策：中央部属高校毕业生到中西部地区和艰苦边远地区县以下基层单位就业，并服务 3 年及以上的毕业生（如大学生村官、“三支一扶”计划志愿者、西部计划志愿者等基层服务项目人员，乡镇政府机关、农村中小学等及县以下的地震、气象等艰苦行业生产一线工作人员等），以及符合各省份学费补偿助学贷款代偿政策规定条件的基层就业毕业生可以申请补偿或代偿大学期间的学费或助学贷款

C. 升学、公务员事业单位招录政策：西部计划等服务基层项目人员报考研究生享受加分政策，同等条件下优先录取，服务期满留任的优秀特岗教师可以在职攻读教育硕士；省级机关招录公务员，除部分特殊职位外，均应从具有 2 年以上基层工作经历的人员中录用；西部计划等服务基层项目人员可参加公务员和事业单位定向招录，同等条件下优先考虑

D. 职称评审条件放宽政策：中西部和艰苦边远地区基层单位从事专业技术工作的毕业生，可不参加职称外语考试或放宽外语成绩要求

C15. 你认为国家出台的大学生基层就业补偿政策与大学生的需要＿＿＿＿＿＿

A. 非常符合　　B. 比较符合
C. 一般　　D. 不太符合
E. 完全不符合

C16. 你认为学校对大学生基层就业补偿政策的宣传力度＿＿＿＿＿＿

A. 非常大　　B. 比较大
C. 一般　　D. 不太大
E. 完全不大

C17. 你认为国家和政府执行大学生基层就业补偿政策的情况是＿＿＿＿＿＿

A. 非常好　　B. 比较好
C. 一般　　D. 不太好
E. 完全不好

C18. 国家出台的关于高校毕业生基层就业补偿政策，对你去基层的影响＿＿＿＿＿＿

A. 非常大　　B. 比较大
C. 一般　　D. 不太大
E. 完全没有

C19. 据你了解，基层就业补偿政策促进基层就业的效果＿＿＿＿＿＿

A. 非常好　　B. 比较好
C. 一般　　D. 不太好
E. 完全不好

C20. 你认为影响大学生基层就业补偿政策充分发挥作用的因素有＿＿＿＿＿＿（多选，限选三项）

A. 政策执行落实情况　　B. 政府、学校等方面宣传力度
C. 政策本身是否完善　　D. 学生对政策是否关心
E. 相关配套政策是否完善　　F. 政策实施效果评估

附录三　基层就业大学生的补偿政策知晓度和认可度及就业满意度调查问卷

亲爱的朋友：

您好！我们是教育部人文社科项目“大学生基层就业补偿政策及制度建设研究”课题组，为了解基层就业大学生对补偿政策的知晓度和认可度以及就业满意度，特作此问卷调查，为个人和教育、政府部门的决策提供参考。问卷不记名，结果无对错之分，您提供的相关信息只在研究中使用，请按真实情况填写。若没有特殊说明，题目均为单选。

真诚感谢您的合作！

“大学生基层就业补偿政策及制度建设研究”课题组

一、基本信息

A1. 你的性别是____________

A. 男　　　　B. 女

A2. 你的民族是____________

A. 汉族　　　　B. 少数民族

A3. 你是____________

A. 独生子女　　　　B. 非独生子女

A4. 大学期间，你是否担任过学生干部？____________

A. 是　　　　B. 否

A5. 你的政治面貌是____________

A. 中共党员　　　　B. 共青团员　　　　C. 民主党派　　　　D. 群众

A6. 你就读专业所属学科门类是____________

A. 哲学　　　　B. 经济学　　　　C. 法学　　　　D. 教育学

E. 文学　　　　F. 历史学　　　　G. 理学　　　　H. 工学

I. 农学　　　　J. 医学　　　　K. 管理学　　　　L. 艺术学

A7. 你就读学校类型为____________

A. 重点大学（“985”“211”高校） B. 普通本科

C. 独立学院 D. 高职高专

A8. 你就读学校所属地域为____________

A. 东部地区 B. 中部地区 C. 西部地区

A9. 你的学习成绩在本专业排名为____________

A. 上层 B. 中上层

C. 中层 D. 中下层

E. 下层

A10. 上大学前，你家庭所在地为____________

A. 省会城市 B. 地级城市 C. 县城 D. 农村

A11. 上大学前，你家庭所在地属于____________

A. 东部地区 B. 中部地区 C. 西部地区

A12. 你父亲的文化程度是____________，你母亲的文化程度是____________

A. 大学本科及以上 B. 大学专科

C. 高中或中专 D. 初中

E. 小学及以下

A13. 按职业类别划分，你的父亲属于____________，你的母亲属于____________

A. 国家与社会管理者阶层 B. 经理人阶层

C. 私营企业主阶层 D. 专业技术人员阶层

E. 办事人员阶层 F. 个体工商户阶层

G. 商业服务业员工阶层 H. 产业工人阶层

I. 农业劳动者阶层 J. 城乡无业、失业、半失业者阶层

A14. 参加工作前，你的家庭经济状况在当地属于____________

A. 上层 B. 中上层

C. 中层 D. 中下层

E. 下层

A15. 你在基层工作的时间已有____________

A. 一年及以下 B. 一年至两年 C. 两年至三年 D. 三年及以上

A16. 你在基层从事的职业是____________

A. 特岗教师　　B. 大学生村官

C. "三支一扶"计划志愿者　　D. 西部计划志愿者

E. 自主创业者　　F. 乡镇公务员

G. 乡镇（社区）事业单位办事员　　H. 企业工作人员

二、基层就业补偿政策知晓度和认可度及未来职业规划

B1. 你了解大学生基层就业补偿政策的时间主要是____________

A. 在校期间　　B. 基层工作期间

B2. 你了解大学生基层就业补偿政策的途径是____________

A. 中央部门网站及学校网站　　B. 学校举办的政策宣讲会

C. 老师、同学朋友之间的交流　　D. 工作单位

E. 工作所在地的政府部门

B3. 关于大学生基层就业补偿政策，你对其了解程度为____________

A. 非常了解　　B. 比较了解

C. 一般　　D. 不太了解

E. 完全不了解

B4. 你认为大学生基层就业补偿政策与大学生需求之间____________

A. 非常符合　　B. 比较符合

C. 一般　　D. 不太符合

E. 完全不符合

B5. 你认为政府、学校对大学生基层就业补偿政策的宣传力度____________

A. 非常大　　B. 比较大

C. 一般　　D. 不太大

E. 完全不大

B6. 据你了解，你认为基层就业补偿政策的执行情况____________

A. 非常好　　B. 比较好

C. 一般　　D. 不太好

E. 完全不好

B7. 你认为大学生基层就业补偿政策对你去基层就业的影响____________

A. 非常大　　B. 比较大

C. 一般　　D. 不太大

E. 完全不大

B8. 你认为影响大学生基层就业补偿政策充分发挥作用的因素有____________（多选，限选三项）

A. 政策执行落实情况　　B. 政府、学校等方面宣传力度

C. 政策本身是否完善　　D. 学生对政策是否关心

E. 相关配套政策是否完善　　F. 政策实施效果评估

B9. 你是否已经享受大学生基层就业补偿政策？____________

A. 是　　B. 否

※如果你已经享受了基层就业补偿政策，你享受的政策有____________（可多选）

A. 艰苦边远地区津贴、高定工资标准等政策：对到艰苦边远地区的党政机关事业单位工作的大学生，发放艰苦边远地区津贴；对到艰苦边远地区和国家扶贫开发工作重点县工作的可高定工资标准

B. 学费补偿助学贷款代偿政策：中央部属高校毕业生到中西部地区和艰苦边远地区县以下基层单位就业，并服务3年及以上的毕业生（如大学生村官、“三支一扶”计划志愿者、西部计划志愿者等基层服务项目人员，乡镇政府机关、农村中小学等及县以下的地震、气象等艰苦行业生产一线工作人员等），以及符合各省份学费补偿助学贷款代偿政策规定条件的基层就业毕业生可以申请补偿或代偿大学期间的学费或助学贷款

C. 升学、公务员事业单位招录政策：西部计划等服务基层项目人员报考研究生享受加分政策，同等条件下优先录取，服务期满留任的优秀特岗教师可以在职攻读教育硕士；省级机关招录公务员，除部分特殊职位外，均应从具有2年以上基层工作经历的人员中录用；西部计划等服务基层项目人员可参加公务员和事业单位定向招录，同等条件下优先考虑

D. 职称评审条件放宽政策：中西部和艰苦边远地区基层单位从事专业技术工作的毕业生，可不参加职称外语考试或放宽外语成绩要求

B10. 你选择目前这个工作岗位的原因是____________（多选，限选三项）

A. 社会就业压力大，作为暂缓之计　　B. 积累工作经验

C. 基层就业政策的支持　　D. 职业兴趣和理想适合基层

E. 基层发展空间大　　F. 亲友的建议和支持

G. 其他____________（请注明）

B11. 对于选择在基层工作，你的态度是____________

A. 后悔　　B. 偶尔有后悔情绪

C. 不后悔

B12. 基层工作期间，你最关心的问题是____________

A. 补偿政策能否落实

B. 能否发挥自己的才能和特长

C. 服务期满的去向

D. 离开目前工作岗位的重新适应问题

E. 其他____________（请注明）

B13. 你对服务期满后的职业发展是如何规划的？____________

A. 继续留在该岗位上工作　　B. 报考研究生

C. 自主创业　　D. 报考公务员

E. 在基层其他岗位工作　　F. 直接离开基层

G. 其他____________（请注明）

B14. 如果可以离开基层，你是否愿意离开？____________

A. 是　　B. 否

※ B14 选“是”的做 B15、B16 题，选“否”的做 B17 题。

B15. 如果可以离开基层，你希望离开的时间期限是____________

A. 马上　　B. 服务期满

B16. 如果可以离开基层，你选择离开基层的主要原因是____________（多选，限选三项）

A. 基层就业政策支持不够　　B. 工作压力大

C. 工资待遇低，生活压力大　　D. 亲友不支持

E. 个人发展机会有限　　F. 才能特长得不到发挥

G. 已经有更好的就业选择

B17. 如果不离开基层，你选择继续留在基层工作的主要原因是____________（多选，限选三项）

A. 基层就业政策的支持　　B. 基层的发展空间比较大

C. 与工作单位有很深的感情　　D. 基层工作压力小

E. 能发挥才能特长　　F. 目前没有其他更好的选择

G. 亲友的支持

三、基层就业满意度

下面这些句子是描述你在基层工作的满意情况，请根据你的真实想法在相应的选项上打"√"，每题限选一项。五个选项为：A. 非常同意；B. 比较同意；C. 一般；D. 不太同意；E. 完全不同意

序号	陈述内容	A	B	C	D	E
C1	对于目前这份工作，我的总体感觉是满意的					
C2	就工作本身而言，我是满意的					
C3	就工作回报而言，我是满意的					
C4	就工作的群体关系而言，我是满意的					
C5	只要努力工作，就有得到重用、晋升的机会					
C6	单位的客观工作条件（如设备、资料等）能够满足工作的需要					
C7	我对目前工作岗位的薪酬待遇很满意					
C8	单位领导很关心下属的工作和生活情况					
C9	单位能提供基本的食宿条件					
C10	相对于我在工作中的付出和表现而言，我得到的回报（包括物质和精神回报）是公正的					
C11	我对当前大学生基层就业补偿政策本身是满意的					
C12	在工作中，我能充分运用自己所学专业知识					
C13	我与同事之间的关系很融洽					
C14	单位同事对领导的工作能力很满意					
C15	与同学历、同资历的同事相比，我对自己的薪酬待遇是满意的					
C16	我对单位的客观工作环境（如照明、卫生等）是满意的					
C17	领导对我工作的认可度很高					
C18	工作岗位上的具体事务分配是合理、公正的					
C19	家人很认可我目前的这份工作					
C20	我对目前的职业发展前景感到非常满意					
C21	工作中，难免会出现一些的难题					
C22	在工作上遇到困难时，领导能及时给予指导和帮助					
C23	基层就业补偿政策能给予我工作上的支持和鼓励					
C24	我对这份工作的住房公积金、保险等保障性福利很满意					
C25	目前工作中积累的各种资源对未来发展很有帮助					

续表

下面这些句子是描述你在基层工作的满意情况，请根据你的真实想法在相应的选项上打“√”，每题限选一项。五个选项为：A. 非常同意；B. 比较同意；C. 一般；D. 不太同意；E. 完全不同意

序号	陈述内容	A	B	C	D	E
C26	在工作中，领导能做到“对事不对人”					
C27	单位的人际关系氛围是融洽的					
C28	基层就业补偿政策能够补偿大学生在基层就业的不利条件和处境					
C29	在我看来，同事们都能严格遵守单位的工作纪律					
C30	单位是依据工作表现和工作业绩进行评价考核的					
C31	与其他地方或单位从事相同工作的同学朋友相比，我对单位的客观工作条件与环境是满意的					
C32	我很认可目前这份工作					
C33	在工作中遇到困难时，同事能及时给予指导和帮助					
C34	同事们对我工作的认可度很高					
C35	在工作中，我有学习业务知识、提高自身能力的机会					
C36	单位同事对领导的人格魅力很满意					
C37	我对当前大学生基层就业补偿政策的具体实施情况是满意的					
C38	工作中，我能有独立处理自己工作的机会					
C39	对于单位重要事项的决策，我们有机会参与商讨					
C40	与其他地方或单位从事相同工作的同学朋友相比，我对薪酬待遇是满意的					
C41	同学朋友很认可我目前的这份工作					
C42	单位同事很认可领导的管理观念					
C43	在工作中，我能够发挥我的才能和特长					
C44	单位的空缺岗位都是实行公开竞聘的					
C45	我的职业兴趣和工作岗位很匹配					
C46	在工作中，每天都能保持一种良好的心理状态					
C47	工作单位的交通十分便利					
C48	当前基层就业补偿政策符合大学生的需要					
C49	面对基层现实生活，我有时会产生焦虑情绪					
C50	我对自己与单位领导的关系很满意					
C51	我能够协调好工作与生活之间的关系					

附录四　基层就业大学生的补偿政策知晓度和认可度及就业满意度访谈提纲

一、访谈对象：在基层就业创业的本科生、专科生

二、访谈提纲

一级指标	二级指标	具体问题
A 基层就业原因及总体满意度	A1 基层就业原因及态度	A1.1 你选择基层就业的最重要原因是什么
		A1.2 你是否后悔选择基层就业？基层工作期间，最关心的问题是什么
	A2 基层就业总体满意度	A2.1 你对目前的基层工作满意吗
		A2.2 你认为影响基层工作满意度的因素有哪些
		A2.3 你认为基层就业补偿政策对你的基层工作满意度有影响吗？影响程度如何
B 补偿政策知晓度与认可度	B1 补偿政策的知晓度	B1.1 你知道国家有哪些基层就业补偿政策？你最了解的是哪一项政策
		B1.2 你通过什么途径了解基层就业补偿政策
	B2 补偿政策的认可度	B2.1 从你自身角度来看，你认为现有补偿政策符合大学生的需求吗
		B2.2 你认为政府、学校对基层就业补偿政策的宣传力度如何
		B2.3 你认为基层就业补偿政策执行情况如何？或者说，你对基层就业补偿政策执行情况满意吗
		B2.4 你认为基层就业补偿政策对你选择基层就业有影响吗

续表

一级指标	二级指标	具体问题
B 补偿政策知晓度与认可度	B2 补偿政策的认可度	B2.5 你认为目前基层就业补偿政策存在问题吗？哪方面存在问题？如何改进
		B2.6 你是否享受了基层就业补偿政策？享受哪些补偿政策？对其是否满意
C 补偿政策建议	C1 补偿政策建议	C1.1 现有补偿政策内容有何问题？应如何调整
		C1.2 现有补偿政策执行有何问题？应如何调整
		C1.3 现有补偿政策宣传有何问题？应如何调整
D 未来职业规划	D1 未来职业规划	D1.1 如果可以离开基层，你准备什么时候离开
		D1.2 如果服务期满，你是继续选择留在基层还是离开基层？留在基层或离开基层的原因是什么

主要参考文献

一、著作类

［1］马克思恩格斯全集（第 1 卷）［M］. 北京：人民出版社，1995.
［2］马克思恩格斯文集（第 1 卷）［M］. 北京：人民出版社，2009.
［3］马克思恩格斯文集（第 3 卷）［M］. 北京：人民出版社，2009.
［4］马克思恩格斯文集（第 4 卷）［M］. 北京：人民出版社，2009.
［5］马克思恩格斯文集（第 9 卷）［M］. 北京：人民出版社，2009.
［6］毛泽东选集（第二卷）［M］. 北京：人民出版社，1991.
［7］毛泽东选集（第四卷）［M］. 北京：人民出版社，1991.
［8］毛泽东文集（第六卷）［M］. 北京：人民出版社，1999.
［9］邓小平文选（第二卷）［M］. 北京：人民出版社，1994.
［10］中共中央文献编辑委员会. 刘少奇选集（下卷）［M］. 北京：人民出版社，1985.
［11］习近平谈治国理政［M］. 北京：外文出版社，2014.
［12］聚天下英才而用之：学习关于人才工作重要论述的体会［M］. 北京：中国社会科学出版社，2017.
［13］张晋藩，海威，初尊贤. 中华人民共和国国史大辞典［M］. 哈尔滨：黑龙江人民出版社，1992.
［14］2013 年世界发展报告：就业（中文版）［M］. 北京：清华大学出版社，2013.
［15］麦可思研究院. 2016 年中国本科生就业报告［M］. 北京：社会科学文献出版社，2016.
［16］谢明. 公共政策导论［M］. 北京：中国人民大学出版社，2012.
［17］托马斯·R. 戴伊. 理解公共政策（第十二版）［M］. 谢明译. 北京：中国人民大学出版社，2011.
［18］陈庆云. 现代公共政策概论［M］. 北京：经济科学出版社，2004.
［19］陈振明. 政策科学：公共政策分析导论（第二版）［M］. 北京：中国人民大学出版社，2004.
［20］马国贤，任晓辉. 公共政策分析与评估［M］. 上海：复旦大学出版社，2012.
［21］谢明. 公共政策分析［M］. 北京：首都经济贸易大学出版社，2010.

[22] 亚当·斯密. 国富论——国民财富的性质和原因的研究 [M]. 谢祖钧等译. 长沙: 中南大学出版社, 2003.
[23] 约翰·梅纳德·凯恩斯. 就业、利息和货币通论 [M]. 陆梦龙译. 北京: 中国社会科学出版社, 2009.
[24] 西奥多·W. 舒尔茨. 论人力资本投资 [M]. 吴珠华等译. 北京: 北京经济学院出版社, 1990.
[25] 西奥多·W. 舒尔茨. 人力资本投资——教育和研究的作用 [M]. 蒋斌等译. 北京: 商务印书馆, 1990.
[26] 加里·S. 贝克尔. 人力资本 [M]. 梁小民译. 北京: 北京大学出版社, 1987.
[27] 约翰·穆勒. 功利主义 [M]. 徐大建译. 上海: 上海人民出版社, 2008.
[28] 亚当·斯密. 道德情操论 [M]. 蒋自强等译. 北京: 商务印书馆, 2006.
[29] 约翰·罗尔斯. 正义论 [M]. 何怀宏等译. 北京: 中国社会科学出版社, 2009.
[30] 厉以宁. 西方就业理论的演变 [M]. 北京: 华夏出版社, 1988.
[31] 赵苑达. 西方主要公平与正义理论研究 [M]. 北京: 经济管理出版社, 2010.
[32] 莫荣. 国外就业理论、实践和启示 [M]. 北京: 中国劳动社会保障出版社, 2014.
[33] E. 科恩. 教育经济学 [M]. 王玉崑等译. 上海: 华东师范大学出版社, 1989.
[34] G. B. J. 阿特金森. 教育经济学引论 [M]. 鲍怡军等译. 上海: 同济大学出版社, 1991.
[35] 吴逊等. 公共政策过程: 制定、实施与管理 [M]. 上海: 格致出版社, 2016.
[36] 全国高等学校学生信息咨询与就业指导中心、北京大学教育学院. 全国高校毕业生就业状况 (2004~2008) [M]. 北京: 北京大学出版社, 2009.
[37] 刘军. 我国大学生创业政策体系研究: 基于公共政策的视角 [M]. 济南: 山东大学出版社, 2015.
[38] 陶中. 中国转型时期大学生基层就业问题研究 [M]. 北京: 知识产权出版社, 2016.
[39] 常大治. 大学生基层就业的研究 [M]. 长春: 吉林大学出版社, 2012.
[40] 吴庆禹. 大学生基层就业的现状及其对策研究——以农林高校基层就业为例 [M]. 哈尔滨: 黑龙江教育出版社, 2012.
[41] 王锡锌. 行政过程中公众参与的制度实践 [M]. 北京: 中国法制出版社, 2008.
[42] 辛鸣. 制度论——关于制度哲学的理论建构 [M]. 北京: 人民出版社, 2005.
[43] 贺培育. 制度学: 走向文明与理性的必然审视 [M]. 长沙: 湖南人民出版社, 2004.
[44] 约翰·克莱顿·托马斯. 公共决策中的公民参与: 公共管理者的新技能与新策略 [M]. 孙柏瑛等译. 北京: 中国人民大学出版社, 2001.
[45] 刘复兴. 教育政策的价值分析 [M]. 北京: 教育科学出版社, 2003.
[46] 祁型雨. 超越利益之争: 教育政策的价值研究 [M]. 北京: 高等教育出版社, 2003.
[47] 李迎果. 西南边疆地区高校毕业生就业政策研究 [M]. 北京: 人民出版社, 2014.

［48］安锦．中国就业促进：政策与机制研究——以湖北省高校毕业生为例［M］．北京：经济科学出版社，2013．
［49］任吉，左春玲．中国的就业制度与政策［M］．北京：中国劳动社会保障出版社，2011．
［50］陈跃．建国以来中国共产党就业政策与实践研究［M］．北京：人民出版社，2011．
［51］丁开杰．社会排斥与体面劳动问题研究［M］．北京：中国社会科学出版社，2012．
［52］张勇．中国就业制度变迁与公共政策选择［M］．南昌：江西科学技术出版社，2007．
［53］杨伟国．转型中的中国就业政策［M］．北京：中国劳动社会保障出版社，2007．
［54］董幼鸿．我国地方政府政策评估制度化建设研究［M］．上海：上海人民出版社，2012．
［55］何建华．马克思的公平正义理论与实践［M］．北京：中共中央党校出版社，2016．
［56］武毅英．转型期的大学生就业问题与对策［M］．广州：广东高等教育出版社，2009．
［57］杨宝国．公平正义观的历史·传承·发展［M］．北京：学习出版社，2015．
［58］张金马．公共政策分析：概念·过程·方法［M］．北京：人民出版社，2000．
［59］赵德余．政策制定的逻辑：经验与解释［M］．上海：上海人民出版社，2010．
［60］肖璐．新农村建设背景下高校毕业生农村就业行为研究［M］．北京：经济科学出版社，2014．

二、论文类

［1］张锐．贫困大学生助学与就业联动模式的构建——基于高等教育成本补偿理论［J］．内蒙古社会科学（汉文版），2012（4）．
［2］魏黎．大学生基层服务政策的演变与基本特征［J］．中国高教研究，2015（9）．
［3］程亮，张瀚文．高校毕业生中西部基层就业代偿：理论基础与政策支持模式［J］．湖北行政学院学报，2014（5）．
［4］程亮，马彦周．高校毕业生基层就业代偿政策执行效果调查——以中国地质大学（武汉）为例［J］．学校党建与思想教育，2016（5）．
［5］刘焕性，蒋承，李笑秋．对基层就业大学生职业发展的实证分析［J］．中国高教研究，2016（11）．
［6］徐自强，鲁瑞丽．大学生基层就业行为的策略空间探讨［J］．继续教育研究，2016（12）．
［7］王友航，文东茅．高校毕业生基层就业的特征与影响因素［J］．教育发展研究，2012（21）．
［8］蒋承，李笑秋．政策感知与大学生基层就业——基于“三元交互理论”的视角［J］．北京大学教育评论，2015（2）．
［9］箫鸣政，卢亮，王延涛．选调生政策及其实施效果［J］．北京大学教育评论，2015（2）．

[10] 祝军，杨平. 大学生基层就业项目：参与意愿和满意度［J］. 北京大学教育评论，2015（2）.

[11] 马莉萍，刘彦林. 高校毕业生基层就业：从中央政策到地方政策［J］. 北京大学教育评论，2015（2）.

[12] 欧斌. 大学生基层就业行为的政策建构与实践反思［J］. 继续教育研究，2017（8）.

[13] 岳昌君. 中国高校毕业生就业满意度的影响因素分析［J］. 北京大学教育评论，2013（2）.

[14] 赵世奎，文东茅. 三十年来高校毕业生就业制度变革的回顾与现行制度的分析［J］. 中国高教研究，2008（8）.

[15] 邢朝霞，何艺宁. 大学毕业生就业满意度与其影响因素的相关性分析［J］. 教育学术月刊，2013（12）.

[16] 周建民，张小凤，王旭. 我国大学生就业政策演变中的利益关系轨迹与启示［J］. 辽宁教育研究，2008（7）.

[17] 宋国恺，武天，李冬. 家庭地位、人力资本与政策对大学生基层就业意愿的影响［J］. 西安交通大学学报（社会科学版），2017（5）.

[18] 李爱民. 道德回报及其制度化建设的思考［J］. 山东社会科学，2008（6）.

[19] 葛晨虹. 建立道德奉献与道德回报机制［J］. 道德与文明，2001（3）.

[20] 谢炜. 中国公共政策执行过程中的利益博弈［D］. 华东师范大学博士学位论文，2007.

[21] 史慕华. 政策网络视阈下的中国大学生就业政策分析［D］. 吉林大学博士学位论文，2014.

[22] 徐自强. 我国高校毕业生就业政策变迁研究——基于倡议联盟框架的视角［D］. 南京农业大学博士学位论文，2013.

[23] 王友航. 高校毕业生基层就业政策的认受性研究［D］. 北京大学博士学位论文，2013.

[24] 王长华. 大学毕业生就业问题的四维透视与对策分析［D］. 华中师范大学博士学位论文，2012.

[25] 戴勇. 基于就业公平的转型期高校贫困学生就业扶助政策研究［D］. 南京大学博士学位论文，2011.

[26] 邓淑娟. 社会资本与人力资本对大学生毕业去向的影响——以中国农业大学和南京农业大学为例［D］. 中国农业大学博士学位论文，2012.

[27] 刘西忠. 大学生村干部政策体系建构研究——基于国家基层战略的视角［D］. 南京大学博士学位论文，2011.

[28] 段敏. 高校毕业生就业行为影响因素与决策机制研究［D］. 北京交通大学博士学位论文，2016.

三、英文类

[1] Niall O'Higgins. Youth unemployment and employment policy：a global perspective. Bethesda，Md.：Lexis Nexis，2002.

[2] K. Mariappan. Employment policy and labour welfare in India. New Delhi：New Century Publications，2011.

[3] Michael Gold，Basingstoke. Employment policy in the European Union：origins，themes and prospects. New York：Palgrave Macmillan，2009.

[4] Regina T. Riphahn，Dennis J. Snower，Klaus F. Zimmermann. Employment policy in transition：the lessons of German integration for the labor market. New York：Springer，2001.

[5] Howlett Michael，Ramesh M. Studying Public Policy：Policy Cycles and Policy Subsystems. Oxford：Oxford University Press，1995，P11.

[6] Regina Galhardi. Mexico：Extend temporary employment programme. http：//www. ilo. org/americas/publicaciones/observatorio – de – la – crisis/WCMS_LIMD3_9_EN/lang – en/index. htm.

[7] Higher Education Opportunity Act – 2008. Public Law 110 – 315，110th Congress，Aug. 14，2008.

[8] Edward A. Fieldhouse，Virinder S. Kalra，Saima Alam. A new deal for young people from minority ethnic communities in the UK. Journal of Ethnic and Migration Studies Vol. 28，No. 3：499 – 513，July 2002.

后 记

拙作是笔者获批的教育部2013年度人文社会科学研究西部和边疆地区项目（项目编号：13XJC880008）的最终成果。出生于20世纪70年代后期的我，亲眼目睹了我国高等教育由精英化向大众化的转变及其对大学生就业的影响，也亲历了基层工作的酸甜苦辣。在农村中学工作8年后选择攻读硕士研究生，既有追梦圆梦的理想需要，也有脱离基层工作生活的现实需求。2009年硕士研究生毕业后，我有幸进入贵州师范大学历史与政治学院工作，至今一直从事学生管理工作，还承担学院本科毕业生的就业工作，这让我自然而然对大学生就业及就业政策问题比较关注。同年10月，贵州省财政厅、教育厅、人力资源和社会保障厅联合印发了《贵州省高等学校毕业生学费补偿国家助学贷款代偿暂行办法》，此后我每年都为基层工作的毕业生转达学费补偿助学贷款代偿的文件通知并办理相关手续，从而对国家和贵州省的学费补偿助学贷款政策有了比较深入的了解。正是基于这样特殊的背景，我以《大学生基层就业补偿政策及制度建设研究》申报教育部人文社会科学研究项目，有幸获批。

对于我来说，完成教育部该课题并非易事。第一，大学生基层就业补偿是一个既具有时代特征又极富挑战性的课题。一方面，大学生基层就业补偿具有鲜明的时代特征，需要以与时俱进的研究视角对不同时期的基层就业补偿政策进行系统梳理，总结和提炼不同时期基层就业补偿的特点，挖掘不同时期的基层就业补偿理念；另一方面，国内学界关于大学生基层就业补偿的研究非常少，对大学生基层就业补偿尚未达成共识，这无疑增加了研究的难度。第二，静心研究的时间精力非常有限。我的工作性质决定我需要每天在两个校区之间往返，繁杂的学生工作事务耗费了大量的时间和精力，能够静下心来做研究的时间和精力非常有限，加上个人学术能力有限，以致曾有很长一段时间不愿继续做下去，甚至产生了放弃的想法，这也是课题未能按计划如期完成的重要原因。

在历经波折后，课题终于得以完成，我心中充满了欣喜和感激之情。欣喜的是自己最终没有选择放弃，感激的是周围人的支持与鼓励。首先，感谢学院，学院浓厚的科研氛围激励着我申报课题并成功获批；其次，感谢刘忠艳博士、牛津博士等问卷调查员及所有填写问卷和参与访谈的应届毕业生和基层就业大学生，他们的支持使课题获得了数据支撑；再次，感谢我爱人李金和先生，从课题选题、论证到拟定提纲、初稿、定稿都进行悉心指导，尤其是在我准备放弃的时候，他的一再鼓励与支持给予了我信心和动力，令我最终坚持了下来；最后，感谢知识产权出版社和李潇编辑，他们的辛苦付出才使得拙作能够顺利出版。

彭海霞

2018 年春